同濟教育研究

汪道涵

一九八七年五月

同济教育研究（第四辑）

思政教育与高教发展

同济大学本科生院
同济大学高等教育研究所 编

内 容 提 要

面对复杂多变的国际形势,坚持走自己的路办好中国的高等教育,大学思政建设的重要性日益凸显。本书用较大篇幅介绍了同济大学在课程思政方面的教学案例,此外还对高教发展中的一些普遍性课题,如人才培养、学科建设、课程教学等,开展了广泛和深入的研究。书中的"同济教育管理硕士论坛"则涉及不同层次的教育领域。本书内容涵盖面广,理论性和实践性并重,不仅适合在高等教育领域从事教学和研究的人士阅读,也可供关心我国教育事业发展的其他各界人士参考。

图书在版编目(CIP)数据

思政教育与高教发展 / 同济大学本科生院,同济大学高等教育研究所编. —上海:同济大学出版社,2020.12

(同济教育研究;4)

ISBN 978-7-5608-9684-7

Ⅰ.①思… Ⅱ.①同… ②同… Ⅲ.①高等学校—思想政治教育—研究—中国②高等教育—发展—研究—中国 Ⅳ.①G641②G649.2

中国版本图书馆 CIP 数据核字(2020)第 269319 号

思政教育与高教发展

同济大学本科生院　同济大学高等教育研究所　编

责任编辑　翁　晗　　责任校对　徐春莲　　封面设计　陈益平

出版发行	同济大学出版社　www.tongjipress.com.cn
	(地址:上海市四平路 1239 号　邮编:200092　电话:021-65985622)
经　销	全国各地新华书店
排　版	南京文脉图文设计制作有限公司
印　刷	启东市人民印刷有限公司
开　本	787 mm×1092 mm　1/16
印　张	16.5
字　数	412 000
版　次	2020 年 12 月第 1 版　2020 年 12 月第 1 次印刷
书　号	ISBN 978-7-5608-9684-7
定　价	82.00 元

本书若有印装质量问题,请向本社发行部调换　　版权所有　侵权必究

"同济教育研究"丛书编委会

主　　任　方守恩

副 主 任　吕培明　顾祥林　雷星晖

委　　员　（按照姓氏拼音排序）
　　　　　　蔡三发　陈守明　程春兰　方守恩　顾祥林
　　　　　　黄宏伟　黄一如　雷星晖　李亚东　刘淑妍
　　　　　　吕培明　单　烨　童小华　王　雁　伍　江
　　　　　　熊　岚　张端鸿　周　斌　朱大章

本辑策划　周克荣　张凤　李榕青

目录

思政教育

002　浅谈大学生的科学史素养教育
　　——以公选课"科学发展史与科技人文"为例　（陈建兵　彭勇波　任晓丹　艾晓秋）
016　"沉默的螺旋"对当代大学生网络政治参与的影响及对策研究　（吴周阳）
026　学生接受维度下思政课程的革新研究　（王晓梅）

课程教学

034　SPOC支持下的翻转课堂学习模式在教学中应用的探讨
　　　　　　　　　　　　　　　　　　（王　阳　魏梦甜　张璧辉　孙　军）
043　基于研究素质培养的"列车制动与安全技术"课程教改设计与实践　（应之丁　陈家敏）
049　高校大学生安全游泳知识储备与安全意识的现状调查研究
　　　　　　　　　　　　　　　（刘　红　秦海权　周云鹤　庞佳颖　张丰林）

人才培养

056　"中国制造2025"背景下技术技能型人才培养的研究述评　（彭贤杰　姜瀚墨）
066　基于棋类博弈程序设计的人工智能创新人才培养探索
　　　　　　　　　　　　　　　（赵才荣　傅佳悦　戴贞明　卫志华　苗夺谦）
072　给"专升本"热泼点冷水　（舒服华）
077　校友资源应用于高校全过程育人工作的实践探索
　　——以同济大学建筑与城市规划学院为例　（方　勤　王晓庆）

学科建设

086　从"输入端"窥探我国教育管理学科的课题立项格局
　　——基于2011—2019年全国教育科学规划教育管理类课题的定量统计　（马立超）

100 浅谈博士生招生"申请—审核"制 （史慧杰 母朝静 刘明贤 陈 伟 范丽岩）
106 科研卓越框架(REF)：英国跨学科研究成果评价的创新举措及特点探析 （石雪怡）

● 同济教育管理硕士论坛 ●

118 上海市青少年校外体育活动中心运行现状的调查研究 （汪 洋）
129 职业院校技能大赛教学质量保障研究
　　——以汽检赛项为例 （孙丽莎）
136 上海市 X 学校中高职贯通会计专业课程实施中的问题与对策
　　——基于 CIPP 评价模型 （许 艺）
145 基于家园共育的小班幼儿生活自理能力培养路径与方法的行动研究 （许碧芸）
154 小班角色游戏主题的形成与推进策略
　　——以"极乐汤"游戏为例 （张 琪）
161 我国小学音乐教育中应用奥尔夫法研究综述 （李雪莹）

同济大学本科生院"课程思政与立德树人"专题征文选

● 课程思政的思考与探索 ●

172 "三圈层"课程思政模式的构建与实践
　　　　（凌建明 吴 兵 邹晓磊 赵鸿铎 刘胜乾 肖军华 王 映）
176 以专业教育与思政教育的结合点推进课程思政教学进程
　　　　　　（范圣玺 樊 中 王红莉 李 华 吴皇丽 沈 秋）

● 课程与思政 ●

184 物理实验教学中科学精神的培养
　　——以波尔共振仪研究受迫振动实验为例 （方 恺 张志华 倪 晨）
190 "电子技术基础"：电动车着火案例 （黄世泽）
195 树立文化自信、讲好中国故事
　　——"翻译理论与技巧"课程思政教学案例 （董 琇）
202 参与 互动 共创
　　——景观管理政策与法规教学 （刘悦来）
207 以建筑结构抗震安全为己任
　　——"建筑结构抗震"课程思政建设 （同济大学"建筑结构抗震"教学团队）
215 透视瑞幸咖啡财务造假风波
　　——从商业模式到商业伦理与会计职业道德 （杨 柳）

实践教学与思政

222　建筑类毕业设计课程线上教学尝试
　　——以同济大学建筑系为例　　　　　　　　　　（王　一　董　屹　叶　宇）
229　"桥梁工程全过程课程设计"课程思政建设　　（阮　欣　管仲国　孙　斌　李　奇）
234　课程思政在分子生物学实验技术的探索与实践
　　——以"实时荧光定量RT-PCR实验"为例
　　　　　　　　　（张介平　史秀娟　高芙蓉　李　姣　徐　磊　李思光　吕立夏）
244　"地质实习"课程思政教学案例　　　　　　　　　　　　　　　　　（陈建峰）

思政教育

浅谈大学生的科学史素养教育*
——以公选课"科学发展史与科技人文"为例

◎ 陈建兵　彭勇波　任晓丹　艾晓秋

摘　要　在工科大学生中开设科学发展史与科技人文课程，加强大学生的科学史修养，促进大学生建立现代科学技术体系概观、把握科学发展的内在基本规律、了解科学家的成长与科学思维的基本特征、关注和思考科学与社会的关系，是培养创新性人才的重要环节。本文结合笔者在同济大学开设和试讲的"科学发展史与科技人文"课程，浅谈对大学生科学史素养教育的看法和初步认识。

关键词　科学发展史　现代科学技术体系　历史与逻辑对立统一　科学革命　理论与实践　形象思维　逻辑思维

一、引言

工科大学生的课程学习主要包括公共课、基础课、专业基础课和专业课等几大板块。在基础课、专业基础课和专业课中，主要以具有逻辑体系的专门知识学习和逻辑思维的训练为主。百余年来国内外高等教育的历史证明，这一体系的设计，对培养高等专门人才是有效的。随着现代科学技术的发展，上述体系也暴露出一些问题。特别是，对现代科学技术总体体系把握不够、知识面过窄，几乎完全忽略了知识发现与发展的波澜壮阔的历史，难以建立对科学发展的鲜活的动态过程及其规律性的认识，对创新性思维的培养和训练相对较弱。这些不足，是培养高水平创新性人才的短板。因此，为了促进大学本科生自己构建完整的科学知识体系、从科学发展史中把握科学发展的内在基本规律、体悟科学创新的思

＊　同济大学精品类通识选修课程建设项目（"长青"系列课程）资助。
作者简介　陈建兵，同济大学土木工程学院教授，土木工程防灾国家重点实验室副主任，国家杰出青年科学基金获得者。
　　　　　彭勇波，同济大学上海防灾救灾研究所研究员。
　　　　　任晓丹，同济大学土木工程学院副教授。
　　　　　艾晓秋，同济大学上海防灾救灾研究所助理研究员。

维特征及科学创新与时代发展的关系,并在科学发展史学习过程中增强民族自豪感和民族自信心,在公共课中适量增加相关课程具有不可替代的作用。

二、科学发展史概观

大部分大学生、甚至理工科大学生的科学知识,都是零星而杂乱的,未能形成一个与人类发展史相匹配的科学发展史整体概观和现代科学技术体系总体观念。显然,这对大学生在理性的基础上树立正确的世界观是十分不利的。在课程中通过对人类社会发展简史、典型学科发展简史和现代科学技术体系三个方面的梳理和述评,可帮助学生建立科学发展史概观。

(一)作为科学发展史时空标架的人类发展史

人类发展史是科学发展史的时空标架。为此,在课程中,首先通过世界历史年表和政治、军事、文化、科技方面的重要历史人物年代,特别是中外相应对照,从"人猿相揖别"开始,在大时间尺度和全球地理尺度,以历史唯物主义的观点,概述人类社会发展简史。为了更为清晰和生动,一些关键时间与事件节点的对应尤为重要。例如:我国夏代全盛的中期,乃是古巴比伦著名的汉谟拉比时代;老子和孔子的年代,大约与释迦牟尼和毕达哥拉斯相当;稍后的古希腊全盛的伯里克力及伯罗奔尼撒战争时期,紧连着我国《资治通鉴》中开始叙述的时期,即战国初期;1640年英国开始资产阶级革命,1642年伽利略去世、不到一年牛顿诞生,与此同期,在我国正是明末农民大起义,两年后清军入关。这些重要事件、历史人物和时间节点,将为学生后续在科学史学习的过程中建立基本的时空参考标架。

(二)古代科学技术的典型代表——天文学史、医学史和数学史

人类从远古以来就开始积累经验知识,并逐步进行系统化整理和理性化提升。换言之,在文艺复兴时代以来的近代科学大发展之前,古代科学技术研究和发展的历程,几乎可以认为与人类认识世界和改造世界的历史一样源远流长。然而,古代科学技术在世界各地的发展,特别是中外对照,容易被大学生忽视。对古代科学技术的发展,可以通过与人们生产和生活最为息息相关的天文学、医学和数学为主要代表,给出基本概貌。在天文学方面,从李政道先生通过对"以仓璧礼天,以黄琮礼地"的来源考证、对中国古代在4 600年前的高精度天文观测的精彩论述开始[1],给出中外古代天文学在观测、计算与天文思想方面的对照。在医学方面,以中外古代著名医、药学家和代表性医学著作及其重要成就为基本线索,以我国传说中的神农尝百草(约5 000余年前)和稍后的古埃及伊姆霍特普(约4 600年前)发端,直到我国明代大药学家李时珍(1518—1593)和发现血液循环的英国生理学家哈维(1578—1657),可对中外在医药学方面研究和发展的异同及其与社会经济状况和思想发展

的关系有所体认,特别对"中国医药学是一个伟大的宝库,应当努力发掘,加以提高"有所感觉①。在数学方面,以吴文俊先生对中外古代数学史的论述为纲要,通过中外古代著名数学家的关键贡献与其鼎盛年代的对照,以中国古代数学在算法化、机械化方面的发展及其高峰,即元代朱世杰的四元术与西亚和欧洲的若干重要数学家及其代表性成就为重点,对中外古代数学思想与发展各异其趣的脉络有所认识。而且,这些特征,也在更广泛的文化方面有所体现。例如,我国古代的"计"②"算""筹""策"都是与数学计算及其工具有关的词,"运筹""筹划""策划""计划"则是从计算工具、即古代算筹的具体操作过程引申而来的。"运筹帷幄之中,决胜千里之外",本质上也是体现了数学及其思维的关键作用。另外,中国古代军事学是一个巨大的宝库。遗憾的是,从军事学中所提取和传承的定量化科学,特别是数学知识相对而言太少了。总体上看,在某种意义上,算法化、机械化的发展更多体现了形象思维(直觉思维)的创新性特征,而古希腊的数学思维则更多体现了逻辑化、精密化的倾向[2]。近代自然科学的大发展,从方法论上来说,是上述二者的结合和发扬光大,因而几乎无往而不胜。这一科学思维的发展脉络,值得进一步深思。

(三)钱学森现代科学技术体系观

近代以来,科学技术取得了日新月异的大发展。一般认为,自19世纪中后期开始,百科全书式的学者(例如博物学家)就不再存在了。甚至即使在数学中,人们也认为自庞卡莱(H. Poincaré, 1857—1812)、希尔伯特(D. Hilbert, 1861—1940)以后就不再有真正的数学全才[3]③。同时,正如在数学中一样,整个现代科学技术体系中事实上存在两种明显的看似矛盾、实则统一的倾向:一方面,科学知识越来越专门化;另一方面,重大的创新往往都是打通了几个专门化领域、因而进一步抽象化、统一化的结果。[4]这些基本的观念和规律,将在今后的课程教学中结合具体实例让学生逐步体会。为了在一开始有一个基本概念,在课程中,结合中国图书馆分类法、教育部学位授予和人才培养学科目录及国家自然科学基金委员会学科分类目录,对学生给出一些现代科学技术体系宏伟大厦的总体直观概念。在上述直观概念基础上,应进一步对现代科学技术体系的基本结构和逻辑体系有所认识。钱学森先生的现代科学技术体系观对此给出了逻辑清晰的总体图景[5-6],为我们对现代科学技术建立一个总体概观,从而对我们自己从事的领域在现代科学技术总体中的定位提供了"导

---

① 这是1958年10月11日毛泽东在《卫生部党组关于西医学中医离职班情况成绩和经验给中央的报告》上作出的批示。2015年诺贝尔生理学或医学奖获得者屠呦呦在诺贝尔演讲(Nobel Lecture)中用专门一页引用了毛泽东这一手书批示。
② 说文解字:計,會也。筹也。从言从十。清段玉裁《说文解字注》:會也。筹也。會,合也。筹当作算。數也。舊书多假筭爲算。从言十。會意。笔者注:段玉裁认为是"从言十,会意",此说有理。其中,"十"或许是算筹之形。
③ 事实上,在20世纪中,横跨多个数学分支并在多方面做出重要贡献的世界一流数学家依然很多,苏联数学家柯尔莫哥洛夫(1903—1987)、美籍匈牙利数学家冯·诺依曼(1903—1957)、匈牙利数学家爱尔特希(1913—1996)和我国数学家华罗庚(1910—1985)都是典型的代表。

览图"。在该体系图中,现代科学体系可划分为自然科学、数学科学、思维科学、系统科学等十一大门类,在每一个门类中,又包括基础科学、技术科学和应用技术。应用技术的外围,扎根于"不成文的经验知识"和"成文的经验知识",这些鲜活的"经验知识"经过提炼、理性化提升和实践检验,逐步进入应用技术、技术科学乃至基础科学,其逻辑性、体系性、统一性逐步增强。这一动态平衡与发展的过程,就是从感性认识到理性认识的提升,又进一步扩大对主观世界和客观世界改造能力的过程[7],也就是现代科学技术体系丰富、发展和完善的过程,是一个永无止境的螺旋式上升过程。

三、科学发展史中的三大基本规律

科学发展史波澜壮阔、头绪百端、纷繁复杂。如果在课堂上仅仅罗列科学发展中的事实,不仅难于选材,而且会给人极端零星杂乱之感。以科学发展史中的历史与逻辑的对立统一、量变与质变的对立统一、理论与实践的对立统一的三大基本规律为主线,通过近现代科学史中的典型事例述评,可清晰地揭示科学发展过程中的基本规律性。这对大学生将哲学基本原理与具体学习和工作相结合,从而在学习与工作实践中不断提升修养与境界,将起到重要的引导作用。

(一)科学发展中历史与逻辑的对立统一

科学发展史中充满着从逻辑上看起来本应按照某个顺序发生和发展,而从历史事实上则其发生和发展顺序与此不同,甚至相反的事实。实际上,过程或结果常常出人意料正是科学的巨大魅力之一。这是科学发展过程中的历史与逻辑对立统一的体现,也是否定之否定、螺旋式上升这一基本哲学规律的体现。例如,在高等数学这门大学工科基础课中,我们一般是从集合论、极限的基本概念开始学习,然后学习微分和积分。在实际历史发展过程中,微积分是牛顿和莱布尼兹在17世纪60—80年代提出的。但从发展源流来看,祖冲之父子在公元5世纪发现"幂势既同,则积不容异",提出了著名的祖暅原理[2]。近1200年后,这一原理被意大利科学家卡瓦列里重新发现,在西方被称为卡瓦列里原理,从而走到了通向微积分的大门口[3]。此后经过巴罗、费尔马等人的进一步推动,由牛顿和莱布尼兹集其大成,建立了微积分基本定理。由此,微积分横空出世。在整个18世纪,经过伯努利家族、欧拉、拉格朗日等一批大科学家的努力,到19世纪初,微积分的中心地位牢不可破地建立起来了[8]。但与此同时,微积分的逻辑基础不够严密的严重性也逐步凸显出来。19世纪初开始,经过柯西、维尔斯特拉斯、康托尔等人的艰苦努力,到19世纪末期,先后建立了极限、连续的严密表述和实数论、集合论,从而建立了微积分的逻辑基础[3,9]。与此密切相关的数的理论的建立也极有意味,著名数学史家M.克莱因指出:"一旦对于自然数的逻辑处理完成之后,建立实数系的基础问题就完备了。正如我们已经注意到的,一般说来,从事无理数论工作的人们,总是假定对有理数已经彻底了解,因而可以承认它们,或者稍微作出一些澄清它的姿态。在 Hamilton 把复数建立于实数基础上之后,在用有理数定义了无理数之后,这最后一类——有理数的逻辑终于创立起来了。**这个历史顺序实质上与需要建立复数系的逻辑顺序恰好相反。**"[3] 在现代教材中,由于逻辑整理的原因,科学知识发现和发展的鲜活生动的过程往往被湮没了。上述事例,生动地说明了科学发展史中历史与逻辑的对立统一。

历史与逻辑的对立统一,是科学发展过程中"追求臻于至善"与"实际上只可能是阶段性成果、几乎不可能一锤定音而达于至善"二者之间对立统一的体现。因此,作为一个科学家,他的批评(或鉴赏)与建设的能力达到合适的"度",乃是至关重要的。一个批判力不够的人,很容易敝帚自珍、妄自尊大。反之,则可能陷入另一个极端。爱因斯坦很沉痛地指出埃伦菲斯特在此方面的深刻教训:"他的批判才能超过他的建设能力,这件事使他经常受苦。不妨说,他的批判的判断力,甚至在他自己思想的产物出生以前,就已夺去了他对它们的爱。"[10]

(二)科学发展中的量变与质变——科学革命

一般事物发展中的量变与质变规律,在科学发展中的最高表现为科学革命。在科学发展史中,哥白尼日心说的创立、微积分的发展、生物进化论的提出、相对论的建立、量子力学的发展、板块构造学说的形成等都是科学革命的典型例子。最广为人知而细节则未必都清楚的哥白尼日心说革命,则值得作为重点事例加以述评[11]。同时,这也可以与前述科学史总体概观中的天文学史相衔接。哥白尼日心说革命的总体背景,是历法推算的误差矫正、长期观测数据的积累和文艺复兴时代后的思想解放。应该指出,公元前后由托勒密集大成的一整套地心说体系及其计算方法,是古代科学技术的伟大成就。但是,由于欧洲中世纪教会长期垄断教育和禁锢思想,托勒密地心说占统治地位长达一千余年。随着观测技术的进步和观测数据的积累,托勒密体系的历法计算和天文现象预测误差变大,人们在均轮、本轮基础上叠床架屋,以至"在中世纪和文艺复兴时使用 6 到 12 个小本轮不少见",形成了一套极为繁琐的体系。哥白尼本人是个教士,有机会接受教育、接触观测资料并自己进行观测。他深感托勒密体系的繁琐、低效。经过长期思考和研究,他将传统观念完全颠倒过来,从地球中心说转换为太阳中心说,对于观测资料给出全新的解释。特别值得注意的是,由于哥白尼的日心说中假定行星做匀速圆周运动,较之托勒密体系,就当时的观测资料而言,其精度在很多方面并未显著提高,甚至依然依赖小本轮。但这一颠覆性的思想,开辟了使整个体系变得极为简单且高效的新道路,为后来开普勒三定律的发现、伽利略利用望远镜获得的观测新结果的解释及牛顿万有引力定律的发现奠定了基础,从而掀起了近代科学革命的序幕。在这一过程中,体现出如下显著的特点:旧体系行将崩溃时,新材料层出不穷,新问题不断出现,矛盾不断积累,体系繁琐性和不兼容性日益严重,最后,革命性的思想使得几乎所有问题得到基本彻底的解决,从而建立全新体系、开启崭新道路。当然,还应该指出,存在不同层级和学科影响范围不同的科学革命。

(三) 科学发展中的理论与实践关系

随着科学技术体系的发展与复杂化和分工精细化,理论家与实验家之间的鸿沟日益显著。因而,科学发展中理论与实践的关系,被不少人所忽视。伽利略和牛顿都既是伟大的理论家,又是无与伦比的实验家。中世纪经院哲学家的繁琐哲学忽视实验,而培根从哲学上强调了实验、伽利略与牛顿等开创性科学家在研究实践中不仅注重思辨和逻辑,而且重视实验,将现代科学建立在实验与实践的坚实基础之上。到19世纪末期,实验物理学与理论物理学的分工已经日益明显。伦琴、居里夫人、维恩、迈克尔逊等是高超的实验物理学家,而普朗克、玻尔和爱因斯坦则是卓越的理论物理学家。特别是现代高度抽象与精深科学理论的发展,使得人们难以一眼看到其与科学实验或工程实践的关系。热科学从工程实际到基础科学的发展及其对整个现代物理学的贡献,是一个极为典型的事例。火炮发明以后,人们开始注意到火炮炮管发热的问题。炮兵出身的拿破仑对此高度重视,于1809年在法国科学院发起火炮发热分析问题的竞赛。1811年傅里叶建立了热传导方程,提出了三角级数求解方法,即今天广为人知的傅里叶级数方法,并于1821年出版了《热的解析理论》,不仅极大地推动了热科学的发展,而且极大地推动了函数论的发展[3]。1876年,康托尔为了研究傅里叶级数的收敛性,最终走向了全新的集合论思想,从而建立了微积分的逻辑基础。另一方面,人们对热机原理的探索,提出了卡诺热机理论,并经焦耳、克劳修斯、开尔文等进一步实验、总结与升华,在19世纪40—50年代先后总结和提出了热力学第一定律和热力学第二定律。以基尔霍夫为代表的一批科学家,则于19世纪50年代末进一步将其抽象为理想黑体辐射问题。针对这一问题的理论与试验研究,最终导致了1900年普朗克黑体辐射定律的提出和量子概念的诞生。与此同时,黑体辐射定律又进一步指导了对太阳表面温度等天体物理学研究[12]。

从这一过程中,可以鲜明地看到从火炮、热机等工程问题中提炼出来的热科学,如何发展为现代物理学的关键基础之一。"问渠哪得清如许,为有源头活水来",包括科学实验在内的实践,永远是理论研究的源头活水。同时,理论研究对实验研究将起到重要的指导作用。事实上,世界著名的剑桥大学卡文迪许实验室,第一任实验室主任是几乎从未做过实验研究、终身从事理论物理研究的麦克斯韦。但麦克斯韦的理论研究,植根于法拉第的丰富试验研究结果,他对实验物理本身有着独到深入的认识。另一个著名的例子是,普朗克高度关注黑体辐射理论问题的时候,同一研究所的一实试验物理学家正在发展最新的试验技术、高强度地进行黑体辐射的试验研究。1900年10月7日,从事实验的鲁本斯在来访中谈到最新试验结果的当晚,普朗克即找到了后来以他名字命名的黑体辐射公式并用明信片把公式寄给鲁本斯,继而在随后不到两个月内为解释这一公式而提出了量子假设[12],从而开启了 20 世纪物理学革命的大门。这些例子充分说明,作为单个的科学家,不必一定集理论与实践于一身,但他所在的群体或研究共同体,必须理论与试验或实践相得益彰。针对二者的关系,李政道先生曾经论述"物理学家两定律":"没有实验物理学家,理论物理学家就要漂浮不定;没有理论物理学家,实验物理学家就会犹豫不决。"[1]著名土木工程学家和力学家李国豪先生也曾经深刻指出:"从事工程科学技术研究,一要理论联系实际,二要理论上敢于创新,三要有科学试验或实践结果以检验理论。"①

在课程中,通过结合具体重要科学发现过程,夹叙夹议地阐述上述三个基本规律,对大学生来说,不仅兴味盎然,而且在潜移默化中引发学生独立思考,促进学生自身在学习和工作中的实践与境界提升。

四、科学与科学家

科学研究主要是由科学家从事和完成的。早期尚未形成专门的职业化科学家群体。自 17 世纪近代科学大发展以来,科学家的专门化、职业化趋势日益增强。因此,科学家的成长规律和科学思维的特征,是一个值得关注的重大问题。为了使学生对此具有清晰的认识,在课程中设置了一个专门的模块。

(一) 科学家的成长

科学家成长的道路极其丰富多彩。在科学界有相当数量书香门第成长起来的著名科学家。例如,伯努利家族自 17 世纪中后期开始,在近百年的时间里祖孙三代中出现了多位世界级大数学家[3],我国从古到今的医学世家更是群星璀璨,近代科学家钱学森也出自书香门第;同时,更有大量出身寒微、祖代未受基本教育、历经艰难成长起来的科学家,例如英国科学家法拉第、德国数学家高斯、印度数学家拉马努金、苏联数学家柯尔莫哥洛夫、我国数学家华罗庚等。因此,总结和提炼科学家成长的基本规律与特征是一个重大而困难的课题。在课程中,结合几位典型的科学家,包括伟大的物理学家爱因斯坦、苏联数学家柯尔莫哥洛夫、我国数学家华罗庚的成长经历[13],我们会发现科学家成长在个人方面的一些共性特质,包括:对探索未知世界的高度专注与持久热情,超出常人的自学能力,百折不挠、坚忍不拔的毅力,关键时间或节点得到经济或学术上雪中送炭的帮助。

尽管科学家似乎有无限的自由度,"海阔凭鱼跃,天高任鸟飞",但除了上述个人特质与个人经历方面以外,一个国家或者社会如何培养一流科学家?鲁迅先生曾经指出[14]:"天才并不是自生自长在深林荒野里的怪物,是由可以使天才生长的民众产生,长育出来的,所以没有这种民众,就没有天才。……在要求天才的产生之前,应该先要求可以使天才生长的

---

① 这一箴言现在悬于同济大学桥梁系风工程馆一楼大厅墙壁上。

民众——譬如想有乔木,想看好花,一定要有好土;没有土,便没有花木了;所以土实在较花木还重要。花木非有土不可,正同拿破仑非有好兵不可一样。"对于科学家而言,两方面的"土壤"是至关重要的。第一,深厚的科学传统与科学精神,是一个社会培养大批科学家的肥沃土壤之一。在西欧国家,近现代科学精神中的若干方面可以追溯到古希腊时期,而比较成熟的近现代科学精神则至少从培根强调科学实验的重要性和以伽利略为代表的一批近代科学开山者们即已基本确立。在俄罗斯,则可以追溯到1724年彼得大帝颁布谕旨并于次年正式建立圣彼得堡科学院开始。在日本,近代科学是伴随着1868年的明治维新开始的。在我国,尽管从明末徐光启开始接触近代科学,但实际上直到清末洋务运动以后才开始有零星的接触,而在"五四"新文化运动中正式提出"德先生""赛先生"的问题,且由于战乱频仍、灾难深重,直到新中国成立后才开始有组织地大规模开展科学研究。因此,近代科学精神在我国的传统尚不够深厚、根基尚不够牢固。第二,社会环境和社会制度对科学家特别是科学家群体成长具有决定性的影响。尽管在动荡不安、灾难深重的社会也可能产生极个别的科学家甚至科学大师,却不能产生大批的科学家群体。如在我国,尽管在1949年前也产生了李四光那样的地质学大家,但直到新中国成立时,我国从事地质调查和研究的技术人员仅有200多人[15]。对我国地质条件所知是近乎空白,以至于当20世纪50年代初期我国开始第一个五年计划建设时,为了进行大型工矿企业的选址,不得不请历史学家范文澜先生牵头,从中国历史文献记录中搜集我国历史地震情况,以作为地震区划的重要参考。"一花独放不是春,万紫千红春满园。"社会环境对科学家群体的成长和培养是至关重要的。其一,社会发展对科学提出的巨大需求,即实践,是推动科学研究的根本原动力。其二,社会制度对科学家群体的成长具有极大的促进作用。限于篇幅,这里仅能简单地提到法国大革命期间建立的巴黎高科对19世纪法国科学的巨大推动[9]、苏联十月革命后以数学家为代表的苏联科学家群体异军突起、20世纪50年代末60年代初美苏空间技术竞争背景下美国应用力学黄金时代与应用力学科学家群体的成长[16]和新中国成立后中国科学家在短时间所取得的重大成就[17]等经典实例。而且,值得注意的是,直到17世纪以前,科学研究基本上是原生的、自发的,但是随着近代以来社会、政治、经济、军事各方面的发展,有组织的科学研究成为主流。在培养科学家方面,自由探索与有组织的科学研究的对立统一,乃是社会制度中科学研究组织和管理制度方面值得高度关注的重大课题。

(二)科学思维的特征

掌握科学思维的基本特征、并努力训练和培养科学思维,对于培养全面发展的创新性人才至关重要。钱学森先生晚年大力倡导思维科学研究,提出了一系列洞见深刻、发人深省的论断[5]。思维的基本方式包括形象思维(有时又叫直觉思维或直感思维)和抽象思维(又称为逻辑思维)两种。广为人知的灵感或灵顿思维,是一种高度集中涌现的形象思维。特别值得指出的是,上述两种思维方式,大体上可以与感性思维与理性思维相对应,不仅是科学研究中的思维方式,也是思考和解决一切问题的思维方式。顺便可指出,在我国历代文论、诗话和禅宗机锋之中,关于上述形象思维,特别是灵顿思维的描述,是研究形象思维规律的宝贵财富,颇值得深入发掘和研究。遗憾的是,迄今为止,在此方面的研究尚少。

在科学发展过程中,上述两类思维的基本工作方式如图 1 所示。

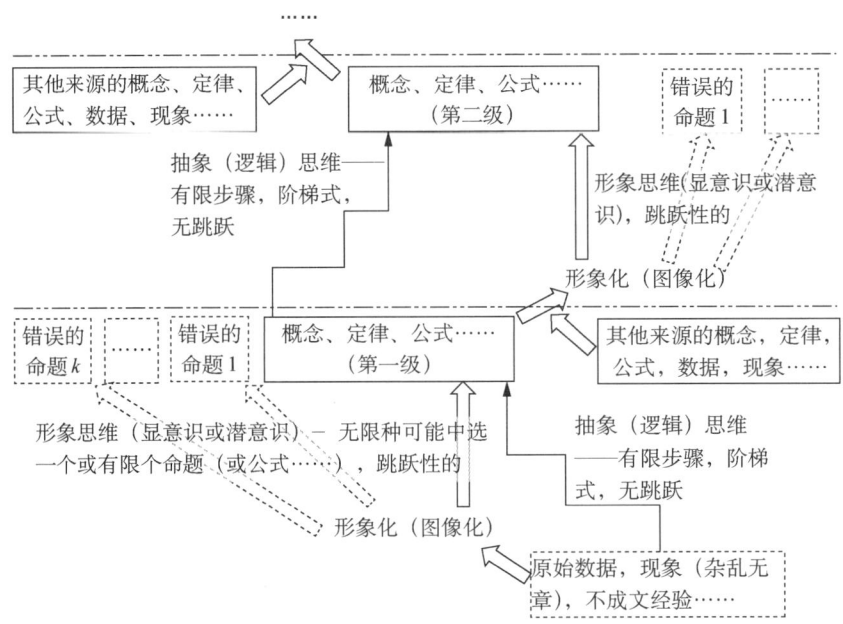

图 1　形象思维与抽象(逻辑)思维在思维过程中的作用示意

各种纷繁芜杂的现象、杂乱无章的数据和不同来源与结构的信息,构成人们试图寻找其共性特征或规律的原材料。人们通过对这些原材料的感性认识,主要是经过分类、整理和自由组合,在脑海中逐渐地或突然地形成一个共同的图景或模型(数学模型或物理模型)①。这一共同的图景或模型,具体表现为概念、公式、定理或定律等定性或定量表述。这是一个从原材料跳跃到一个更高层次的图景或模型的过程。从这一角度看,可以认为上述原材料是低一层次的各种碎片化的图景或图像。人的大脑通过对这些碎片化的图像进行各种组合。这种组合过程有些是有意识的、更多的甚至是无意识或潜意识的②[18]。这些组合中,绝大部分的组合结果是无意义的。但是人的形象思维能够从大量甚至无限的可能组合中,跳跃性地达到一个可能合理的组合结果,即一个可能的高一层次的图景或模型。这一过程是形象思维在起作用。

形象思维跳跃性地获得的高一层次的图景或模型是否正确?这要靠逻辑思维来决断。

---

① 从这个意义上说,进行合理的分类、整理工作是真正意义上的科学研究的第一步。
② 现代脑科学提供的证据表明,人类意识活动中绝大部分是潜意识或无意识活动。以能量消耗来看,人类的大脑重量仅占体重的 2% 左右,但大脑消耗的能量约占全部能量的 20%。而且,处于有意识思考状态下大脑消耗能量并不显著增加,仅增加不超过 5%(参见唐孝威《意识笔记》,浙江大学出版社 2017 年出版)。

这时,要通过逻辑思维一个阶梯一个阶梯或一个步骤一个步骤地严格推理,看是否能够论证上述高一层次总体图景或模型的正确性。如果能够证明其正确性,则这一个环节就完满结束了,我们获得了一个可靠的高一层次的统一图景或模型。如果证明其是错误的,或者不能证明其是正确的[19]①,则需要重新通过形象思维给出一个别的可能的组合,并对其正确性通过逻辑思维加以确证,直到获得一个正确的高一层次的统一图景或模型。较之原材料,这一高一层次的图景或模型是更为抽象的结果。

特别重要的是,上述高一层次的结果,连同其他信息,可以形成更高一层次的原材料,也就是新的形象思维的基础。而新的形象思维跳跃性地给出更高层次的统一图景或模型。换言之,抽象思维的结果,可以作为更高层级的形象思维的基础。这就是抽象思维在更高层级的形象化。可以不夸张地说,真正理解和掌握了的知识,都是形象化的。人们常说,只有真正掌握了东西,才能灵活应用,就是这个道理。这一更高层次的统一图景或模型,需要通过逻辑(抽象)思维加以验证或否证②。

因此,科学知识体系是不同层级的形象思维与抽象思维发挥作用的变奏曲。从上述过程可见,真正创新性的思维,是形象思维占主导地位。形象思维指引前进的方向,预测可能的结果③。而抽象思维,则是对形象思维结果正确性的验证。因此,在科学研究中,形象思维与抽象思维都是不可替代的。特别值得注意的是,不少人认为,在科学思维中,逻辑思维是主要的,只有在文学艺术方面,形象思维才是主导性的。事实上,科学研究和文学艺术都是创造性思维,而在创造性思维中,形象思维是不可缺少的。所不同者,在科学研究中,逻辑思维也是不可替代的部分,而在文学艺术中,抽象(逻辑)思维的作用可能弱一些④。后文还将对此进行进一步论述。

形象思维与抽象(逻辑)思维的上述特征与作用,对高校中培养学生的思维能力具有重要的指导意义。事实上,抽象思维结果(概念、公式、定律等)虽然初步看起来难以掌握,但由于抽象思维不具有跳跃性,它能够将所有材料具有统一性地、一个一个阶梯地、逻辑严整地组织起来。因此,在国内外范围内,从小学到大学的教育中,对于科学知识的教学都以逻辑组织起来的知识体系为主。这一方式对于具体知识的学习,本质上是更容易掌握、更为

---

① 需要注意的是,有些证明或否证是极其困难的。例如,费马大定理从提出到证明经历了 350 年。更困难的是,由于哥德尔不完全性定理,在每一个逻辑体系中,总存在该体系内不能判断真伪的命题。因而,不能否证的命题,不意味着就是正确的;反之,一时甚至长期未能证明的命题,更不意味着就是伪命题。例如,黎曼猜想直到今天也不能断定是否正确,以及是否属于歌德尔定理中的既不能证明也不能否证的命题。在某种意义上,这种不定性,也是科学研究中的魅力之一。
② 特别要指出的是,这里所言形象思维的结果通过抽象思维加以确证或否证,包括通过"理论上的逻辑推理"和"以逻辑严格的方式、通过实践进行检验",这是"实践是检验真理的标准"的具体操作方式,而不是与之矛盾。
③ 形象思维为什么以及如何指引思维前进的方向,目前尚不清晰。逻辑思维的严格基础是逻辑学,但在形象思维中,尚未形成类似的科学基础。
④ 唐代卢延让《苦吟》说"吟安一个字,捻断数茎须;险觅天应闷,狂搜海亦枯";贾岛作诗,"两句三年得,一吟双泪流",都说明了文艺创作中与科学研究中类似的艰苦努力。他在"鸟宿池边树,僧敲月下门"中对"推、敲"的不断琢磨,是形象思维与逻辑思维结合,而实际上以逻辑思维判断为主的典型实例。古人关于"诗眼"多所推敲,都是如此。

高效的,尽管有时看起来难免显得比较抽象。如何才是真正理解和掌握了呢?当抽象的知识(公式、定律等)在更高的层次上重新融汇、转化为形象化图景的时候,就是真正掌握了这一知识。苏格拉底曾经指出,只有真正理解和掌握了的东西才能灵活应用。所谓"灵活应用",就是新的创造性研究的开始。在这里,非一遍一遍地下苦功夫不可,除此以外没有捷径可言。中国古语说"熟能生巧",就是这个道理。另一方面,形象思维因为具有跳跃性、更为难以捉摸,因而形象思维的训练更为困难。古代以来在各行业中的学徒制、中医训练的师徒传承制、研究生特别是博士生培养中的导师制,在本质上都是形象思维训练的方式。形象思维的训练,最重要的是培养敏锐、深刻的洞察力,以达到"运用之妙,存乎一心"的境界。爱因斯坦在谈到他的科学生涯时说:"在数学领域,我的直觉不够。不能辨认哪些是真正重要的研究,哪些只是不重要的题目。而在物理领域,我很快学到怎样找到基本问题来下功夫。"[20]这一能力的培养不可能一蹴而就。从这一意义上看,尽管科技水平得到了极大的发展,但是培养高水平创新性人才的教育方式并没有从根本上改变。正如李政道先生指出,互联网和现代社会的发展,不能替代师生之间的面对面交流[1]。

通过课程教学,让大学生把握上述科学家成长的规律与科学思维的基本特征,对大学生在未来成长中更加自觉地遵循而不仅是被动地受制于基本规律、理性地认识自己所处的阶段和状态,从而更主动、更快速地成长为创新性人才,并更高质量地从事创新性科学研究,具有重要的实践意义。

五、科学与外部世界

古代科学技术的发展速度较慢,因此人类有足够的时间逐步适应由此引起的变化。近现代科学技术的发展日新月异,已经成为深刻改变社会面貌的重要力量。在这样的背景下,科学与艺术的关系、科学如何影响社会思想、科学向何处去等成为人们关心的问题,也是应当引起大学生思考的问题。

(一)科学对社会思想的影响

科学对社会思想的影响是十分深刻的。古代的哲学家,例如墨子、亚里士多德等,往往本身也是科学家。在本科生的课程中不可能对这一重大论题进行深入研究和阐述。但是可以从哥白尼以来近代科学思想的发展对中世纪以来神权至上思想的颠覆所起到的关键作用①、科学观念对社会政治、经济、思想的影响等若干点上进行初步介绍。特别是,自然科学研究对社会科学也可能提供重要技术支持手段。近代以来经济学在很大程度上的数学化,是显著

---

① 特别值得指出的是,科学发展对社会或哲学思想的影响,往往远远超出科学家自己的预料,甚至其结果可能与其初衷相反。毕达哥拉斯学派发现无理数颠覆了其万物皆整数的基本哲学观,就是鲜明的例子。这是科学结果客观性的表现之一,即科学发展在某种意义上是不以人的意志为转移的。

的例子。自然科学手段,甚至可以对政治经济问题提供新的洞见。例如,曾获诺贝尔经济学奖的著名数学家阿罗采用公理化方法严格证明了所谓西方式"民主"的不可能性[21]:"在如下公理的基础上,选举结果是不存在的:(1)每人一票;(2)每人独立投票;(3)得多数票的人当选;(4)如果有人得全票,则当选。"华罗庚先生曾于在上个世纪60年代证明并于80年代发表关于社会主义经济的最优化理论[13]。这些结果,无疑是社会政治科学中的明珠。

(二) 科学与艺术

科学与艺术,看起来泾渭分明,又有千丝万缕的联系。众所周知,不少大科学家(如爱因斯坦、钱学森等)有着高度艺术修养,并强调自身艺术修养对科学研究的有益促进作用。特别值得注意的是,从思维科学的角度来看,科学与艺术具有高度的共性。事实上,科学与艺术都是具有高度创造性的活动,科学与艺术创造性劳动的结果,都是从无限种可能性中通过跳跃性的"直觉"(形象思维)"挑出"其中的一种或几种(有限种),经过严格的逻辑推理(在科学中是抽象思维)或鉴赏力判断(在文艺中是类逻辑推理)加以抉择。从这一意义上,科学与艺术具有高度的一致性。因此,李政道先生指出:"艺术和科学的共同基础是人类的创造力,它们追求的目标是真理的普遍性。……科学和艺术是不可分的,两者都在寻求真理的普遍性。普遍性一定植根于自然,而对自然的探索则是人类创造性的最崇高的表现。"[22]

关于科学与艺术中的"美",是科学与艺术具有的另一个高度共性特征[23]。文学艺术追求美,是不言而喻的。在科学中,这种"美",往往体现在经过极其艰难复杂的探索与推导过程之后,获得极为简洁漂亮的惊人结果。例如,高斯通过复数证明了 n 次代数方程必有 n 个根;伽罗华通过创立群论证明了 5 次以上方程的根式求解是不可能的;爱因斯坦通过狭义相对论的精深理论给出质能关系式 $E=mc^2$,都是科学中的"和氏璧"。对这种令人震撼的美的追求,对科研结论臻于至善的追求,往往成为大科学家从事科学研究工作的强大动力。

(三) 科学向何处去

现代科学技术的发展一日千里,为改善人类生活做出了日益重要的贡献。特别是 20 世纪末以来,现代生命科学与技术、大数据、超级计算与人工智能的发展,深刻地改变了人类社会的面貌,并将继续产生持续深远的影响。与此同时,也带来了对"科学向何处去?""科学可能对人类未来发生威胁吗?""计算机会代替人吗?"等问题的深切关心与思考。这些问题,今天看来似乎不再完全是杞人忧天,而是科学学乃至整个社会难以回避的重大课题。在"科学发展史与科技人文"课程中,当然不可能对此给出深入研究与全面解答,但可从两个角度加以简单阐发。第一,从思维科学的角度来看,人类智能是由形象思维和抽象(逻辑)思维共同构成的,前者从无限中取有限,给出下一步的发展方向,而后者对上述通过直觉、跳跃性地选择出来的结果进行逻辑论证。迄今为止,计算机仅能进行逻辑运算,其运算步骤是有限的,在本质上是没有跳跃的,因而可以认为计算机迄今仅具有某种逻辑思维能力,尚不具备形象思维能力。这是计算机与人脑的根本区别之一。第二,科学是由人所发展和掌握的,科学共同体也是整个社会的一个部分。因此,科学向何处去、科学是否可能对人类未来发生威胁,在科学本身中不能取得答案,在科学共同体中也不能得到解决,而要纳入更大的人类社会经济及其制度发展的整体角度加以考察。

六、结语

加强科学发展史修养,建立现代科学技术体系总体概观,培养科学精神,了解科学思维的基本特征,增强民族自豪感与民族自信心,是培养创新性人才的重要环节。本文简述了大学本科通识课科学发展史与科技人文课程的主要内容,包括科学发展史概观、科学发展中的三大基本规律、科学家的成长与思维和科学与社会等四个模块,对其中的若干基本观点进行了重点介绍。当然,在教学过程中,除课堂讲授和引导为主外,还需要结合课下材料阅读与思考、课堂讨论等,对教学内容进行巩固和深化,并促进上述理念在大学生学习和成长的实践中发挥独特的作用。

感谢同济大学李杰教授对课程建设和本文撰写的指导。

参考文献

[1] 李政道.李政道文选[M].上海:上海科学技术出版社,2008.

[2] 吴文俊.吴文俊全集·数学史卷[M].北京:科学出版社,2019.

[3] M.克莱因.古今数学思想[M].上海:上海科学技术出版社,2006.

[4] 希尔伯特.数学问题(1900年)[M].李文林,袁向东,译.大连:大连理工大学出版社,2014.

[5] 卢明森,鲍世行.钱学森论大成智慧[M].北京:清华大学出版社,2014.

[6] 钱学森.论技术科学[J].科学通报,1957(3):97-104.

[7] 毛泽东.实践论[C]//毛泽东选集(第一卷).北京:人民出版社,1991.

[8] 龚昇.微积分五讲[M].北京:科学出版社,2004.

[9] F.克莱因.数学在十九世纪的发展(第一卷)[M].齐民友,译.北京:高等教育出版社,2010.

[10] A.爱因斯坦.保耳·埃伦菲斯特的工作及其为人[C]//许良英,范岱年.爱因斯坦文集(第一卷).北京:商务印书馆,1976.

[11] T.库恩.科学革命的结构[M].金吾伦,胡新和,译.北京:北京大学出版社,2012.

[12] 派斯.爱因斯坦传[M].北京:商务印书馆,2004.

[13] 王元,杨德庄.华罗庚的数学生涯[M].北京:科学出版社,2010.

[14] 鲁迅.未有天才之前[C]//鲁迅全集(第一卷).北京:人民文学出版社,2005.

[15] 朱训,陈洲其.中华人民共和国地质矿产史(1949—2000)[M].北京:地质出版社,2003.

[16] 杨迪雄,程耿东.铁木辛柯奖获得者演讲集[M].大连:大连理工大学出版社,2015.
[17] 中国科学院编译出版委员会.十年来的中国科学·数学1949—1959[M].北京:科学出版社,1959.
[18] 加来道雄.心灵的未来[M].伍义生,译.重庆:重庆出版社,2015.
[19] 王浩.歌德尔[M].康宏逵,译.上海:上海译文出版社,2002.
[20] 杨振宁.美与物理学[J].物理,2002,31(4):193-199.
[21] F.奥迪弗雷迪.数学世纪——过去100年间30个重大问题[M].胡作玄,胡俊美,于金青,译.上海:上海科学技术出版社,2012.
[22] 李政道.科学与艺术[M].上海:上海科学技术出版社,1997.
[23] 胡海岩.对振动学及其发展的美学思考[J].振动工程学报,2000,13(2):161-169.

"沉默的螺旋"对当代大学生网络政治参与的影响及对策研究

◎ 吴周阳

> **摘　要**　本文以"沉默的螺旋"这一传统理论为切入点,在四川多所高校大学生群体中进行随机抽样问卷调查,对大学生在网络政治参与过程中是否存在"沉默的螺旋"现象以及该现象是如何影响大学生网络政治参与进行了探讨。研究结果发现,"沉默的螺旋"只是部分地起作用,多元无知呈现显著影响,而群体压力的影响不显著。本文结合这一问题进行了相关讨论与分析。
>
> **关键词**　网络政治参与　沉默的螺旋　多元无知　群体压力

一、前言

第44次《中国互联网络发展状况统计报告》[1]数据显示,当前我国网络政务建设不断发展,但网民的参与度仍有待提升,在网络使用群体占比中,青年大学生居高位。

作为个人政治意见、利益等的表达手段,网络政治参与的积极性和效果会受到多种因素的影响。其中,"沉默的螺旋"(silent spiral)[2]阐释了这样一种现象:人们在发表自己观点时会判断自己的意见属于多数还是少数,如果属于前者,则会更加倾向于发表自己的观点,反之则会保持沉默,如此便会形成一个多数人呼声越来越大而少数人越来越沉默的这样一个螺旋式过程。大学生处在政治观形成、发展、实践的重要阶段,明晰"沉默的螺旋"在其网络政治参与过程中的影响,适当加以引导,对于提升其政治参与的积极性和效果具有重要意义。

作者简介　吴周阳,四川大学马克思主义学院,硕士研究生。

二、研究设计

笔者对四川多所不同层次高校学生进行了自填式问卷调查,先后共发放 600 份问卷,其中有效问卷为 581 份,有效率为 96.83%,并使用 SPSS V21.0 软件进行数据录入与分析。

通过"沉默的螺旋"理论框架和相关文献研究,针对大学生网络政治参与和"沉默的螺旋"间可能存在的关系,提出以下假设。

假设当代大学生网络政治参与过程中存在并受到"沉默的螺旋"的影响,包括:

(1) 假设 a:大学生在网络政治参与中,存在信息获取不充分或对自己缺乏信心的现象。

(2) 假设 b:会受到来自网友、权威人士、大学教师和同学的影响,并按照关系远近,受到的影响会逐渐增大。

(3) 假设 c:存在一定的模仿、从众行为。

将变量分为三个层次:

(1) 自变量——大学生网络政治参与的影响因素:多元无知和群体压力。作为本研究的两个核心变量,在调查时将其作为独立的部分进行测试,采用李克特五点量表,放在问卷的 3、4 部分。对于"群体压力"的测量主要分为普通网友的影响、权威人士的影响和大学教育的影响几个层次。

(2) 因变量——大学生网络政治参与度。本研究着重探讨分析"沉默的螺旋"与大学生网络政治参与度之间是否存在和存在多大程度的相关。

(3) 控制变量。本研究设定的控制变量包括:受访者性别、政治面貌、所修专业所属学科、从小生活的环境、父母的学历和政治面貌。

三、数据分析与研究

(一) 大学生网络政治参与现状

1. 认识与实践之间存在一定差距

在对"您认为大学生有必要关心政治、参与政治"的问题(题目 Q6)回答上,超过半数的受访者表示"非常同意",表明绝大多数大学生认为自己有责任、有义务进行一定的政治参与。但在"您认为当前大学生政治参与意识、参与能力很强"(题目 Q7)和"您认为自己在网上进行政治参与的程度很高"(题目 Q8)这两个问题的回答上,接近一半的同学表示"不确定"或"比较不同意",这一方面说明部分大学生对于自己的政治参与能力和水平仍然不清楚,同时也表明大学生对于政治参与的认识与实际进行政治参与过程之间存在一定的差距(表1)。

表 1　大学生网络政治参与基本认识现状

选项 题目	非常同意	比较同意	不确定	比较不同意	非常不同意
Q6	59.2%	32.9%	6.9%	0.5%	0.5%
Q7	15.5%	25.8%	37.6%	17.3%	3.8%
Q8	12.6%	31.5%	30%	20.7%	5.2%

2. 参与意识缺乏

大学生对媒体软件的使用时长大致为每天 3~6 小时,其中用于娱乐、学习、网上购物、日常交流等占了相当大一部分,"了解时事、参与政治生活"仅占 27.3%。表明部分大学生即便有充足的时间和便捷的网络设备,但在充分运用网络手段进行政治参与方面的意识仍然缺乏并有待提高。在问到"您通常通过何类网络渠道获取政治新闻",超过半数的受访者选择了"各大社交软件的热点推送",例如微博、微信等的推送,而仅有 17.8% 的同学选择了"政府及机构部门官方网站"。一方面表明大学生对于获取政治信息的渠道选择上偏"日常化",多依靠经常使用的社交软件获取政治信息;另一方面,这类政治信息是大学生们被动接收的,并不是自己有意向、主动地进行搜索、关注、参与的。严格说来,这种被动接收信息的过程并不是大学生主动获取政治信息、进行网络政治参与的过程。

3. 参与内容丰富、多样化

从图 1、图 2 可看出,大学生在关注政治信息、进行网络政治参与的过程中关注、参与的内容是较多样的,会根据自己的兴趣点、需求情况进行选择。但在实际应用过程中,虽然有 37.9% 的受访者参加过组织的一些网上学习和讨论等活动,但是在投票、监督、政治观点的表达等方面的参与程度还有待提高。同时,仍有 48.2% 的受访者选择了"从未参加过此类活动"。这表明,网络政治参与的内容丰富多样,大学生也通过各种网络手段获取多样的政治信息,但是实际参与网络政治活动的却很少,这和上文提到的"认识和实践之间存在一定的差距"是相吻合的。

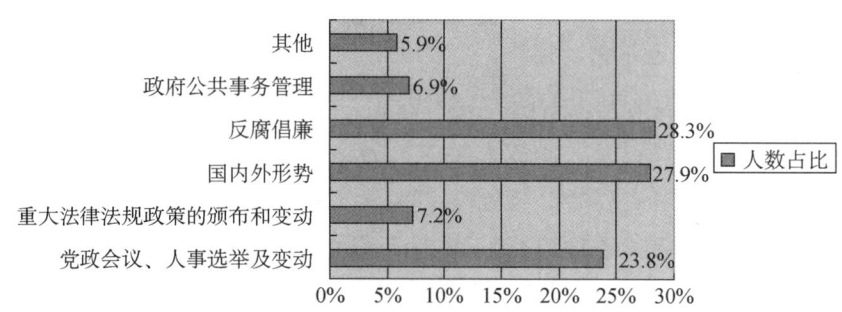

图 1　大学生网络政治参与关注内容

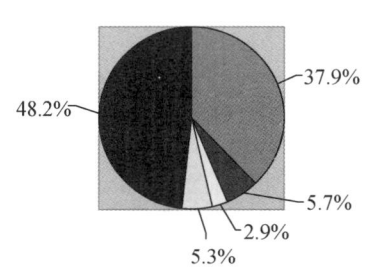

图2 大学生网络政治参与实际参与情况

4. "匿名"和"实名"的冲突

针对问题"相较于网络实名制,您更喜欢在网上匿名发表自己的政治观点",表示"非常同意""比较同意""不确定""比较不同意""非常不同意"的分别占比20.2%、41.8%、20.6%、13.6%、3.8%,可以看出,超过半数的受访者都表示更喜欢在网络上匿名发表自己的政治观点,原因是什么?为什么大多数人都更倾向于匿名制发表自己的观点,尤其是政治观点?这值得我们关注和讨论。

(二) 影响因素

通过相关文献阅读可以总结出影响大学生网络政治参与的一些普遍因素,例如性别、年龄、家庭环境、经济状况、政治面貌、专业类别、年级、网络技能、政治效能感、网龄等。在对大学生网络政治参与状况基本情况的调查中,我们也调查了大学生自身认为影响其网络政治参与的因素,比如:自身政治素养欠缺,参与渠道不畅,参与后效果不明显,学业负担太重无心关心政治,对政治没兴趣,传统政治文化意识淡薄。这些都对后文进行对策研究提供了一定的借鉴。

本研究主要探讨在大学生网络政治参与过程中是否存在"沉默的螺旋"现象和该现象是如何影响大学生网络政治参与的,并从"沉默的螺旋"发生作用的两个前提条件"多元无知"和"群体压力"出发,假设影响大学生网络政治参与的因素即是这两者。

1. "多元无知"的影响

简单来说,"多元无知"是指当我们对某一有争议的问题的信息获取不充分或是对自己缺乏信心时,一方面,我们会自我审查,即检视自我,怀疑自己的观点意见是否有问题,但在这一过程中,我们并不知道别人是否也在自我审查,所以当这两种情况混合在一起时,我们极有可能得出错误的观点和意见;另一方面,当多元无知发生时,我们很有可能接受别人的观点,参照别人的行为。

2. "群体压力"的影响

"群体压力"指我们所处的不同群体会或多或少地给我们施加一定的压力,包括行为规范压力和信息压力,这种压力会根据群体内成员的关系亲疏不同而有所差异。因此,在测试"群体压力"对大学生网络政治参与的影响时,本文划分了几个不同的测量层次。

首先要验证的是"群体压力"是否会影响大学生网络政治参与,从上述三个层次,每一个层次均设置了不同题项进行检验。

(1) 普通网友的影响

Q16a:如果您的政治观点与网站中大多数用户相同,但仍有少数人反对,您会底气十足地与其展开争论,坚持自己的观点?

Q16b:假设该网站上大多数用户与您政治观点不同,您敢于公开发表自己的意见?

Q16c:如果该网站上经常有用户与您政治观点不同,您会选择继续浏览该网站?

(2) 权威人士的影响

Q17a:您认为政府官方账号或权威人士发表的对某一政治事件的态度会更有说服力?

Q17b:您对于政府官方账号或权威人士的观点一致认同?

Q17c:如果对某一政治事件的看法上您与政府官方账号或权威人士出现分歧,您仍会坚持自己的观点?

Q17d:您会因不同的政治观点与权威进行公开争论?

(3) 大学教育的影响

Q18a:大学老师的课堂教育对您政治观点的影响很大?

Q18b:您对于大学老师的政治观点一致认同?

Q18c:如果您的政治观点与大学老师的不一致,您会仍坚持自己的观点?

Q18d:如果您的政治观点与同学的不一致,您会仍坚持自己的观点?

测试的具体情况见表2。

表2 大学生网络政治参与"群体压力"情况频率统计分析

题目 \ 选项	非常同意	比较同意	不确定	比较不同意	非常不同意
Q16a	11.7%	34.3%	39.4%	11.7%	2.8%
Q16b	9.4%	29.6%	44.1%	14.1%	2.8%
Q16c	11.7%	25.4%	40.8%	17.4%	4.7%
Q17a	23.9%	45.1%	26.8%	3.3%	0.9%
Q17b	6.1%	32.4%	43.2%	13.1%	5.2%
Q17c	10.3%	34.3%	48.8%	5.6%	0.9%
Q17d	6.1%	19.7%	38.5%	24.9%	10.8%
Q18a	16.9%	42.7%	28.2%	8%	4.2%
Q18b	8.5%	30.5%	45.5%	12.7%	2.8%
Q18c	12.2%	38%	43.2%	4.7%	1.9%
Q18d	12.7%	39.9%	40.8%	6.1%	0.5%

总体来看,大部分的意见分布都集中在"不确定"的选项上。就普通网友的影响来说,当自己所持政治观点与其他大多数网友的不一致或一致时,受试者在敢于公开争论、坚持自己意见方面有明显的变化。就权威人士的影响来说,有69%的受试者都认为政府官方网站或权威人士的政治观点更具有说服力,当自己的政治观点与权威人士出现分歧时,超过半数的人选择会改变自己的观点,并且不会选择与他们公开争论。就大学教育来说,有59.6%的受访者认为大学老师的教育对自己政治观点有较大的影响,当自己的政治观点与大学老师的不一致时,有50.2%的同学表示仍会坚持自己的观点,但同时,有43.2%的同学持保留态度,选择"不确定"。这与大学生和同学的政治观点出现分歧时类似,但与同学政治观点出现分歧时选择坚持自己观点的要略微高于与大学老师政治观点出现分歧的情况。

3. 具体分析

上述只是对数据简单的频数分析,并不能说明自变量和因变量之间是否具有相关性,为了验证大学生网络政治参与是否会受到"多元无知"和"群体压力"的影响,本研究通过多元线性回归的方式来进行验证。在具体分析时,分为两个模型。

(1) 模型一:测量控制变量与因变量间的关系,未引入自变量。

(2) 模型二:引入自变量后,测量自变量与因变量间的关系。

具体分析情况见表3和表4。

表3 控制变量与自变量对大学生网络政治参与的影响比较

模型	因变量	大学生网络政治参与从众或保留意见程度	
	调整R方	Durbin Watson	Anova sig 值
模型1	0.6%	—	0.544
模型2	52.1%	1.619	0.000

表4 自变量对大学生网络政治参与的影响

自变量	因变量	大学生网络政治参与从众或保留意见程度			
	sig	置信区间		VIF
		下限	上限	
多元无知	0.000	0.443	0.725	1.166
网友压力	0.832	−0.159	0.198	1.452
权威压力	0.502	−0.157	0.318	1.160
大学压力	0.932	−0.322	0.351	1.145

在控制变量对因变量的影响中,调整R方为0.6%,而引入自变量后则变成了52.1%,说明引入的自变量使得线性方程能够很好地反映数据。引入自变量后的DW值为1.619,在2附近,说明数据不存在序列相关,所得到的分析情况是可以直接使用的。在控制变量中,

sig 值为 0.544，是大于 0.05 的，所以接受原假设；而在引入自变量后 sig 值为 0.000，小于 0.05，所以拒绝原假设，说明自变量（多元无知、网友压力、权威压力、大学压力）中至少存在一个自变量对因变量产生显著影响。

那么到底是哪个或哪些自变量对因变量产生了显著影响呢？从表 4 中可以看出，多元无知、网友压力、权威压力、大学压力的 sig 值分别为 0.000、0.832、0.502、0.932，只有多元无知的 sig 值小于 0.05，从而对因变量的影响具有显著性，而其他几项的 sig 值均大于 0.05，故其对因变量的影响不具有显著性。同时，多元无知的置信区间最窄，能较好地反映总体情况；而网友压力、权威压力和大学压力的置信区间都较长，不能很好地反映总体情况。几个自变量的 VIF 值均在 0~10 之间，故不存在共线性，变量的显著性检验具有意义。

通过上述分析可发现，多元无知对大学生网络政治参与过程存在显著性的影响，故假设 a 和假设 c 成立；但是，群体压力的几个测量层次——网友压力、权威压力和大学压力均对大学生网络政治参与没有明显影响，因此，拒绝假设 b。

4. 原因解释

根据数据分析可发现，"沉默的螺旋"起作用的两个前提条件只有多元无知对大学生的网络政治参与具有显著性影响，而群体压力则不存在或存在极小的影响，也即"沉默的螺旋"只是部分地起作用。为什么会出现这样的情况？本研究认为可以从以下两方面进行分析。

1）为什么"多元无知"有显著性影响？

"多元无知"主要是由于主体信息获取不充分和信心缺乏而导致的。

（1）从信息获取的不足的方面来看，可以从主观和客观两个方面来分析。主观上，大学生主动进行网络政治参与的意识还比较淡薄，缺乏主动获取政治信息的意向；客观上，政府的行政活动的公开度、透明度和宣传力度还有待加强。

（2）从信心缺乏方面来看，本质上来说，是由于高校思想政治教育、建设的力度还不够，导致青年大学生信仰不够坚定，缺乏网络政治参与的主动性。

2）为什么"群体压力"没有显著性影响？

（1）网络环境得到改善

随着国家对于网络平台的监管与规范力度越来越大，网络不良信息对网民的影响日趋式微，网民在参与网络政治过程中更能处于一种信息真实的氛围，这是网民有序、正确进行网络政治参与的重要前提。比如网络实名制的实施，就可以有效规避网络造谣者的不法行为。

（2）青年大学生独立性的提升

改革开放以来，我国教育事业取得了长足发展，教育的普及使得国民素质整体提升，青年大学生所接收到的知识、思想等都促使了他们独立性的提升，也就更少地受到各种各样群体压力的影响。

(3) 时代的变迁

诺尔·诺伊曼提出存在群体压力的时代背景很大一部分原因是受到了当时德国纳粹的恐怖统治影响,对人们的言论等有极端的控制。但是在新时代的中国,言论自由是公民的一项基本权利,公民能自由表达自己的政治观点,也就更少受到群体压力的影响。同时,互联网自身所具有的开放性和互动性也使得网民们有更多机会和平台自由发表自己的政治观点。

四、对策研究

本文发现"沉默的螺旋"现象在当代大学生参与网络政治的过程中仍然存在并起着重要影响。一方面是由于自身信息获取不充分和缺乏信心而进行自我审查和错误地预估他人意见和看法;另一方面是在此基础上,大学生群体会主动判断自己所处的"意见气候",根据自己观点做法是属于大多数人所支持的还是反对的,从而决定自己的意见和行为,这样就不可避免地陷入从众或直接保持沉默的境况。但是,值得注意的是,"群体压力"却没有在这一过程中产生显著性的影响,这对提高大学生网络政治参与的积极性有一定作用,但同时,也可能会过度发酵为不良舆论的阵地,导致大学生政治观出现偏差。基于这几方面,本文提出了以下对策建议。

1. 针对"多元无知"的影响

1) 相关政府部门要及时加强对政治事件的信息量和解释度

普通大学生可能对一些政治信息或事件了解不充分或是存在一定的误区,或是受到其他虚假不实信息的影响。因此,一方面,相关政府部门在发布这类信息和事件时要加强解释,尽量做到信息简明易懂。另一方面,政府部门应加大对网络上的不实政治信息和言论进行整顿治理的力度,辟清破坏因子,规范网络政治参与的环境,避免不实言论对大学生网络政治参与造成的影响。

2) 高校思想政治教育作用的发挥

(1) 高校思政课(第一课堂)

本次研究调查显示,大学生在网络政治参与过程中政治参与意识淡薄、缺乏信心,这很大程度上是由于学生政治观和信仰等出现偏差,导致缺乏有效的政治参与。因此,一方面,需要加强思政课在整个课程体系中的地位;另一方面,应着重强调发挥高校思政课教师的作用。要明确自己的政治站位,提高自己的思想政治素养和能力,主动学习并贯彻落实习近平总书记在学校思政课老师座谈会上讲话的精神。自己有信仰,才能更好地给学生讲信仰;自己有正确的政治观,才能引导学生正确地进行网络政治参与。在规范自己思想行为的基础上,要上好思政课,重视思想政治教育课程,重视对学生正确政治观形成的引导、对学生政治参与意识的培养与引导,重视思想政治教育的舆论引导作用,占领大学生的政治思想高地。

(2) 高校思政第二课堂

高校思政第二课堂主要指学生在课外用思政课知识指导学习和生活实践,使学生学有所获、学有所用。它不同于第一课堂,它重视实践,目的是促使学生在潜移默化中巩固和运用第一课堂的知识,解决实际问题,增强对思政课理论的认同感,进而提升自身的思想道德素质。因此,高校应有意识地开展与思政课相关的社会实践活动,加强思政理论与实践的紧密联系,让学生在实践中自觉体认和运用思政课知识,树立并坚定共产主义信仰。

2. 针对"群体压力"的影响

国家要加大教育普及力度,推动高等教育发展,使国民素质再迈上新台阶,培养大学生网络政治参与的独立意识;同时政府相关部门要进一步规范网络环境,警惕"群体压力"的缺乏过度发酵为不良舆论阵地,引领大学生群体的正确舆论导向。

3. 针对研究过程中的问题

1) 相关政府部门要建立与大学生群体之间的沟通反馈机制

受访者表示"参与后效果不明显"是影响其网络政治参与的主要因素,因此政府部门要及时地对大学生的政治参与活动进行反馈,加强两者间的沟通,建立"大学生网络政治参与活动—政府部门及时反馈—良好的评价机制"这样一个良性循环。这种沟通反馈机制的建立需要以政府为主导、以各高校为依托,旨在加强政府部门与大学生进行网络政治参与的沟通与交流,及时了解掌握大学生网络政治参与的情况和存在的问题。

2) 将网络政治参与和学生评价机制挂钩

为避免大学生因从众等行为而影响网络政治参与,高校可将对学生的评价机制与学生网络政治参与情况挂钩。在前期以某种程度上的强制性来引导学生积极进行网络政治参与,主要是培养学生进行网络政治参与的意识和主动性。但此种方法不宜长时期使用,否则会在某种程度上引起学生的"逆反心理"。

3) 开设相关培训网络政治参与的课程

很大一部分的大学生在进行网络政治参与的技能技巧、政治知识和素养等方面还有欠缺,因此,为解决这一现实问题,高校可开设相关的培训课程,分为理论培训和实践培训。其中,理论培训包括网络政治参与的重要地位、大学生积极参加网络政治参与的重要性和现实意义、对推进国家政治建设发展的重要意义等,从理论上引导学生发现自己积极参与网络政治的意义。实践培训主要是以教师为引导、学生为主体,让学生实际参与网络政治参与过程中去,在实际操作中提高学生参与网络政治的技能技巧和政治参与的获得感。

4) 倡导网络实名制

在研究过程中发现,大学生更倾向于在匿名的环境下参与网络政治,究其原因,是他们对网络实名制的认知出现了偏差。他们认为,如果网络匿名就可以自由发表政治观点。但事实上,网络实名制的实施并不是限制言论自由,而是保护自己的言论自由不受他人侵犯。

网络实名制有利于国家安全、弘扬正能量,有利于打击违法犯罪,净化网络环境,从而更有利于大学生有序、正确地进行网络政治参与。

五、结语

大学生网络政治参与的情况虽然已经有了很大的改善和发展,但仍存在许多问题,而"沉默的螺旋"现象在这一过程中部分地起作用则是重要的影响因素之一。我们要规避"沉默的螺旋"的负效应,警惕多元无知阻碍网络政治参与的发展,同时也要利用青年大学生独立性提升而使得群体压力影响不显著这一特性,对他们积极教育和引导。

政治参与作为公民的一项基本权利,是我们参与国家治理、社会建设发展的重要途径。而青年大学生作为未来的中坚力量,也必然需要将这种参与视为一种责任,树立主人翁意识。无论是哪种方式的政治参与,归根到底都需要青年大学生在正确的政治立场、信仰之上的参与,只有具备了这样的前提,才有可能真正参与国家治理和社会建设发展中,也才称得上是真正有效的政治参与。

参考文献

[1] 中国互联网信息中心.第44次中国互联网络发展状况统计报告[R].2019年8月.
[2] 伊丽莎白·诺尔—诺依曼.沉默的螺旋:舆论——我们的社会皮肤[M].北京:北京大学出版社,2013.

学生接受维度下思政课程的革新研究

◎ 王晓梅

> **摘　要**　思政教育的特殊性、重要性是其他课程教育所不能比拟的。但当下,思政课程难以被学生所接受,其根源在于思政教育所教授信仰与学生原有储备思维的冲突。欲破解这一难题,需思政教师从思政教育的属性出发,革新教学理念,继而将"被动式"教育向"主动式"教育转变,从思政教师的素质、技能与教学方式着手,最终解决思政课程"为什么讲,讲什么和怎么讲"的问题。
>
> **关键词**　高校思政　思政教育　问题分析　对策分析

2016年以来,全国高校思想政治工作会议、全国教育大会和全国高校思政教师座谈会先后召开,这三个会议规格之高是几十年来从未有过的,党和国家最高领导人出席三个会并都做了重要讲话,全国思政沐浴着一阵高过一阵的"思政课政策"的春风。[1]紧接而来的是从党和国家到各个高校,都把关注聚焦在解决当下思政教育存在的"针对性不强、亲和力不高、实效性差、学生获得感低"以及存在的"内容陈旧、工艺落后、包装不时尚"等一系列问题上。[2]事实上,随着对思政教育的关注持续和深入,对于思政教育的要求已经远远不是停留在把课讲的流利一些、热闹一些、形式多样一些这样的表层上,而要求体现其在整个人才培养中的核心地位,在人成长的"拔节孕穗"期"树三观、筑灵魂"的关键作用。[3]

一、学生接受与思政课程的核心联系

正如在"3·18"思政课教师座谈会上,在回答"为什么要办好思政课"时习近平总书记指出的:"思想政治理论课是落实立德树人根本任务的关键课程。青少年阶段是人生的'拔

---

* 本文系2019年浙江省教育厅一般科研项目"创新创业教育与思想政治教育的双向建构与协同共进研究"(Y201942925)成果;2019年浙江经济职业技术学院校级青年专项一般项目"大学生创新创业教育中的思想教育问题研究"(JKY2019061)成果。
作者简介　王晓梅,浙江经济职业技术学院,讲师,硕士,研究方向为思想政治教育。

节孕穗期',最需要精心引导和栽培。我国办中国特色社会主义教育,就是要理直气壮地开好思政课,用新时代中国特色社会主义思想铸魂育人,引导学生增强中国特色社会主义道路自信、理论自信、制度自信、文化自信,厚植爱国主义情怀,把爱国情、强国志、报国行自觉融入坚持和发展中国特色社会主义事业、建设社会主义现代化强国、实现中华民族伟大复兴的奋斗之中。"[4]尽管整个教育、所有的课程都承担着"育人"的功能,但是"术业有专攻",思政教育的政治性、思想性和学科特性决定了它与其他课程在育人方面的区别。

在对大学生进行思政教育的过程中,一直通行的有两句话:日常思政教育是主阵地,思政课课堂教育是主渠道。习近平总书记在全国高校思想政治工作会议上指出:"要用好课堂教学这个主渠道,思想政治理论课要坚持在改进中加强,提升思政教育亲和力和针对性,满足学生成长发展需求和期待。"[5]日常思政教育更多侧重于在日常生活当中强调遵循行为规范、通过各种实践性活动的体验与感悟进行教育,通过思政课的课堂教学主要是进行马克思主义和思政教育的理论阐释,使学生不仅要掌握是什么的问题,更要弄清楚为什么的问题。而马克思主义理论作为科学的世界观和方法论是不会自动走入学生头脑的,"三进工作"①主要是要通过课程来进行的,课程育人是所有育人工作的"龙头"。改革开放以来,思想政治理论课经过几次调整,先后出台了"85方案""98方案""05方案",并在实践中不断加以完善。2017年国务院印发《关于加强和改进新形势下高校思想政治工作的意见》,以及最近下发的"两办意见"和"创优行动计划",都明确了立德树人的根本任务,强调要发挥思想政治理论课的主渠道作用。[6]

思政课(建好、讲好和学好)要受到多种因素的影响,其中最为关键是教师,当然也还包括其他诸多因素。"办好思想政治理论课关键在教师,关键在发挥教师的积极性、主动性、创造性。"教师是立教之本、兴教之源。办好思政课,离不开一支政治素质过硬、业务能力精湛、育人水平高超的高素质专业化思政课教师队伍。加强思政教师队伍建设,就要按照习近平总书记提出的六个方面的要求,坚持政治要强、情怀要深、思维要新、视野要广、自律要严、人格要正。[7]这六个方面的要求,是思政教师队伍建设的重要标准,也是思政教师提升素质和水平的努力方向。应当深刻认识到,广大思政课教师只有在大是大非面前保持政治清醒,在党和人民的伟大实践中关注时代、关注社会,汲取养分、丰富思想,善于引导学生树立正确的理想信念、学会正确的思维方法,以宽广的知识视野、国际视野、历史视野把一些道理讲明白、讲清楚,做到课上课下一致、网上网下一致,自觉作为学为人的表率、成为让学生喜爱的人,才能适应新时代发展需要,更好担负起时代赋予的重任。当然,社会环境对学生思想塑造的影响也是极其重要的,如家庭因素、网络环境、外部势力、错误思潮等。

---

① "三进工作"中的"三进"是指进教材、进课堂、进头脑,引导大学生深入理解掌握习近平新时代中国特色社会主义思想,牢固树立科学的世界观、人生观和价值观,弘扬和践行社会主义核心价值观,提升自觉运用马克思主义立场观点方法分析解决实际问题的能力。(秦宣.扎实推进习近平新时代中国特色社会主义思想"三进"工作[J].中国高等教育,2017(22).

思想政治理论课不是单纯的知识传授的课程，对它的要求是多方面的。一是从"培养人""争夺人"的角度看，为党育人、为国育才，坚持社会主义方向、培养"建设者和接班人"的根本问题首先要求思政课要有政治高度；二是思政课必须要能够解决学生的思想问题、能够有针对性地为学生答疑解惑，要求思政课教师能够运用理论的工具、展现理论的魅力，这就要求思政课做到理论深度、知识广度、文化厚度，这样才能够通过"思想引领、价值引导、理论说服"等来有效地解决思政课缺乏针对性的问题；三是思政课还需要解决与教学对象之间的"距离问题"，必须通过有情感的内容，用有情感的话语来增强课程的情感温度，增强课程的亲和力；四是思政课必须紧随时代的要求，不断增强教学内容创新、教学模式创新和教学方法创新的力度，以学生的获得感作为评价思政课的终极评价标准。

二、学生接受维度下思政教育之不足

思政课承载着对大学生进行马克思主义理论和思政教育的功能，是政治性、思想性和理论性极强的课程，这门课的政治要求严、思想要求高、理论要求准，需要把政治性和学理性有机结合，而不是随心所欲、想怎么讲就怎么讲。

保证教学的规范性是讲好思政课的最基本的要求。思政课不是仅仅进行知识传授的课程，作为立德树人的关键性课程，是对大学生人生成长铸魂育人的课程，帮助学生正确认识世界、正确认识中国、正确认识社会以及客观认识自己，为学生传道授业解惑，这就要求思政课除了增强学生的感性体验之外，更要增强学生运用理论分析和解决问题的能力，因此在理论上讲清讲透是对思政课教师功力的检验。

思政课有一个共同的问题，就是如何解决学生从被动性学习向主动性学习的转化问题，如果不能从根本上解决上述问题的话，"进头脑问题"是不好解决的。[8]促使学生真心学习的前提，是要想办法将有意义的事情变成有意思的事情。这就要求思政课教师需要在教学语言、教学方式、教学手段以及教学内容上下功夫，努力增强课堂教学对学生的吸引力，而不是满堂灌、照本宣科、"照PPT宣科"。思政课的终极目标在于对学生进行价值引导、铸魂育人。对于我们所传授的内容，学生并非天生就认同，而易受当下各种外界因素的干扰，不认同也不足为怪。思政课的职责就是要使学生从不认同转变到认同，尽管这种转变是极其艰难的，但这种转变的过程就是"立德树人"的育人过程，这也是思政课教师应有的责任担当。习近平总书记指出，要让有信仰的人来讲信仰，自己都不信怎么会使别人相信。

由于思政课评价主体上的多元化（设课者、观课者、授课者和听课者的视角不同），课程的好坏很难直接判断。教育部提出要打造金课，其目标也是要建设好的课程。好的课程具备三个特点：一是内容的科学性，二是讲授的逻辑性，三是拓展的学术性。正如俗语所说，"世上有两件很难做的事情，一是把别人的钱装在自己的口袋里，二是把自己的思想装在别人的脑袋里",思政课要做的事情虽然不是把我们自己的思想装在别人的脑袋里,但确确实实地需要通过思政课教师去影响学生的"三观"形成,甚至要去矫正其头脑中业已形成的东西,这真的是很难很难的事。

按照建构主义的学习理论,要使思想政治理论课承载的内容进学生头脑,首先遭遇的是学生头脑中既有"偏见"的抵触。学生进入大学之前,在其头脑中有关"思想政治理论课"的认知或多或少地已经形成,也就是说,当学生进入高校时,其大脑绝对不是一张白板,而是在里面已经包含了一些在中学甚至更早阶段所形成的基本认知,其中可能会有这样一些关键词:说教、空洞、无用。对大学生"三观"的画板如何刻画,并不完全取决于大学思政课画得好坏,在一定程度上也是取决于底板已经被画得如何。在画乱了的底板上要画出新的美的图画,其难度和可行性可想而知。因此,大学的思政教育应该与中学的思政教育更好地对接和匹配。

学生不是生活在真空当中,其思想观念的形成与发展是要受到各种因素的综合影响,甚至负面的影响可能远远大于思政课本身带给学生的正面影响,如家庭因素、社会因素、网络因素等。而这些因素对于学生而言所占据的时间和空间远远大于思政教育整体所占的时间和空间。加之长期以来,高校思政教育整体的弱化,既不能积极回应各种错误思想、思潮的挑战,也不能够有效地解决、解释学生的思想困惑,思政课当然也就很难真正为学生所接受。

三、学生接受维度下的思政教学理念革新

为了让思政教育真正走入学生内心,让思政课真正为学生所接受,教师在思政课程教授时,应当从思政教育的特性出发,革新教学理念。

首先,思政教育对学生来说是综合教育,育人成效的影响因素是多项维度的。思想政治理论课作为贯彻立德树人根本任务要求的主渠道,正如习近平总书记在学校思想政治理论课教师座谈会上语重心长地指出:"建设社会主义现代化强国、实现中华民族伟大复兴,思政课作用不可替代,思政课教师责任重大。"但是,其他课程在育人方面是否做到与思政课程同向同行、各种环境因素是否有利于实现立德树人任务也是至关重要的。

其次,思政教育对学生来说是长期教育。俗话说,十年树木,百年树人,育人工作是一项长期而细致的工作,特别是要将马克思主义基本理论、党的最新理论成果实现"三进",对学生进行正向的价值引导,教育学生自觉抵制各种错误思潮的侵袭和影响,绝不是通过一堂课、一次活动,就能够从根本上解决学生的"入脑入心"问题的。做任何事情都存在着一个共性的规律,即欲速则不达。因此,要真正解决"为谁培养人"的问题,思政教育需要做好长期思想准备,需要打长期的攻坚战,这绝对不是一朝一夕能办到的事情,更不能简单地通过到课率、抬头率和廉价的掌声就可以进行评判。

最后，思政教育对学生来说是渗透教育。做人的思想政治工作，最忌讳的就是简单的、照本宣科式的说教，这样只会激起被教育者本能的抵触和逆反。无论是思政课程，还是课程思政，要达到有效的育人效果，就必须按照隐性思想政治教育的原理，使受教育者在心理上以一种自然的、无灌输意识的态度接受教育，将教育内容渗透到教育对象所处的环境、文化、娱乐、舆论、服务、制度、管理等日常生活氛围中，引导受教育者去感受和体味，潜移默化地接受预先设定的教育内容，思想政治教育最理想的效果就是"润物细无声"。

综上所述，对于学生的思想政治教育绝不可以放任自流，积极有效的、持续不断的、形式多样的、富有情感的思想政治理论课教学模式和思想政治教育的方法，会让学生在不知不觉中接受价值引导，而不是把观测点放置在一些显性的、可考量的观测点上。思政育人的效果可能要经过五年、十年，甚至更长的时间才会显现出来。那种未付出真心、未下真功夫来教和学，却表现出异常的积极状态，这里面一定是存在着有些学生刻意地在做迎合式学习、作假式学习，对学生而言其实没有从根本上解决思想认识的问题。

四、思政教育破解学生接受问题的具体路径

从全国高校思想政治工作会议、全国教育大会和全国高校思政课教师座谈会上总书记讲话精神的学习，到"两办意见"和部党组"创优工作方案"的细化落实，这一系列重要讲话和文件的最终落脚点就是要把"立德树人"这一育人的根本原则贯穿在教育的始终，把立德树人作为衡量学校一切工作成效的根本标准，真正为中国特色社会主义培养德智体美劳全面发展的合格建设者和接班人。[9]这就更加要求用"习近平新时代中国特色社会主义思想"武装学生头脑，思想政治理论课在新思想的"三进"工作中尤其是"进头脑"的作用不可替代。面向学生的思政课，如何做到使"新思想"入脑入心，必须具有问题意识。

要破解"进头脑"难的问题，首先要解决学是"被动式"还是"主动式"的问题。"被动式"的表现在于所有的要求和环节都做了，且又忙又累，但是"真"问题并没有解决；"主动式"的表现在于是真正的围绕着"立德树人"的育人理念和目标、是形式与内容的真正统一（能够真正做到总书记在座谈会上要求的八个统一）。这些问题要从根本上解决，真正做到把"知识体系转化为信仰体系"、真正实现"三进"并影响学生的"三观"，而不是"左耳进右耳出"、更不能是"水泼不进去、针扎不进去""你唱你的独角戏、我干我的百业活"。要从根本上解决思政课"进头脑"的难题，就要下决心真正建设好思政课。当前社会大环境非常有利于思政课的建设。从2016年全国高校思想政治工作会议召开为转折点，全国思政人迎来了前所未有之"政策春天"[10]。但是，有了好的政策，就必须使之落地生根。从高校的角度来看，就是要真心建设好思政课、促使教师讲好思政课、激励学生真心学好思政课。

尽管影响学生"三观"形成的因素是多样化的，而且大学阶段已经迈入了成人阶段，其思想观已经初步形成，尽管带有不成熟甚至偏激。在大学开设思想政治理论课，就是要在

学生成长的"拔节孕穗期""不误时辰、按规律办事",要求学生树立理想、信念与正确的"三观"和学生用自我意识来解决三观问题有着本质的区别。[11]促使学生"真心学"的关键在于要做到有效的引导。因此,作为教育工作者(包括思政课教师、思政教育工作者和其他各类教师)就是要创造条件促进学生真心地学。应该做到:一是要想办法接触学生,拉近与学生的空间距离特别是思想距离,了解当代学生最重要的思想困惑在哪里,做到教学的"有的放矢";二是在教学过程中要做到"以理服人和以情动人""理论只要说服人,就能掌握群众,而理论只要彻底,就能说服人",只有"用情、动情"才能使课程有情;三是通过完善实践教学体系增强学生的感知与感悟;四是用榜样的力量激励和引导学生;真学—真用—真懂—真信的实现路径,可以说就是一个人思想从不成熟到成熟,对于教育教学中所提出的(或灌输的)东西由不信抵触—将信将疑—基本认同—坚定信念的转变过程。

思政课教师在年龄上有层级,在学科背景上有差异,在教学经历上更是有很大的差别,这就决定了每一位教师对于自己承担的教学任务的认识差异性很大。通过集体备课,作为个体的教师在与其他教师、在与教学团队整体的思想交流中会得到很大的启发,会使自己的教学理念及教学思想更加清晰,从而在教学设计的过程中思路会更加清晰化。思政课到底怎么讲,不是仅仅体现在课堂上的表现力,必须将关口前置。要讲一节好的课程,就必须要有好的设计,包括对于教学目标、教学素材、教学手段、教学问题、教学情境、教学评价等进行提前预设,特别是在教学实践中碰到的或者可能碰到的问题进行预研,集思广益,这也是教育部要求思政课要做到"三集三提",即坚持集中研讨提问题、坚持集中培训提素质和坚持集中备课提质量。

在思政课教学实践中,需要解决"为什么讲、讲什么和怎么讲"的问题,这里主要是要解决讲什么的问题。目前的几门思想政治理论课,内容上还存在着不小的交叉重叠点,教师在备课的过程中也存在着搜集资料和对资料进行筛选的问题。需要几门不同课程的教师或同一门课程的教师在一起,就哪些内容应当详讲、哪些东西需要略讲、哪些应当布置给学生、教学中各类资料如何使用等问题进行研讨,从而使得教师个体在教学中更准确地把握教学内容。讲好思政课的关键在于教师,在于能否调动教师的积极性、主动性和创造性。通过集中学习培训、通过典型示范,旨在提高思政课教师对于教学内容的把握和取舍能力,对于教学过程中话题的设置能力和课堂的把控能力,对于研究问题的学术话语与讲授课程的教学话语自如转化的能力,等等。如果思政课教师的能力提升了,其教学水平就会相应地提升,教师对于教材体系向教学体系转化的能力也会相应地提升。

参考文献

[1] 人民日报评论员.把思政课办得越来越好[N].人民日报,2019-3-19.
[2] 孙磊.以人本管理推进大学生思政教育科学化的对策分析[J].教育现代化,2018,5(50):255-256.

[3] 章剑锋.大众文化背景下的思政教育与公民意识的塑造[J].马克思主义与现实,2013(1):199-202.

[4] 李久林.牢牢把握两个"关键"着重解决三大问题[J].思想理论教育导刊,2019(5):33-34.

[5] 顾海良.高校思想政治理论课"要坚持在改进中加强"[J].思想理论教育导刊,2017(1):6-10.

[6] 冯刚,严帅.改革开放40年高校思想政治教育管理的发展历程[J].北京师范大学学报(社会科学版),2019(1):10-22.

[7] 吴潜涛,张磊.新时代思想政治理论课教师的核心素养及其培育[J].教学与研究,2019(7):5-12.

[8] 王润玲.大学生思想政治教育工作研究现状分析[J].教育与现代化,2010(1):61-65.

[9] 孙海潮.创新思想政治教育方式方法[J].人民论坛,2010(23):51.

[10] 陆启越,余小波,刘潇华.改革开放以来我国高等教育改革的回顾与前瞻[J].大学教育科学,2017(2):10-16+122.

[11] 王新生,张欣然.思想政治理论课改革创新要坚持政治性与学理性相统一[J].马克思主义理论学科研究,2019,5(2):36-44.

课程教学

SPOC支持下的翻转课堂学习模式在教学中应用的探讨

◎ 王 阳 魏梦甜 张璧辉 孙 军

摘 要 本文以病原生物学课程教学为例,探讨SPOC支持下的翻转课堂学习模式在教学中应用的效果。通过对同济大学2016级、2017级临床医学112名学生的问卷调查,了解在32学时传统授课和12学时SPOC支持下的翻转课堂的教学设计下的教学效果及学生感受。结果表明,SPOC支持下的翻转课堂学习模式在学生学习效果和课堂教学效果方面均有积极影响,如提高学生预习效率、增加课堂专注度、加深对知识的理解与掌握、锻炼演讲及独立思考能力等;但SPOC支持下的翻转课堂学习模式也存在不足之处,如,课程主讲同学对案例的选择不同会引起教学效果的较大波动,而且该课程仍需教师适度参与提高教学质量。

关键词 SPOC 翻转课堂 LBL

传统授课模式(lecture-based learning, LBL),即以教师授课,学生听课为主,由于学生被动接受知识,师生交流有限,对学生的主动学习与思考能力的培养不足[1]。在过去几年,国内外兴起一些新的教学模式,其中包括慕课,即大规模公开线上课程(Massive Open Online Course, MOOC)和小规模的限制性在线课程(Small Private Online Course, SPOC)[2-4]。加州大学伯克利分校的Armando Fox教授于2013年前首先提出和应用了SPOC模式,即将慕课的讲座视频或在线评价等功能融入传统课堂中,进而辅助课堂教学。他认为SPOC模式可以克服LBL模式和慕课模式的局限性[2, 5-6]。这种教学方式与传统讲课相比,更倾向于学生自主学习[7-9],并且已经在国内外一些学校进行尝试性教学,包括哈佛大学、麻省理工学院、清华大学等。这种课程模式近来还越来越多地与翻转

作者简介 王阳,同济大学医学院,临床医学专业本科生。
　　　　　魏梦甜,同济大学医学院,临床医学专业本科生。
　　　　　张璧辉,同济大学医学院,临床医学专业本科生。
　　　　　孙军(通讯作者),同济大学医学院,教授。

课堂联系。翻转课堂颠覆了 LBL 的顺序,先学后教,学生需要提前阅读材料与观看视频学习,课堂时间可进行更有效的思考[10]。研究发现,这种课程模式确实起到一定作用,但也存在一些问题,譬如如何切实保证教学质量、恰当的教学资源的选择、如何避免加重学生的负担等问题[11]。对此,本文以病原生物学课程教学为例,对同济大学 2016 级、2017 级临床医学学生在 32 学时传统授课和 12 学时 SPOC 支持下的翻转课堂的教学设计下的教学效果进行调查,以了解 SPOC 支持下的翻转课堂学习模式在大学教学中应用的特点。

一、研究资料和方法

(一) 研究对象

选取同济大学医学院学习病原生物学与感染性疾病课程的 2016 级、2017 级学生进行网上问卷调查,调查时间为 2019 年 2 月至 2019 年 12 月。共发放问卷 112 份(其中 2016 级 36 人,2017 级 76 人),回收有效问卷 112 份,有效回收率 100%。

(二) 研究资料

1. 问卷设计

在病原学课程结束后,教师及学生根据调查目的参阅相关文献及 SPOC 支持下的翻转课堂的课程特点自行设计问卷。问卷内容包括课前、课中、课后三大部分,共 20 项内容,包括基本信息、两种课程前是否预习课程、预习时间多少、预习效果如何、是否知识拓展,课堂知识掌握程度、英语与演讲能力有无提升,是否有利于发现思考解决问题,课后复习需要时间,是否需要总结等,采用 1~5 级评分,如表 1 和表 2 所示。

表 1 课程模式调查问卷的构成—课前学习分析

条目	选项
你在传统/SPOC 课堂上课前是否会预习课程?	1.很多/2.多/3.一般/4.少/5.很少
与学时、难度相当的其他课程相比,在传统/SPOC 课程花费的预习时间如何?	1.很多/2.多/3.一般/4.少/5.很少
上传统/SPOC 课程时,通过预习你能对课程内容了解到什么程度?	1.很多/2.多/3.一般/4.少/5.很少
传统/SPOC 课堂时,你是否会对相关课程进行总结?	1.很多/2.多/3.一般/4.少/5.很少
传统/SPOC 课堂时,你是否会去了解课本以外的内容进行知识拓展?	1.很多/2.多/3.一般/4.少/5.很少

表 2　课程模式调查问卷的构成—学习效果分析

条目	选项
你在传统/SPOC课堂上有多长的时间玩手机/睡觉?	填空
传统/SPOC课程中所讲知识,对自己主讲的相关知识,你的掌握程度?	1.很多/2.多/3.一般/4.少/5.很少
传统/SPOC课堂课程学习中,对于师生互动交流?	1.很多/2.多/3.一般/4.少/5.很少
传统/SPOC课程学习中,对你的英语能力锻炼与提升?	1.很多/2.多/3.一般/4.少/5.很少
SPOC课程学习中,对你的演讲能力的锻炼与提升?	1.很多/2.多/3.一般/4.少/5.很少
你觉得采用传统/SPOC课堂学习方式有利于你发现、思考并尝试解决问题吗?	1.很多/2.多/3.一般/4.少/5.很少
你觉得传统/SPOC课堂教学内容难度怎么样?	1.很难/2.难/3.一般/4.简单/5.很简单
你认为传统/SPOC课程形式对你掌握课程内容影响如何?	1.很多/2.多/3.一般/4.少/5.很少
你认为是什么原因影响了你对传统/SPOC课程内容的掌握?	1.课程安排较密集/2.讲解重点不明确/3.课前未认真预习,影响听讲效果/4.未影响/5.其他
你认为传统/SPOC课程是否需要老师进行课程总结?	1.很需要/2.需要/3.一般/4.不需要/5.很不需要
如果有机会,你愿意选择SPOC翻转课程还是传统课堂?	1.传统课堂/2.SPOC翻转课程/3.部分传统课堂,部分SPOC翻转课程

2. 发放材料

在病原课程教学过程中,LBL模式占32学时,SPOC支持下的翻转课堂模式占12学时。课程开始前统一介绍两种课程模式流程及要求,并发放SPOC支持下的翻转课堂模式的相关材料。材料包括分配案例的任务表、所有案例及习题(均为全英文)、相关PPT内容。SPOC支持下的翻转课堂的教学模式具体实施过程如图1所示,学生在课前根据所发放的材料完成阅读、自学相关内容的PPT,有选择性和针对性地拓展阅读并完成习题,准备分配的任务案例的汇报PPT,课上进行汇报讲解,汇报内容包括先简要分析病例,再用一到两句话总结病例要点,讲解与该病原体或疾病相关的知识点,如病原生物学特性、致病性和免疫性、疾病的流行病学、病理学、临床表现、诊断、治疗和预防等,其余学生提问,主讲者进行解答,最后老师总结点评。在课程全部结束后,向全部学生发放网上问卷。

(三) 统计学处理

采用SPSS 20.0软件进行统计分析,等级资料选用Wilcoxon符号秩检验,$P<0.05$表

示差异有统计学意义[2]。

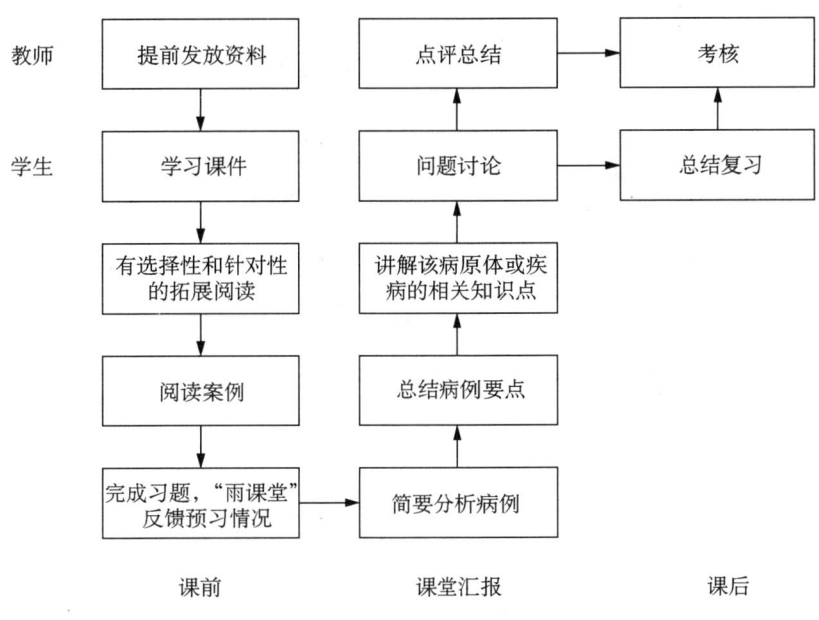

图 1　SPOC 支持下的翻转课堂教学流程

二、调查结果分析

（一）课前学习效果分析

对两种课程模式的课前学习效果调查结果如表 3 所示,可以看出,SPOC 支持下的翻转课堂较传统课堂更能促使学生进行课前预习($P<0.05$)。同时,SPOC 支持下的翻转课堂模式能够提高预习时间、促使学生自主学习、拓展知识和主动总结,差异具有统计学意义($P<0.05$)。

表 3　两种课程模式的学生评价

	调查项目	LBL					SPOC 支持下的翻转课堂					P
		较多	多	一般	少	较少	较多	多	一般	少	较少	
课前	课前预习	2	3	31	39	37	20	29	34	13	16	<0.05
	预习时间	7	12	57	23	13	24	44	32	7	5	<0.05
	预习程度	3	41	58	7	3	8	35	56	12	1	>0.05
	主动总结	14	26	48	16	8	7	12	58	22	13	<0.05
	自主学习	4	6	48	32	22	9	36	45	16	6	<0.05

(续表)

	调查项目	LBL					SPOC 支持下的翻转课堂					P
		较多	多	一般	少	较少	较多	多	一般	少	较少	
课中	知识掌握	9	28	64	9	2	28	42	28	12	2	<0.05
	师生互动	2	15	62	23	10	3	30	55	14	10	>0.05
	英语能力	1	9	59	29	14	3	16	62	16	15	<0.05
	思考问题能力	6	24	65	13	4	8	46	44	8	6	<0.05
	教学难度	4	23	73	12	0	15	45	47	5	0	<0.05
课后	课程模式影响	12	32	64	2	2	6	28	59	17	2	<0.05
	总结需要	49	59	4	0	0	60	44	7	1	0	>0.05

(二)课堂效果分析

如表 3 所示,49.11%的学生认为 SPOC 支持下的翻转课堂效果一般,认为传统课堂师生互动效果一般的则占 55.36%,通过比较可以了解到两种教学模式在师生互动方面的影响没有明显差异($P>0.05$)。但 SPOC 支持下的翻转课堂模式更能促使学生专注于课堂、加深对知识的掌握,并且能够提升英语能力及对问题的思考能力($P<0.05$)。在 SPOC 支持下的翻转课堂学习中对演讲能力锻炼与提升方面,33.93%的学生认为效果一般;半数以上(56.25%)认为有提升;另有 9.82%的学生认为没有帮助。但 SPOC 支持下的翻转课堂难度高于传统课堂,二者的差异具有统计学意义($P<0.05$):53.57%的学生认为,SPOC 支持下的翻转课堂教学难度大或很大,41.96%的学生认为 SPOC 支持下的翻转课堂教学难度一般;而认为传统课堂教学难度大或很大的占 24.11%,认为一般的则占 65.18%。

(三)教学效果分析

如表 3 所示,52.58%的学生认为 SPOC 支持下的翻转课堂形式对掌握课程内容影响一般,30.36%认为影响多或很多,16.97%认为影响少或很少;而 57.14%的学生认为传统课堂对掌握课程内容影响一般,39.28%认为影响多或很多,3.58%认为少或很少。因此可以得出结论,传统课堂更有利于学生掌握课程内容($P<0.05$)。知识掌握方面的反馈显示,SPOC 支持下的翻转课堂中是否作为主讲者对相关知识的掌握有影响($P<0.05$),62.5%的学生认为对自己负责讲解部分知识的掌握程度高或很高,25%认为掌握一般,另有 12.5%认为掌握程度低或很低;对其他人讲解的部分知识,45.54%认为自己对相关知识的掌握程度一般,44.64%认为掌握程度低或很低,仅有 9.82%认为掌握程度高或很高。影响对 SPOC 支持下的翻转课堂掌握程度的因素反馈如下:41.07%的学生认为课程安排较密集;68.75%认为主讲人重点不明确影响了对课程内容的掌握;56.25%的学生认为是由于课前

未认真预习,影响听课效果;4.46%表示是其他原因导致的;3.57%的学生认为未影响对课程内容的掌握。

(四)学生反馈

根据问卷结果,更多学生(54.46%)倾向于传统课堂与SPOC支持下的翻转课堂混合的教学模式。其中42.62%的学生希望按照教材进行传统课堂的学习后再进入SPOC支持下的翻转课堂学习模式的器官分类学习,57.38%的学生倾向于先按照器官分类进行传统课堂学习,而后进行相应系统的SPOC支持下的翻转课堂。大部分学生(52.46%)希望SPOC支持下的翻转课堂的课时占比为25%~50%;45.9%的学生则希望少于25%。

在愿意再次选择SPOC支持下的翻转课堂(包括单纯SPOC支持下的翻转课堂和与传统课堂结合的SPOC支持下的翻转课堂)的学生(64.28%)中,大部分学生(59.72%)希望把单次SPOC支持下的翻转课堂的案例数量设置为3~5个;大多学生(80.56%)希望SPOC支持下的翻转课堂的案例难度为适中。有学生意见表明,SPOC支持下的翻转课堂选取并用于教学的病原体少见,难以获得详细可靠的资料;另有学生建议更换为中文教学材料。

(五)教师在SPOC支持下的翻转课堂中的作用

值得注意的是,SPOC支持下的翻转课堂和传统课堂分别有92.86%和96.43%学生认为课程需要教师进行课后总结($P>0.05$)。与问卷结果一致的是,SPOC支持下的翻转课堂的学生反馈表示,由学生讲解的教学内容难以突出重点,影响学习内容的掌握,希望教师进行课程总结,以突出重点。

(六)课程评价考核

SPOC支持下的翻转课堂分别使用"雨课堂"预习模块和课后练习题对预习和学习成果进行评价考核。23.21%的学生认为"雨课堂"预习模块能反映预习情况,25.89%认为不能反映,48.21%的学生持中立看法,另有2.68%的学生未使用"雨课堂"。对课后练习题目的评价显示,47.32%的学生认为题目数量和难易程度合适或很合适,32.14%认为一般,20.53%的学生认为不合适或很不合适。与之一致的是,学生对课后练习的意见也集中在题目难度较大和未及时公布习题答案上。

三、SPOC支持下的翻转课堂实践效果的讨论

SPOC支持下的翻转课堂学习模式在本课程教学中的实践已有四年,相较于传统授课模式,有着一些优势,但也存在一些问题。

在课前学习效果方面,SPOC支持下的翻转课堂较传统课堂更能促使学生进行课前预

习,能够提高预习时间、促使学生自主学习、拓展知识和主动总结。SPOC 支持下的翻转课堂学习模式需要学生在课前对资料进行阅读学习,完成作业以及线上打卡等行为,对于学生的课前学习有所要求[10],而传统课堂在课前没有强制性学习要求,课前学习时间及程度因人而异。SPOC 支持下的翻转课堂模式提供的全英文的案例及问题,能够促使学生加强医学专业英语的学习。每个案例都是人体感染相关病原微生物后,出现的相关症状变化、检查,是取自国外真实严谨的病例,将书本上的知识与临床结合起来,在激起好奇心的同时,培养学生的临床思维,使学习兴趣更加浓厚。在进行材料的阅读及理解时,不仅要求学生对书本上的知识了解,还需要学生查阅文献资料,了解最新的研究进展。SPOC 支持下的翻转课堂学习模式能够提高学生的自主学习能力,这对于他们而言,无论是在临床工作以及科研方面都有所帮助。但相对传统课堂而言,SPOC 支持下的翻转课堂太多的案例、太紧的课时加重了学业负担,占用的课外学习时间更多。SPOC 支持下的翻转课堂采用全英文的材料,涉及的课程专业英文词汇太多,对于学生来说难度增加且花费时间较多。

在课堂上,SPOC 支持下的翻转课堂模式更能促使学生专注于课堂、加深对知识的掌握,并且能够提升英语能力及对问题的思考能力,但课堂效果一般,教学难度高于传统课堂。SPOC 支持下的翻转课堂由于学生主导,相比于传统课堂需要学生的参与度更多,能够使得学生更加专注于课堂,带着课前学习遇到的问题互相交流。在已有的汇报内容要求下,鼓励学生多种形式多分享,增加师生互动,同时锻炼自己的演讲能力。但不同学生的学习基础与学习能力不等,文献查询与阅读能力的差异、汇报时演讲能力的不同、讲解内容是否突出重点、其他学生是否认真听及是否听得懂主讲同学的内容等,都会对教学效果产生影响。学生也更倾向于先按照器官分类进行传统课堂学习,而后进行相应系统的 SPOC 支持下的翻转课堂。传统课堂重在基础知识方面,由授课老师讲解,较易接受与理解。SPOC 支持下的翻转课堂由临床案例引出,除了基础知识,还有更加深入的临床知识学习,两种课程模式在知识方面的不同侧重是相互补充的关系。

教师在课程中的作用的关注点在于教师如何公正评价考核,适当进行总结。教师进行新的课程模式、考核、总结,最重要的是把握好度。SPOC 支持下的翻转课堂的成绩在总成绩中占比不多,集中在课堂汇报与课堂表现方面,同时选取用于教学的病原体少见,难度较高,每次课程案例数量安排较多,所需学习时间较多,与相应成绩比例并不匹配。由学生讲解的教学内容难以突出重点,影响学习内容的掌握,课后复习花费较多时间,加重学习负担。

四、结语

经过思考和讨论,两种课程模式的应用改进,要注意把握好度。

首先，两种模式课时的占比如何设置，既能保证教学质量，提高学生自主力，又不加重学生负担，让学生欢迎这种教学模式。其次，对于SPOC支持下的翻转课堂案例资料的选择，教师要选择恰当的案例，因材施教。选取较常见的病原体，适合学生水平的中文或英文教学材料，案例的难度、每次课程安排案例的数量和课时占比，需与学生的时间与能力相匹配，知识与传统课堂内容相互对照相互补充。教师需在课前提前了解学生的汇报内容，对内容的可靠性以及准确性进行审核并给出建议，对于讲解内容各方面比例有所把握与约束，引导学生间不能攀比讲解内容的最新、最难知识，忽略基础知识，汇报讨论交流后适当给出重点知识总结，方便学生课后复习。

对于SPOC支持下的翻转课堂的成绩，教师公正评价考核，需要考虑从课前预习到课堂表现再到课后总结考查的划分更加细致，鼓励学生多思考、多交流、多讨论，同时考虑两种模式课时的占比，适当改变SPOC支持下的翻转课堂成绩在总成绩中的占比，提高学生参与度，激发学生的积极性，鼓励学生思考发现问题。

SPOC支持下的翻转课堂教学模式是一种新的课程模式，其应用是目前探索课程改革的一种方向。从传统课堂到SPOC支持下的翻转课堂学习，课程改革重在探索各种课程模式之间的优势与负担，优化现有教学模式。目前两种课程模式之间如何平衡与改进，还需要老师与学生一起在课堂中进一步探索和研究。

参考文献

[1] 刘英伟,孟令玺,钱笑毅.试论传统授课模式与翻转课堂模式的差异[J].亚太教育,2016(35):171-172.

[2] 宓伟,石塔拉,练武,等.基于SPOC的混合教学模式在营养与食品卫生学中的应用[J].基础医学教育,2019,21(07):572-574.

[3] VAYSSE C, CHANTALAT E, BEYNE-RAUZY O, et al. The Impact of a Small Private Online Course as a New Approach to Teaching Oncology: Development and Evaluation[J].JMIR Med Educ, 2018,4(1):e6.

[4] 孙晓琳,李晓红,姜海鸣.基于创新能力培养的SPOC教学模式探索与实践[J].教育现代化,2018,5(49):42-45.

[5] 康叶钦.在线教育的"后MOOC时代"——SPOC解析[J].清华大学教育研究,2014,35(1):85-93.

[6] ZHANG X M, YU J Y, YANG Y, et al. A flipped classroom method based on a small private online course in physiology[J].Adv Physiol Educ,2019,43(3):345-349.

[7] PROBER C G, HEATH C. Lecture halls without lectures—a proposal for medical education[J]. N Engl J Med, 2012,366(18):1657-1659.

[8] LOCKHART B J, CAPURSO N A, CHASE I, et al. The Use of a Small Private Online Course to Allow Educators to Share Teaching Resources Across Diverse Sites: The Future of Psychiatric Case Conferences[J].Acad Psychiatry,2017,41(1):81-85.

[9] 吴林秀,周小雅,张丽娣,等.小规模限制性在线课程在《内科护理学》教学中的应用[J].解放军护理杂志,2019,36(8):83-86.

[10] 刘进平,庄南生,符文英,等.遗传学基于翻转课堂的SPOC模式教学法的关键[J].大学教育,2016(9):131-132.

[11] 薛云,郑丽.基于SPOC翻转课堂教学模式的探索与反思[J].中国电化教育,2016(5):132-137.

基于研究素质培养的"列车制动与安全技术"课程教改设计与实践

◎ 应之丁　陈家敏

摘　要　为适应轨道交通产业的发展对培养高素质的人才需求，围绕技术研发方向和提高研究生科研动手能力，以及加强实验教学与理论研究结合课程建设，对列车制动与安全技术课程的教学知识体系、教材内容、教学目标、教学方法进行改革。以培养创造性思维和动手能力为目标，加强案例教学和实验课程建设。

关键词　教学　改革　模块化　制动　科研素质　试验

一、前言

近十几年来，我国高速铁路和城市轨道交通迅猛发展，达到世界先进水平，也深刻地改变了整个产业的研发体系和技术水平，选用专业技术人员要求也极其严格。全面提高本专业学生专业理论水平和业务素质、培养研究生高水平科研素质是我们刻不容缓的教改任务。

"列车制动与安全技术"是轨道车辆核心技术的专业课程，随着我国列车制动与安全技术发展突飞猛进，制动产品、种类、试验设备都发生了实质性的变化，应用的先进方法、先进标准和技术装备令人眼花缭乱，建立了全世界最先进的铁路制造业，与世界上最发达的铁路企业进行合资合作，铁路城轨产品层出不穷、发展速度越来越快。

现有"列车制动与安全技术"专业教科书内容远跟不上铁路技术发展[1]，更达不到现场对研究生的要求。这一方面是专业工厂对新型列车及制动技术高度保密，也由于传统教学方式的潜力有限、制动试验技术发展跟不上和教学内容滞后，以及所引用的教学方法和手

作者简介　应之丁，同济大学铁道与城市轨道交通研究院，副教授，博士。
　　　　　　陈家敏，同济大学铁道与城市轨道交通研究院，硕士研究生。

段不能适应对学生创造性能力的培养。因此,开展列车制动与安全技术专业教学课程架构和内容的改进,围绕技术研发方向和提高研究生科研动手能力,以及加强实验教学与理论研究结合课程建设,形成我校有特色"列车制动与安全技术"新教学体系。

二、基于模块化设计的课程内容的革新

课程教学改革研究从现代列车制动系统的制式发展入手,在分析制动技术发展基础上,重点研究形成的制动系统体系和新标准、新规范,以技术发展目标为课程学习目标,在同学中形成基本学习方向,主动思考如何展开制动系统研发的基本思路及涉及的各项工作,包括制动机制式、特征、多种类型在生产设计过程基本思路、典型应用案例,复杂的应用条件和模式等设计各个环节和要素。改过去灌输教学方式为互动教学、目的教学、科研教学,适应"卓越工程师"培养要求。

(一)改进教学方式,加强对学生综合素质培养

鼓励同学在学习阶段就主动思考,教学课程中安排了同学设计制动系统仿真并演讲。加强动手能力和应用能力,增购教学试验设备,改革教学大纲和课程内容、教学方式。

(1) 收集国内外有关列车制动和安全技术的大量相关技术资料、科研项目材料、科技论文等,以原有的教学课件为基础、突出各个教学时段内容主题,形成各个师生互动的案例形式,2019学年的课程教学中,在讲授列车制动系统发展、类型及结构工作原理等内容后,要求同学以介绍的 AMEISIME 气动仿真软件为平台,以建立一个制动中继阀为开端、增加各个制动工况模块,搭建一个基础的制动系统仿真平台,已在教学第 10 周完成,研究生在课堂教学中讲解各自的软件模型。

(2) 分析整个课程教学大纲完成的内容与科研方向之间的关系,与中车项目"轨道交通货运快速化关键技术'基于气动力供电的多制式制动兼容技术研究和试验'"联系在一起,进行仿真模型和试验研究。

(3) 努力与科研工作尤其在研项目保持密切联系、加强合作,保持教学内容与科研技术发展同步,进一步增加现代制动技术发展内容,在院整体教学改革的支持下,开始新制动试验装置的试制。

我们联系了中车株洲电力机车有限公司、中车四方股份有限公司、中车齐齐哈尔车辆有限公司等生产厂家,收集组织了大量的第一手现代化电动车组和机车车辆制动系统及技术资料,并整理充实到教学中,让这门列车核心装备技术课程教学逐步保持了适应国内外制动系统及试验体系快速发展的节奏。内容新、教学方式革新,起到了很好的效果。

（二）改编教学课件，加强研究生技术思维和开发能力培养

改变"列车制动与安全技术"教科书多年来内容不能适应现场应用的状况，大幅度修改三十年沿袭下来统编教科书的以制动机结构性能和制动计算为基本线路、描述制动过程的教材编排方式，以项目研究路线、开展技术调研、重点技术研发、主要产品分析借鉴、完成列车制动系统完全研发过程。

修改后的"列车制动与安全技术"教学课件内容、体系如下：

第一单元　列车制动技术及发展

1　列车制动系统总论

2　直通式真空制动机发展及对后期制动机影响

3　自动式空气制动机—机车车辆制动机（制动系统基本模式形成）

4　电空制动系统（制动系统发展）

第二单元　国外几种典型电空制动技术发展模式研讨

1　法国 TGV 型列车制动发展

2　瑞典高速铁路制动系统型式

3　德国 ICE 型动车组制动装置架构

4　日本和欧洲电空制动系统比较

第三单元　国内高铁电空制动技术型式分析

1　CRH1 型高铁动车组制动系统

2　CRH5 型高铁动车组制动系统

3　参照日本 CRH2 型的国产高铁动车组制动系统方案

第四单元　先进机车电空制动系统结构分析及列车制动功能需求

1　机车电空制动系统型式

2　CCB II 电空制动系统和故障诊断处理

第五单元　制动仿真及制动系统设计计算简述

1　制动仿真

2　制动计算规程

3　制动系统设计计算

三、根据项目研究模式展开理论教学

传统的"列车制动与安全技术"课程是按制动系统几大部件划分和计算、试验相互分割开，分别介绍部件功能和原理，这是典型的基础理论课程的教学思路[2]。而对制动系统技术研发就不能限于具体某个产品的基本要素介绍，同学被动记忆这些内容感觉不到自己能

做什么,如何开展研发制动系统技术工作。因此,要在深入理解制动机基本原理、发展方向以及实际研制制动产品整个科研路线、技术发展大背景下,将相关先进技术引入制动研发过程,形成创新思维,提高科研工作能力。专业理论如何应用到实际技术工作中,是改革课程教学方式的基本目标,形成课程讲授基本思路。

1. 现有制动系统及装备(从总体到具体)

从现代制动系统主要几种模式为主导的系统架构;以实现各种类型机车车辆、高速动车组、城轨动车组、有轨电车、磁浮车等列车制动性能;根据产品技术指标、性能要求控制要点和总流程。

2. 新制动系统变革和新技术应用(从总体发展到专项技术应用)

从理论模型研究到先进制动系统应用——计算机集成制造技术应用,发展形成现代制动系统及装备研制生产中的实际应用。

3. 高铁或机车车辆制动新产品研制过程的具体环节

现代化制动系统及装备产品制造过程应用了许多新的标准体系和新技术装备,如何应用以及应用效果是案例介绍的重点内容。

注重专业生产体系和专业特征的教学,针对科研部门、铁路城轨用户要求,以及对研究生综合素质要求,根据教师现场工作经历和科研项目及多年教学经验和教学研究成果,结合在研项目,开展教学科研活动,形成有自己的先进技术内容和独有的教学体系。

四、根据项目研究模式加强理论教学与实践教学结合

培养学生成为科研骨干,在学习中充分发挥主观能动性,在今后实践活动中立足掌握学科方向、具有项目组织能力和思维创新能力。在学习过程中应检查教师要表达什么主题,教师介绍学科的思维和表现方式,评价整个学科来龙去脉,掌握整体深入细节,不是被动而是主动为完成目标学习。

突出目标是以核心技术产品为平台,开展学生专业技能训练和技术素质(动手和思考能力)。制动系统智能化试验平台和磁浮电磁试验台是能体现现有制动系统水平和技术特征的主要试验设备之一,导师在科研项目研发过程中根据实际条件研制这类小规模试验台,在授课和辅导研究生时不仅可以从理论方面研究,实现实际操作与设计相结合的训练。因此在课程学习时设置与此有关的实验训练能帮助学习分析设计机车车辆制动技术,提高对制动过程认识、分析解决问题能力,培养学生向工程技术人员角色转换。

加强理论知识点提炼,建立教学实践项目。以典型的自动式空气制动系统为目标,以AMESIME仿真软件为设计平台,模拟国内典型的JZ7机车制动机关键的中继阀控制单元,以及推出电控均衡风缸控制列车管制动缓解过程这一制动关键控制环节。实践项目分阶段加入研究主题,起初阶段主要考核内容是整体单元设计,进一步加入专题:实现阀件功

能包括平衡控制气压曲线相互之间作用关系等,在满足原理基础上进一步对所设计的制动机结构提出初步设计方案。促使同学主动思考,提高学生对实际工作的认识。

本身仿真实验课程开设和发展是从被动教学到主动思考、规划、分析制动能和性能指标,到根据研究分析的制动原理和技术数据主动设计制动阀结构,希望通过系列训练,培养同学创新能力、分析解决问题能力以及形成独立工作思维的品质,将学校提出卓越工程师培养目标落在实处。

所设计的实验项目包括:设计了一套制动微机控制单元、模拟机车控制的制动执行器和一套单车制动系统,通过传感器检测系统采集车辆制动管路,加入计算机设计模型中控制制动执行器,不断循环模拟不同编组列车各个位置车辆制动性能。此外,研制小型模拟磁浮车辆电磁铁在不同车辆气隙电磁场作用关系。研究生设计了电机传动系统、电磁铁及传力机构、感应盘及磁粉板等机构,在国家自然科学基金项目资助下研制组装试验台,将电磁仿真运动状态下的磁场用磁粉第一次显示磁力线方式证实了仿真电磁场变化,从特斯拉仪测出磁感应强度,从拉压力传感器测出电磁力在 160 km/h 模拟转盘速度下电磁力变化,表示"感受强烈的印象,对科研工作有了全面亲身体会"。

(1) 完成基于 AMESIME 软件平台的制动系统仿真模型和作业报告。

(2) 搭建基于 PLC 制动控制仿真试验装置,通过仿真制动性能曲线计算机控制电磁阀等运动装置,模拟实现长大货运列车制动关键核心的空重车调整技术(此控制技术可扩展应用包括高铁、城轨等制动压力调整精确控制),见图1。

(3) 搭建电磁制动试验装置,完成仿真认证,见图2;搭建智能化制动试验装置作为研究生学习电空制动系统测控演示用,见图3。

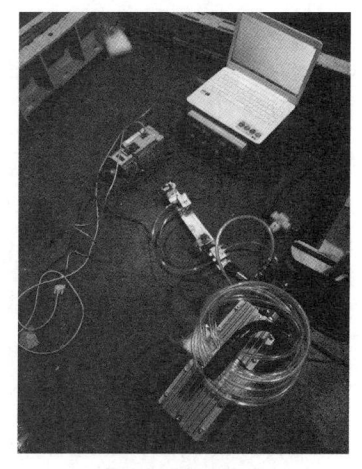

图 1 研制搭建的电控空重车模拟仿真及构件

(4) 制作基于制动技术研究方向模块化设计的"列车制动与安全技术"教学课件,包括试验装置已用在 2019 级研究生教学中。

图 2 研制搭建的电磁试验装置及构件

图3 研制搭建的半实物制动试验装置及构件

五、结语

(1) 修订教学大纲的各个课时内容,研究教学方法、课时分配等,完成课件 PPT 的条款内容以及教学实践。

(2) 完成初步的电空制动系统试验平台,在提供基础信息基础上,利用 AMEISIME 气动仿真软件建立的制动系统仿真模型得出制动性能曲线,通过 PLC 控制电磁阀等动作实现货运列车空重车电控调节,通过理论分析、建模仿真、搭建试验装置实现制动功能操作,启发研究生在学习课程时,形成创造性思维和设计理念,完成包括教学改革分析等研究内容。

(3) 要求同学进行主动有目标的学习研究,包括提出主题写报告,结合课堂教学内容、在气动仿真软件平台上开发制动系统模型等,在导师和其他教授的有关制动科研项目中初步开展仿真试验。通过针对性创新研究,掌握课程教学中关键知识点,探索制动仿真模型,开展试验研究,更进一步理解专业技术特征和技术研发思想,实现理论和实践相结合、提高教学质量。

参考文献

[1] 雷晓娟.城市轨道交通车辆专业教学改革探讨[J].科技信息,2009,35(2):21-23.
[2] 游浩辰.关于新时期研究生课程教学改革的几点思考[J].课程教育研究,2018,29(1):30-33.

高校大学生安全游泳知识储备与安全意识的现状调查研究[*]

◎ 刘　红　秦海权　周云鹤　庞佳颖　张丰林

摘　要　本文通过问卷调查，研究当下高校学生安全游泳知识储备与安全意识的现状，发现大多数同学没有游泳救生相关知识，且不太了解游泳禁忌及安全须知。建议高校应将安全游泳教育的理论与实践作为游泳教学的重要内容加入游泳课程中，并且要有具体内容和课时量的要求。高校体育是学校体育的最后一站，是学校体育与社会体育的接轨处，也是终身体育的关键环节。在大学期间进行安全教育，提高安全意识，势在必行。本研究可为高校大学生安全游泳教育提供可行性理论依据及参考。

关键词　高校大学生　安全　游泳

一、前言

人类的生存，离不开水，但水也能夺走很多人的生命。报告显示，中国每年有57 000人溺水死亡，相当于每天有150多人溺水死亡。溺水是导致我国青少年意外伤害致死的首要原因[1]。教育部每年3月至5月都会通过预警、通知、紧急电视电话会议等形式，就学生安全教育和安全管理工作进行部署。2016年文件中提出，有条件的地方或学校要普及游泳教育，提高学生自救自护能力[2]。随着社会的发展和生活水平的提高，越来越多的高校修建了游泳馆，将游泳列为高校体育教学内容之一，游泳运动也成为大学生非常喜爱的运功项

---

[*] 2019—2020年同济大学本科教学改革建设研究项目（同济大学安全游泳教学教材内涵建设项目，项目编号：1430104500）。

作者简介　刘红，同济大学体育教学部，副教授，硕士。
　　　　　　秦海权，同济大学体育教学部，副教授，硕士。
　　　　　　周云鹤，同济大学体育教学部，副教授，博士。
　　　　　　庞佳颖，同济大学体育教学部，讲师，硕士。
　　　　　　张丰林，同济大学体育教学部，助教，硕士。

目。由于游泳运动教学不同于其他运动项目,它是在人们所不熟悉的水环境中教学,因此游泳教学有更多不安全因素[3]。

2017年6月16日,某高校一女生在学校游泳池发生溺水死亡;2017年7月29日,上海一名大二学生在桂林市某游泳馆内溺水身亡;2019年7月24日,湖北随州两名大学生在水库游泳时溺亡。不断发生的惨剧时刻警示着我们,重视高校学生溺水事故刻不容缓,如何保障同学们的游戏安全极为重要。造成溺水事故的原因有心理原因、生理原因、病理原因、游泳技术不佳等,如何预防和解决这些安全问题成为教学管理部门和游泳教师必须重视和认真对待的事情。

本文旨在通过对高校大学生的调查,了解高校学生对安全游泳的知识量储备及安全意识的现状,并结合笔者自身的教学经验提出建议。

二、研究方法

1. 文献资料法

前期通过图书馆、中国知网等平台,阅读、查找和整理有关安全游泳的书籍、文献,包括各类安全游泳方面的期刊、专著等,尤其是对涉及高校学生游泳及安全游泳的文献进行精读,为后续研究打下坚实的理论基础。

2. 问卷调查法

通过问卷调查法了解大学生的安全游泳知识储备和安全意识。抽取2018级选修游泳课的本科生为研究对象,因为他们在学校生活、学习了一年的时间,对上游泳课和游泳馆的情况有一定了解和经历。随机抽取247人填写问卷,男生137人,占55.47%,女生110人,占44.53%。对高校学生安全游泳的知识和获得途径等方面做了详细的调查。

3. 逻辑分析法

通过逻辑分析法对数据进行处理,为本文做数据上的支撑。

4. 归纳整理法

通过归纳、整理,对搜集的各类资料进行分析整理,为撰写文章做准备。

5. 访谈法

对本校和相关高校的专家、教师及救生员进行访谈和咨询,了解关于安全游泳的情况和他们的建议。

三、结果与分析

根据对高校大学生安全游泳知识储备与安全意识的现状调查,获得了一些调查结果,分析如下。

1. 大多数同学没有游泳救生相关知识,且不太了解游泳禁忌及安全须知

表1调查结果显示,没有系统学习过游泳救生相关知识的学生占80.57%,有系统学习过的占19.43%。说明大多数学生没有系统学习过游泳救生的相关知识。表2显示,不太了解游泳禁忌及安全须知的占77.73%,非常了解的占12.15%,还有10.12%为不了解。大学生因为没有系统学习过安全游泳相关知识,所以也不太了解游泳的禁忌和安全须知。

要把安全游泳理论和实践作为游泳教学的重要内容。游泳教师要全面担起对学生安全游泳的教育工作。除了正常的游泳教学计划以外,还要系统地传授安全游泳理论及实践练习。事实上目前游泳教学没有对老师提出更高的要求,比如需要讲安全游泳的具体内容和课时量要求,而且游泳教师的安全游泳知识多数也主要源于实践总结,水平参差不齐。首先教师自己要具备专业的资质,需要参加游泳救生协会主办的安全游泳培训。

表1 是否系统学习过游泳救生相关知识调查

选项	小计	比例
是	48人	19.43%
否	199人	80.57%

表2 对游泳禁忌及安全须知了解的调查

选项	小计	比例
非常了解	30人	12.15%
不太了解	192人	77.73%
不了解	25人	10.12%

2. 多数家长和老师偶尔也会对学生进行安全游泳教育,学生不太关注社会上游泳安全教育宣传

表3结果显示,家长和老师曾经进行过游泳安全教育提醒,偶尔有提醒占66.4%,经常进行游泳安全教育提醒的有12.96%,从来没有进行过提醒占20.65%。这个数据说明,偶尔有和从来没有进行过安全教育的占了80%多,学生的游泳安全教育缺乏且知识量也不够。表4显示,政府或社会上的游泳安全宣传,较少关注的占59.92%,完全没有关注占13.36%,很关注占26.72%。不管家庭、学校或社会,在宣传和提醒安全游泳教育上做得并不是很好而且意识不强。

表3 家长和老师是否曾经进行过安全游泳教育

选项	小计	比例
有,经常	32人	12.96%
有,偶尔	164人	66.4%
从来没有	51人	20.65%

表4 是否注意到政府或社会上的游泳安全宣传

选项	小计	比例
有,很多	66人	26.72%
有,较少	148人	59.92%
完全没有	33人	13.36%

3. 游泳教师在上课时的传授对大学生安全游泳知识的影响比例最高

表5结果显示,游泳课时教师传授和游泳场馆的宣传对大学生安全游泳知识的影响占比最高,分别是占74.09%和63.56%。其次是互联网及新媒体和电视机及安全教育影像,分别占58.3%和54.66%。说明在游泳课上教师对安全游泳知识的传授,对学生影响比较大,

也是效果最好的一种,所以应该加强教师传授这方面的力度。游泳场馆的安全游泳视频、安全游泳标识、资料等的宣传也是非常重要的,要加大宣传。高校体育是学校体育的最后一站,是学校体育与社会体育的接轨处,也是终身体育的关键环节。在大学期间要进行安全教育,提高安全意识。

表5 通过何种渠道学习了解游泳安全相关知识调查

选项	小计	比例
游泳课时教师传授	183 人	74.09％
游泳安全知识讲座	100 人	40.49％
书籍与报纸杂志	109 人	44.13％
电视及安全宣传教育影像	135 人	54.66％
互联网及新媒体	144 人	58.3％
游泳场所的宣传介绍	157 人	63.56％
与他人交流	98 人	39.68％
不甚了解	20 人	8.1％

4. 大部分同学认为有必要将游泳安全教育作为前导课程添加进高校游泳课程中

表6调查结果显示,认为有必要将游泳安全教育作为前导课程添加进高校大学生游泳课中占86.23％,没必要占6.07％,不好说占7.69％。说明同学们知道安全游泳教育的重要性和必要性,也希望能得到相关部门的重视,能够将这门课加进安全教育体系中来系统学习。安全游泳应是大学生必须掌握的技能。在大学期间让安全游泳成为大学生必须掌握的一项生存技能,有了专业的学习和训练,可以大大降低游泳中的突发风险。可以把安全游泳纳入游泳教学大纲,并从教材、课程目标和教学评价等方面与游泳课进行结合。游泳课考试可以做一些调整,高级班同学也可以增加一些简单的救生技能,比如现场赴救考核(入水、接近、拖带、上岸),解脱技术(头发被抓、单手抓单手、双手抓单手、双手抓双手、腰部被抱等解脱法)。初级班同学可以增加踩水、侧泳、反蛙泳比较实用的安全游泳技能考试[4-5]。

表6 是否应将游泳安全教育添加到大学生游泳课中调查结果

选项	小计	比例
有必要	213 人	86.23％
没必要	115 人	6.07％
不好说	19 人	7.69％

5. 多数同学觉得有必要且非常支持游泳课设为学校的必修课

表7结果显示,有必要非常支持,认为有必要将游泳课设为学校必修课的同学占67.21％,认为没必要的占14.57％,不好说占18.22％。可见大部分同学还是非常支持游泳课

能设为学校的必修课。表 8 调查结果显示,75.3%的同学表示会游泳,24.7%的同学不会游泳。在实际上游泳课时,不会游泳的比例更高。因为对会游泳的标准每个人理解不同,结果可能会有些偏差。虽然大多数同学选择了会游泳,他们仍然认为游泳课有必要设为学校的必修课。会游泳是安全游泳的基本条件和基本保障[6]。

表 7 是否有必要将游泳课设为学校的必修课调查

选项	小计	比例
有,非常支持	166 人	67.21%
没有	36 人	14.57%
不好说	45 人	18.22%

表 8 是否会游泳调查

选项	小计	比例
是	186 人	75.3%
否	61 人	24.7%

6. 大部分同学认为高校游泳馆对社会开放存在安全隐患,但在非教学时间段应该对社会开放

表 9 调查结果显示,认为高校游泳场馆对社会开放存在安全隐患的占 64.78%,认为不存在安全隐患的占 10.93%,不好说占 24.29%。表 10 调查结果显示,68.83%的同学认为在非教学时间、节假日可以对社会开放。选择不应该对社会开放的占 22.67%,应该对社会开放占 6.48%。如何合理平衡游泳馆在教学和社会服务之间的关系,是需要思考的问题。现在一些高校游泳馆早八点至晚八点对外开放模式,社会人士均可以随时进入游泳馆游泳,上课教学的老师和同学无法获得一个良好的教学环境,无法在安静有秩序的环境下教学和学习,有时还会发生与游客之间的冲突。学校的场馆首先还是要保障教学是第一位,在非上课时间段和节假日对外开放比较合适,避免不必要的伤害[4]。

表 9 高校游泳场馆对社会开放是否存在隐患

选项	小计	比例
是	160 人	64.78%
否	27 人	10.93%
不好说	60 人	24.29%

表 10 高校游泳馆是否应对社会开放

选项	小计	比例
不应对社会开放	56 人	22.67%
应该对社会开放	16 人	6.48%
非教学时间、节假日可以对社会开放	170 人	68.83%
无所谓	5 人	2.02%

四、结论与建议

1. 结论

通过对高校大学生安全游泳知识储备与安全意识的现状调查研究,可以得出以下结论:

（1）高校大学生大多数没有系统学习过游泳救生的相关知识，对游泳禁忌及安全须知等也不是很了解。

（2）家长和老师对高校大学生进行的安全游泳教育不够，且学生们没有太关注社会上游泳安全宣传教育。

（3）游泳教师在上游泳课时对学生进行安全游泳知识的教育对他们影响很大。

（4）大部分同学认为有必要将游泳安全教育作为前导课程加进高校游泳课程，并且非常支持游泳课设为学校的体育必修课。

2. 建议

针对当下高校学生安全游泳知识储备与安全意识的现状，对高校游泳课程的教学，我们有如下建议：

（1）高校应把安全游泳纳入游泳教学大纲，并从教材、课程目标和教学评价等方面与游泳课结合。

（2）强制办理意外伤害保险，保险就是防范风险，为同学多一份保障。

参考文献

[1] 张世超,翟波宇,陈平.游泳安全进校园课程的教法及效果反思[J].高等教育,2019(43):47.

[2] 于荣.对游泳课中自救技术教学与考核内容的探讨普通高校游泳教学安全问题的研究[J].体育教学,2017(11):167-169.

[3] 纠延红,等.普通高校游泳教学安全问题的研究[J].哈尔滨体育学院学报,2011(4):102-104.

[4] 程国强.哈尔滨市高校水中生存技能教学的影响因素及对策研究[J].体育大视野,2015(5):232-233.

[5] 龚建伟,罗屹.高校游泳课安全保障体系研究[J].重庆工商大学学报,2012(2):98-102.

[6] 贺炜,蔡美燕.浅谈游泳教学水中生存技能培养[J].中山大学学报论丛,2005(5):66-68.

人才培养

"中国制造2025"背景下技术技能型人才培养的研究述评

◎ 彭贤杰 姜瀚墨

> **摘　要**　技术技能型人才的培养是实现"中国制造2025"战略的关键所在。本文以中国知网全文数据库为数据源，对近5年来"中国制造2025"背景下有关技术技能型人才培养的研究文献进行系统梳理，从"中国制造2025"对技术技能型人才培养面临的挑战、我国技术技能型人才培养中存在的问题以及培养建议等方面进行综述，具体分析了研究现状，并展望未来研究方向，以期为后续研究和实践提供参考与指导。
>
> **关键词**　中国制造2025　技术技能型人才　研究述评

2015年5月，国务院印发《中国制造2025》行动纲领，正式明确"中国制造2025"战略。"中国制造2025"提出了"创新驱动，质量为先，绿色发展，结构优化，人才为本"五大基本方针，其中，"以人为本"真正体现"中国制造2025"对人才发展的重视。人才是第一资源，是建设制造强国的决定力量，制造强国一定是人才强国。学者们在"中国制造2025"战略背景下开展了多种形式的有关人才培养方面的研究，当前研究充分肯定了人才，特别是技术技能型人才对实现"中国制造2025"战略具有重要意义。因此，本文选取自"中国制造2025"战略提出后近5年来有关技术技能型人才培养的相关研究加以综述，以达到深化该领域的理论研究与实践的目的。

一、研究概况

本文以中国知网（CNKI）全文数据库为文献信息统计来源，以"中国制造2025""技术技

---

* 国家社会科学基金教育学一般课题"德国职业教育治理体系应对'工业4.0'的进程、举措、方向研究"（项目批准号：BJA180104）。

作者简介　彭贤杰，博士，副教授，同济大学职业技术教育学院党委副书记。
　　　　　　姜瀚墨，同济大学职业技术教育学院硕士研究生。

能型人才培养"为主题、关键词,对2015—2019年间的所有载文进行了检索,除去报纸、会议的文献,共搜集到2 757篇论文作为研究样本,其中期刊文献2679篇,硕博论文78篇。

经计量统计发现,近5年来,"中国制造2025"背景下,学者们在技术技能型人才培养的研究方面积累了较为丰富的经验和成果,其中,2015年文献数量相对较多,为744篇,占26.9%;2016年开始有学者发表硕士学位论文。从基金分布来看,国家社会科学基金、国家自然科学基金、全国教育科学规划课题基金、江苏省社科基金、湖南省社科基金数量占比较大,其余省份也都有专门项目的课题研究计划。从研究成果的地区分步来看,研究主要集中在东部、中部地区,西部地区的研究较少,其中江苏省、湖南省的研究文献较多,占42.9%。期刊来源分布广泛,主要涉及工业制造类、职业教育研究类、经济研究类等,但普通刊物为"主产区"。研究文献作者(以第一作者为主)主要来自大学、科研院所以及职业院校。总之,"中国制造2025"背景下技术技能型人才的培养得到了研究者的重视,成为当前我国职业教育领域的研究热点之一。

二、研究范畴

从研究文献涵盖的内容与范围来看,学者们对"中国制造2025"背景下技术技能型人才培养这一主题的研究主要集中在以下三个方面。

(一)技术技能型人才培养面临挑战的研究

1. "中国制造2025"战略背景的研究

在统计文献中发现,学者们对"中国制造2025"背景下技术技能型人才培养这一问题的研究都离不开对"中国制造2025"战略背景的讨论,并将关注点主要集中在以下两个方面:一是"中国制造2025"引发技术变革。"中国制造2025"坚持将创新作为驱动制造业发展的关键。其中,先导性技术创新作为重要引线,伴随其发生发展的全过程。余东华等人[1]就新工业革命背景下"中国制造2025"的技术创新路径进行了分析,一种是新信息技术在工业领域的不断拓展和应用,使得制造业不断朝着数字化、网络化、智能化方向扩展,另一种是各种技术的交叉融合与集成,导致的重大创新和突破。于志晶等人[2]通过数据指出在生产、服务、管理一线上进行创造性劳动的技术技能人才是支撑制造业发展的主体力量,"中国制造2025"所引发的技术变革,无法回避人的变革与进步这一关键问题。王芳、赵中宁[3]进一步分析认为,智能制造的本质不是"机器代替人",而是将人的智力与经验嵌入到人机互动的体系中,形成新的人机互动系统,完成更复杂和更具有创造性的任务。因此,学者们普遍分析认为,技术变革是以信息技术与制造业深度融合为主线,其载体和落脚点是对技术技能型人才的素质要求的变化。

二是"中国制造2025"引发产业变革。从文献分析也可以看出,学者们对产业变革的研究主要是以技术变革的探索为基础,一致认为,随着物联网、云计算、大数据和移动互联等新技术向制造业领域的渗透,新科技革命不断促进高端产业快速发展。王喜文[4]在文中用"微笑曲线"来形象地描述这一变化,处于"微笑曲线"低端的产业扩展了向两端发展的力度,产业链条的重心将由传统的加工和制造向研发与设计、营销和服务转变。师慧丽[5]指出现代制造业的突出特点是"软性制造、互联制造、定制化和智能化"。在信息化技术的推动下,产业边界逐渐模糊,产业融合速度加快,生产者将是技术与产品之间的中介,更是价值网络的节点。颜睿[6]在文中分析了"中国制造2025"对机械设计制造及其自动化行业的影响,已经进入结构转型升级的关键时期。刘楠楠[7]认为,随着资源、知识、产品、企业、管理和服务等产业要素关联的重新界定,"中国制造2025"引发产业形态的变革,并对"中国制造2025"下的产业特征进行分析。

2. "中国制造2025"对技术技能型人才要求的研究

学者们在对"中国制造2025"战略背景研究的基础上一致认为,"中国制造2025"引发的技术变革、产业变革将会对技术技能型人才的培养提出新要求,并聚焦到以下两个方面。

一是能力素质方面。师慧丽[8]认为,"工业4.0"时代要求技术技能型人才将知识、技能、技术融合,单一的技术型人才、技能型人才将被淘汰。现代制造业劳动者正由专业型人才向复合型人才转变。沈言锦[9]认为,信息化技术的发展要求未来的技术技能人才应当具备更高的网络协作能力、软件应用开发能力。黎修良等[10]认为,技术技能型人才不仅要培养环保意识,还要参与企业的绿色生产制造过程,提升产品的环保质量。李伟、石伟平[11]认为,随着制造型企业工作情景的复杂化,技术技能型人才要具备系统的专业知识储备,确保对工作情景做出合理的分析与判断。段向军、舒平生[12]认为,新一轮科技革命将深刻变革人的价值观和行为模式,不再单纯追求工业生产效率的提高,"技"与"德"融合互补的工匠精神将会得到大力弘扬。因此,学者们越来越倾向于技术技能型人才是介于技术型和技能型人才之间的复合型人才,不仅拥有专业知识与技能,还拥有创新能力、应用转换能力、绿色能力等多种能力,依靠操作技能和才学智慧,在生产、建设、服务、管理等一线岗位有所建树和发展。

二是规模结构方面。刘晓玲、庄西真[13]认为产业形态的变革使得我国现有的人才结构发生转变,高级专业技术人才出现短缺。桑雷、郑毅[14]指出我国工人面临转岗升级的需要,迫切需要有针对性地改变制造业人才"过剩"与"短缺"并存的结构性矛盾。蔡泽寰等[15]认为新兴产业与传统产业的协同并进,并逐渐向高层次转变,离不开大量高素质技术技能型人才的支持,企业对传统操作工的需求会减少,对熟悉产品设计与智能生产的高技术技能型人才的需求量将会提升,同时也应该看到,制造业转型升级是一个过程,目前仍然是工业2.0、工业3.0及工业4.0多种水平并存,并逐渐向高层次转变的状态,因此对技术技能型人才的需求层次也会呈现出多样化的特点。王冬梅、续雄鹰[16]也指出,我国职业教育人才培养还没有实现和市场发展趋势的充分结合,对市场变化的反应较慢,人才培养结构不完善。

因此,从目前研究结果看,产业结构依靠科技的快速发展,不断从技术含量低的普通产业逐渐进入先进的新技术产业,对高素质技术技能型人才需求数量会急剧增多,迫切要求改变我国技术技能型人才结构中以低技能为主的局面,同时需求层次更加多样化,这一问题得到了学者们的广泛关注。

(二)技术技能型人才培养面临困境的研究

学者们对这一问题的研究主要集中在规模、结构和质量三个方面。一是技术技能型人才培养规模方面,从教育部等部门2016年对外公布的《制造业人才发展规划指南》可以看出,制造业十大重点领域对技术技能型人才的需求量和缺口量逐年增大(见表1)。陈诗慧、张连绪[17]在文中指出,目前职业院校专业技能人才的培养数量难以满足人才需求,甚至某些相关专业毕业生的数量逐年下降。从教育部公布的最新统计数据看,我国中等职业教育毕业生人数从2015年的568万人下降到2018年的467万人,普通中专毕业生人数从2015年的237万人下降到2018年的219万人[18]。另外,从2020年1月国家人力资源和社会保障部最新发布的2019年第一季度的市场供求状况也可以发现,制造业的用人需求保持增长态势,占总用人需求的34.4%[19]。因此,从研究中可以看出,目前我国制造业对人才需求较为旺盛,但我国技术技能型人才培养规模还不能满足制造业的发展需要。

表1 制造业十大重点领域人才总量及需求预测　　　　(单位:万人)

序号	十大重点领域	2015年 人才总量	2020年 人才总量预测	2020年 人才缺口预测	2025年 人才总量预测	2025年 人才缺口预测
1	新一代信息技术产业	1 050	1 800	750	2 000	950
2	高档数控机床和机器人	450	750	300	900	450
3	航空航天装备	49.1	68.9	19.8	96.6	47.5
4	海洋工程装备及高技术船舶	102.2	118.6	16.4	128.8	26.6
5	先进轨道交通装备	32.4	38.4	6	43	10.6
6	节能与新能源汽车	17	85	68	120	103
7	电力装备	822	1 233	411	1 731	909
8	农机装备	28.3	45.2	16.9	72.3	44
9	新材料	600	900	300	1 000	400
10	生物医药及高性能医疗器械	55	80	25	100	45

数据来源:教育部等部门2016年对外公布的《制造业人才发展规划指南》

二是技术技能人才培养结构方面,黄晓芬[20]认为,我国产业工人中以初级技工居多,高素质技术工人的比重较低。王瑞玲[21]在文中分析认为,虽然我国劳动力资源丰富,但生产一线的职工技术素质不高,中、高级技工比例与发达国家有着显著差距,尤其是机械制造与自动化专业人才供给严重不足。从2020年1月人力资源和社会保障部最新发布的部分城市市场供求状况分析来看,各技术等级或者专业技术职称的岗位空缺与求职人数的比率均大于1.7%,其中,高级工程师、高级技能、高级技师岗位空缺与求职人数的比率较大,分别为2.39%、2.35%、2.28%,高素质的技术技能人才供需矛盾十分突出。综上,我国拥有专业技术等级或专业技术职称的人才数量较少,无法满足市场需求,技术技能型人才培养结构性过剩问题较为突出,传统产业人才转型任务艰巨。

三是技术技能型人才培养质量方面,刘育锋[22]、高婷[23]认为,学生"绿色技能"的基本素质和专业能力普遍不足,绿色能力是提高资源利用效率、节能环保、低碳排放的通用能力,应该成为复合型人才的必备能力。周如俊[24]、邓小华[25]认为,人才培养中普遍存在"技能至上"的现象,一味重视可量化的显性技能的培养,忽视对受教育者的自主学习意识、创新精神、独立思考等隐性技能的塑造,忽视对学生"工匠精神"的培养,导致技术技能型人才的理论知识结构和技能结构单一,职业发展后劲不足。李子云[26]认为,"中国制造2025"对技术技能型人才提出的要求与当前的培养目标尚没有完全匹配,智能生产时代的特征是智能化和个性化,需要的是控制和维护机器设备的技术技能人才。

(三)技术技能型人才培养建议的研究

对技术技能型人才培养的建议,近5年的研究逐步深入具体,学者们的研究主要集中在以下三个方面。

一是对技术技能型人才培养层次和水平的研究,章永刚等[27]和陈鹏、薛寒[28]均提出,通过完善现代职业教育体系建设,推进学分制贯通中高职和应用型本科人才培养通道,提高技术技能型人才培养的层次和水平,满足我国未来制造业发展对高素质技术技能人才的需求。

二是对技术技能型人才培养规模和结构的研究,何真临[29]认为,要引导受教育者自愿而平等地选择职业教育,从源头上改变职业教育的进入状态。胡斌武等人[30]认为,迫切需要职业技能培训提升技术技能型人才自身的能力水平,职业教育与培训一体化,不仅有利于提升技术技能型人才的专业素养与能力,同时也可以为制造业员工的多次学习、终身学习和多样化学习提供条件。钟贞山、龚文霞[31]提出,在"中国制造2025"战略背景下,将技术技能人才培养纳入国家发展战略体系至关重要,通过建立职业教育智库,发挥其内在功能和外在作用,强化对劳动力市场人才需求的预测,开展专业性强、建设性高的"订单式"专题研究,为实现"中国制造2025"战略助力。朱颂梅[32]认为,要加大职业教育经费投入,将经费投入、生均经费标准纳入各地"教育现代化评价指标体系",引导行业企业和社会资本投资职业教育。Zhou Xueyan[33]以哈尔滨老工业基地为例开展实证研究,从企业、学校以及专业三个方面,分析人才需求现状并提出合理化建议。

三是对技术技能型人才培养规格和质量的研究,近年来受到学者们的较多关注。从标准制定的角度,温贻芳、江建春[34]指出,我国当前的国家职业标准、企业用人标准与学校人才培养标准分别由国家、企业、学校制定,不同主体制定标准难以满足企业发展和劳动力市场建设的需要的现状,要充分发挥产教联盟、职教集团的定位优势,组织并完善职业岗位标准和职业资格框架的制定,为技术技能型人才培养提供根本遵循。

从人才培养模式的角度,徐桂庭[35]通过案例分析,介绍了德国舍弗勒公司在中国本土的"跨企业培训中心"的优势,对在"中国制造2025"背景下如何更好地实现校企协同育人提供了经验借鉴。徐建高[36]、叶立生等[37]提出,职业教育要以市场为导向,以企业为主体,将产、学、研、用高度结合,深化校企合作,建立一体化人才培养模式,实现技术技能型人才培养和就业需求的对接。

从专业建设的角度,罗桂城[38]认为,要适应新兴制造业的发展方向,调整专业结构,特别是与"中国制造2025"十大战略领域相关的专业,结合区域发展特点,提高智能制造专业、自动化专业、制造服务类专业的比重,加大绿色专业的开发强度。戚守玺、王伟[39]进一步认为,专业的全系列设置与集群发展需要深入课程领域,要注意不同专业间的交流融合,形成具有紧密联系的若干个"课程群"。

从课程变革的角度,李政[40]提出,开发基于项目运作的"制造业+"融合式课程。许艳丽、李资成[41]还指出,把绿色知识融入课程,通过开展绿色能力大赛等方式,培养技术技能型人的绿色实践能力。

从教学方式变革的角度,习凌冰、沈小碚[42]认为,围绕制造业跨越时空范围的个性化生产和工作方式,职业教育应充分利用"互联网+"开放、普及、平等、共享等特点,建立灵活的教学制度,还可通过全面的网络培训系统,对在职员工开展各类培训,不断增进技术技能型人才的自主学习能力。曾小兰[43]进一步指出,要加强现代信息技术与工业制造业深度融合的实习实训内容建设,培养受教育者应用现代信息技术的能力。

从教师变革的角度,刘晓玲、庄西真[44]指出"双师型"师资队伍的建设是实现"中国制造2025"战略的重要环节,要正确认识"双师型"教师,弱化以"双证"来建设和衡量双师型教师的观念。徐宏伟[45]认为,现代职教教师角色更加多样化,职业教育教师是职业教育课程与教学的实践者、技术伦理教育的开拓者以及技术创新教育的推动者。邵癸[46]指出教师的实践应用能力以及创新思维能力面临严峻的考验。

三、研究总结与展望

(一) 研究总结

目前关于"中国制造2025"与技术技能型人才培养的研究已经比较深入,涉及的理论比较全面,既分析了"中国制造2025"引发的技术和产业变革对技术技能型人才的挑战,也分析了当下我国技术技能型人才培养在规模、结构和质量方面的困境,并能对应地提出措施,对促进我国职业教育的改革与发展提供了指导与借鉴。但研究仍有薄弱环节,亟待广大学者深入拓展,以期创新突破。

一是理论分析多,实践应用层面的文献较少。尽管研究文献很多,但据统计,有76.8%的研究文献集中在理论层面,对其认识的角度也往往随着学者的工作和身份的不同而有所差异。由于缺乏实践层面的探究,研究结论往往缺乏支撑,例如在"中国制造2025"战略背景下如何做好某一地区、某一产业领域、某一专业的技术技能型人才需求预测、如何评价技术技能型人才培养质量等问题的调查分析有待进一步完善。

二是研究方法仍显滞后。目前对"中国制造2025"背景下技术技能型人才培养的研究多停留在论述性研究上,采用的研究方法主要是理论思辨,探究式的调查研究、个案研究、比较研究、相关的量化研究以及因果式分析较少,致使研究成果的科学性还不够强。

三是研究视角相对狭窄。"中国制造2025"背景下对技术技能型人才的培养研究主要集中在教育学领域已成为共识,并且通常集中在已有成果多、研究者较多的领域,绝大部分研究者来自职业院校,行业企业的关注极其有限。研究成果分布区域较不均衡,纵向与横向的对比分析不够,使得研究视野不够宽广,多学科多领域的研究成果不足。

(二) 前景展望

当前"中国制造2025"战略已处于中期阶段,随着技术变革、产业转型升级的加快,也在不断催促着技术技能型人才培养理念和目标的动态变化,因此围绕这些方面的研究也将会受到更多学者的关注。"中国制造2025"背景下技术技能型人才培养是一个系统化工程,今后对技术技能型人才培养的研究可注意以下几点。

一是加强实践应用层面研究。注重加强数据收集和实证分析,充分运用思辨研究和应用分析,使得技术技能型人才培养研究具有更强的实践意义。要更多地从实际出发,通过调查获取客观数据,例如在建立健全"中国制造2025"背景下技术技能型人才培养质量评价体系方面,应更多地开展调查研究,同时,根据产业技术的发展状况以及对技术技能型人才的需求及时调整研究重心,为"中国制造2025"背景下技术技能型人才的培养提供更客观、更有说服力的可行性实施方案,使研究成果更真实地反映实际情况,对存在的问题与困境,更及时、有针对性地提供思路与对策。

二是综合运用多种研究方法,开展协同研究。要充分认识到"中国制造2025"背景下校企协同培养技术技能型人才的必然趋势,发挥职业院校、行业企业、科研院(所)等机构的前沿优势和指导作用,广泛开展协同研究,综合运用多种研究方法,充实研究框架体系下的各个细分领域,使得研究更加客观、更具有说服力,不断完善技术技能型人才培养体系。

三是立足现代研究视角。在"中国制造2025"战略背景下,综合借鉴有关社会学、现代管理学等学科的基础理论及研究方法,结合教育学研究理论和方法,通过开展跨学科跨领域的研究,多视角分析"中国制造2025"对技术技能型人才培养的挑战及应对策略。另外,可从国际研究的视角出发,对不同国家、不同发展阶段的技术技能型人才培养策略进行对比分析,然后根据我国实际国情及各地发展差异对技术技能型人才培养提出有针对性的、具体可行的操作建议。

参考文献

[1] 余东华,胡亚男,吕逸楠.新工业革命背景下"中国制造2025"的技术创新路径和产业选择研究[J].天津社会科学,2015(4):98-107.

[2] 于志晶,刘海,岳金凤,李玉静,程宇,张祺午.中国制造2025与技术技能人才培养[J].职业技术教育,2015,36(21):10-24.

[3] 王芳,赵中宁,张良智,丁林耀,丁明伟,王兰军.智能制造背景下技术技能人才需求变化的调研与分析[J].中国职业技术教育,2017(11):18-22+27.

[4] 王喜文.新工业革命背景下的"中国制造2025"[J].中国发展观察,2015(7):17-20.

[5] 师慧丽,张文娟.面向"中国制造2025"的技能型人才培养模式[J].中国工程机械学报,2017,15(1):90-94.

[6] 颜睿."中国制造2025"对机械设计制造及其自动化行业影响探讨[J].南方农机,2019,50(19):119.

[7] 刘楠楠.面向"中国制造2025"中德制造业的比较分析[J].价值工程,2019,38(27):45-47.

[8] 师慧丽.工业4.0时代技术技能型人才:内涵、能力与培养[J].职业技术教育,2017,38(16):29-33.

[9] 沈言锦."中国制造2025"背景下的职业教育供给侧改革研究[J].成人教育,2016,36(11):48-51.

[10] 黎修良,沈言锦,张坤."中国制造2025"背景下校企深度融合的订单式人才培养模式创新研究[J].中国职业技术教育,2016(28):78-80.

[11] 李伟,石伟平.智能制造视域下技术技能人才的培养标准与路径新探[J].职业技术教育,2017,38(19):19-23.

[12] 段向军,舒平生."中国制造2025"背景下高职人才培养研究[J].继续教育研究,2017(6):62-65.

[13] 刘晓玲,庄西真.高技能人才培养:"中国制造2025"与职业教育的最佳结合点[J].职教论坛,2016(1):62-66.

[14] 桑雷,郑毅."中国制造2025"下职业教育人才培养的智能指向及实现[J].职业技术教育,2017,38(19):8-13.

[15] 蔡泽寰,肖兆武,蔡保.高职制造类专业人才培养要素优化探析——基于"中国制造2025"视域[J].中国高教研究,2017(2):106-110.

[16] 王冬梅,续雄鹰."中国制造2025"行动纲领下的职业教育青年人才培养实施[J].中国成人教育,2019(20):16-19.

[17] 陈诗慧,张连绪."中国制造2025"视域下职业教育转型与升级[J].现代教育管理,2017(7):107-113.

[18] 国家统计局.http://www.stats.gov.cn/.

[19] 国家人力资源和社会保障部.http://www.mohrss.gov.cn/gkml/jy/jyscgqfx/.

[20] 黄晓芬.我国职业教育发展契合"中国制造2025"的必然、实然与应然[J].教育与职业,2017(12):11-17.

[21] 王瑞玲.中国制造"2025"背景下高职机械制造与自动化专业人才培养方案研究[J].中外企业家,2018(27):134.

[22] 刘育锋.高职院校应关注和开发"绿色技能"[J].中国高等教育,2014(1):35-37.

[23] 高婷."中国制造2025"背景下职业教育产教深度融合研究[J].教育与职业,2018(6):11-17.

[24] 周如俊.中等职业教育人才培养存在的问题与"转轨"策略——基于"中国制造2025"视域[J].职教论坛,2016(10):26-32.

[25] 邓小华."中国制造2025"与高职制造业人才培养体系创新研究——基于《制造业人才发展规划指南》的启示[J].职业技术教育,2017,38(19):14-18.

[26] 李子云.高职教育契合"中国制造2025"发展策略研究[J].中国高校科技,2017(6):84-87.

[27] 章永刚,高建宁,邢丹."中国制造2025"背景下专科高职教育发展的理性思考[J].中国职业技术教育,2016(28):65-69.

[28] 陈鹏,薛寒."中国制造2025"与职业教育人才培养的新使命[J].西南大学学报(社会科学版),2018,44(1):77-83+190.

[29] 何真临.从"中国制造"到"中国创造"——企业需要什么样的职业教育[J].中国职业技术教育,2012(16):101-102.

[30] 胡斌武,陈朝阳,吴杰."中国制造2025"与现代职业教育发展路径探索[J].山西大学学报(哲学社会科学版),2016,39(3):91-96.

[31] 钟贞山,龚文霞.职业教育智库:"中国制造2025"战略实现的助推器[J].职业技术教育,2017,38(6):41-44.

[32] 朱颂梅.基于工匠培养的高等职业教育供给侧创新策略[J].职教论坛,2017(34):84-87.

[33] ZHOU X Y. Research on the Talent Demand Dimension of Harbin Enterprises based on Made in China 2025 Strategy [A]. Xi'an Institute of Posts and Telecommunications. Proceedings of The 2nd International Conference on Education, E-learning and Management Technology (EEMT2017)[C]. Xi'an Institute of Posts and Telecommunications,2017:5.

[34] 温贻芳,江建春.企业视角:工业4.0背景下高职制造类专业人才的新需求与培养[J].职教论坛,2016(21):46-49.

[35] 徐桂庭."中国制造2025"背景下的现代职业教育发展路径探析——第四届闵行职教论坛在上海召开[J].中国职业技术教育,2015(25):25-33.

[36] 徐建高,马蕾,赵林林.中国制造2025与职业教育培养模式改革——基于现代学徒制的探索[J].河北职业教育,2017,1(1):8-13.

[37] 叶立生,吴加恩.高等职业教育服务"中国制造2025"对策[J].职教论坛,2017(32):83-86.

[38] 罗桂城."中国制造2025"视域下职业教育的问题反思与变革路径[J].教育与职业,2017(9):25-31.

[39] 戚守玺,王伟."中国制造2025"战略背景下的跨学科课程体系建设构想[J].高等农业教育,2017(6):3-7.

[40] 李政."中国制造2025"与职业教育发展观念的转轨[J].中国职业技术教育,2015(33):38-44.

[41] 许艳丽,李资成.中国制造2025背景下高职院校复合型人才能力培养研究[J].中国职业技术教育,2017(20):5-9.

[42] 习凌冰,沈小碚.中国制造2025背景下职业教育体系创新[J].教育与职业,2016(9):9-13.

[43] 曾小兰.基于"中国制造2025"的职业教育人才培养模式变革[J].教育与职业,2017(12):18-23.

[44] 刘晓玲,庄西真.高技能人才培养:"中国制造2025"与职业教育的最佳结合点[J].职教论坛,2016(1):62-66.

[45] 徐宏伟."中国制造2025"背景下的职业教育教师角色转型研究[J].职教论坛,2017(18):5-10.

[46] 邵癸."中国制造2025"背景下高职院校教师队伍建设研究[J].职业技术,2017,16(4):8-10.

基于棋类博弈程序设计的人工智能创新人才培养探索[*]

◎ 赵才荣　傅佳悦　戴贞明　卫志华　苗夺谦

> **摘　要**　针对人工智能课程教学中存在的不足,本文提出基于棋类博弈程序设计的人工智能创新教育模式,并具体分析了棋类博弈研究开发如何提高学生自主创新能力、团队协作能力、思维能力,阐述了棋类博弈程序开发对创新高校人才培养教学模式的推动作用。
>
> **关键词**　人工智能　棋类博弈程序　创新教育　人才培养

一、研究背景

人工智能是现阶段最有革命性的技术[1]。教育部于2018年发布了《高等学校人工智能创新行动计划》[2],将"完善人工智能领域人才培养体系、推动人工智能学科建设"列为重要任务。2019年,习近平总书记在国际人工智能与教育大会[3]上指出:"把握全球人工智能发展态势,找准突破口和主攻方向,培养大批具有创新能力和合作精神的人工智能高端人才,是教育的重要使命。"毋庸置疑,人工智能教育已经成为各大高校教育的重点任务。

包含计算机程序的博弈称为计算机博弈。计算机博弈是人工智能的一个重要分支,对

---

[*] 基金项目:1.同济大学研究生教育研究与改革项目(2019)"研究生核心课程建设—机器学习理论与应用"(ZD1903033);2.上海高校本科市级精品课程项目(2017)"人工智能原理课程建设";3.上海高校本科重点教改项目(2019)"学科交叉的计算机产学研大平台教学实践基地建设"。

作者简介　赵才荣,同济大学电子与信息工程学院计算机科学与技术系,教授,博导,主任助理,博士。
　　　　　　傅佳悦,同济大学电子与信息工程学院计算机科学与技术系,硕士研究生在读。
　　　　　　戴贞明,井冈山大学电子与信息工程学院计算机科学与技术系,副教授,硕士。
　　　　　　卫志华,同济大学电子与信息工程学院计算机科学与技术系,教授,博导,副主任,博士。
　　　　　　苗夺谦,同济大学电子与信息工程学院计算机科学与技术系,二级教授,博导,博士。

其他诸多领域有广泛的指导意义。在博弈中，计算机程序能够像人一样进行判断和推理，做出理性的决策。学生通过对计算机博弈的学习和研究，可以提高计算机程序设计能力、动手实践能力和科研创新能力，同时可以提高对团队协作和质量检测的理解和重视[4]。

二、人工智能课程教学中存在的问题

目前国内高校教学中存在教学内容老化、教学形式单一、实践环节不理想、学生创新能力培养不足等问题。传统教学方法往往是以老师为中心，学生只是被动地吸收知识、通过强化刺激学习知识，这种教学方法符合行为主义学习理论。同时，课程实践环节以验证性、仿真性为主，教师设计好实验内容，学生只是简单地重复老师设计好的实验步骤、记录结果、分析数据、体会实验原理。这种教学方式不符合现代教育理念，学生在学习过程中缺乏积极性以及创新意识，培养创新能力更无从谈起。这些问题在人工智能课程的教学中同样存在，且人工智能算法通常较为抽象和复杂，学生仅学习理论知识，缺少应用实践的平台，难以较好的掌握运用。

比较符合现代教育理念的学习理论有建构主义学习理论和人本主义学习理论，它们都强调学生在学习过程中的积极性和主动性。建构主义认为学习是一种主动建构知识的过程，教学不再是传递客观而确定的现成知识，而是激活学生原有的相关知识经验，促进知识经验的生长，促进学生的知识建构活动，以实现知识经验的重新组织、转换和改造。与建构主义相比，人本主义更强调以人的发展为本，强调学生的自我发展，强调发掘人的创造潜能，强调情感教育。

三、基于棋类博弈程序设计的创新教育模式探索

（一）培养具有自主原创的创新人才

棋类比赛是生活中常见的一种游戏竞赛，本文中提及的棋类比赛主要包含五子棋、中国象棋、国际象棋、陆军旗和围棋，学生在日常生活中都或多或少接触过，因而，以棋类博弈程序设计为主导的课程实践更能激发学生的兴趣和积极性。棋类博弈程序的设计与开发，不仅涉及程序语言、程序设计方法学、图形人机界面、数据结构、软件工程、数据库、知识库、优化与学习算法等，而且必然面对规模庞大的博弈树的各种搜索算法，例如：极大极小、$\alpha-\beta$剪枝、迭代深化、蒙特卡洛、基于威胁和证据计数算法等，内容丰富，变化无穷[5]。因此，棋类博弈程序的设计和开发，不仅可以充分调动学习者的兴趣和积极主动性，更能促进学生主动探索新知识，充分发挥自身的聪明才智，设计更具智能的博弈程序。

棋类博弈一直引领人工智能前沿，从早期的象棋到目前大家普遍关注的围棋，其算法、

结构设计、程序实现不断完善发展,任何一种棋类博弈程序都不是一成不变的,需要研发棋类博弈程序的学生综合应用所学知识,跟踪人工智能领域前沿技术,融入自己的想法,创造性地设计可靠方案。学生通过设计开发棋类博弈程序发掘创造潜能,促进知识经验的建构,培养自主创新的能力。

棋类博弈比赛的开展,有利于激发学生学习兴趣、提高学生学习的主观能动性。棋类博弈程序的开发,有利于促进学生知识体系构建,提高学生自主创新意识。因此,棋类博弈程序的设计与开发符合现代教学思想,促进自主创新人才的培养。

(二) 培养具有团结协作的创新精神

棋类博弈程序的开发是一个综合性的程序设计项目,涉及多种算法和相关技术。开展计算机博弈创新教育的常见问题之一就包括计算机博弈早期入门技术门槛普遍偏高[4]。为促进学生快速开展棋类博弈程序的深入研究、避免产生畏惧心理并进入研究瓶颈,棋类博弈程序的开发采取团队协作模式,团队制定共同的绩效目标以及工作方法,成员间相互信任、合理分工、互补互助,达到最大工作效率。

棋类博弈程序的开发培养学生的科学素质和团队意识,适应现代社会的需要,符合教育改革的要求。在程序设计开发过程中,融会贯通各门课程知识,培养认真刻苦、一丝不苟的敬业精神,培养相学共长、互帮互助、团结协作的奉献精神,培养敢于创新、不断实践、百折不挠、顽强进取的科学态度。

(三) 创新人才思维能力培养

《中国百科大辞典》[6]记载:"博弈,是指一种具有明确规则的竞争活动,其结果是受竞争者的活动共同控制的,而这些竞争者,有着不可调和的目的。这种理论的主要特点是,认为每个竞争者做出决策的结果是不确知的,因此,他要考虑到对手会对他的决策做出什么反应,并且考虑到自己和对手的下一步决策。"博弈其实就是在一定的游戏规则约束下,基于直接相互作用的环境条件,各参与人依靠所掌握的信息,选择各自策略,以实现利益最大化和风险成本最小化的过程。

计算思维是运用计算机科学的思想与方法进行问题求解、系统设计、人类行为理解等涵盖计算机科学广度的一系列思维活动[7]。2010年,教育部高等学校大学计算机课程教学指导委员会发表了《九校联盟计算机基础教学发展战略联合声明》,提出了计算思维教学改革宣言[8]。宣言中指出,将计算思维能力的培养作为计算机基础教学的首要任务,加强以计算思维能力为中心的计算机基础教学课程体系和教学内容研究,引导学生向计算机科学家一样思考。

棋类博弈程序设计是棋类对弈这种人类高级思维活动的直接模拟。一个棋类博弈程序的实施涵盖了下棋规则问题的描述:棋盘、棋子障碍、空格、棋局、走棋表示等形式化数据描述;存储方式的选取;搜索算法、评估函数模型的计算机描述;并行程序设计思想和问题求解的效率[9]。因而,棋类博弈程序的设计能够培养学生对问题抽象化和建模、利用算法实现问题求解、多种软件语言实现系统设计、推理归纳理解人类行为的计算思维能力,进一步引导学生创新型思维的形成。

在教学过程中,学生通过棋类博弈程序的应用,掌握博弈逻辑和计算思维,强化了演绎推理能力与归纳推理能力,在应用中尽可能考虑到博弈对方的决策选择以及对自身的影响,并从中选择出对自身最有利的方案决策,从而达到收益和效用最大化。因而,棋类博弈程序的应用能够有效推进创新人才思维能力的培养。

(四)创新高校人才培养教学模式

人工智能时代教育的重要使命是创新人才培养[10]。随着我国高等教育教学改革不断深化,作为人才培养主体,各高校以培养学生创新精神和实践能力为重点进行素质教育,促进学生知识、能力及情感的和谐发展。但在课堂教学中长期存在的一些弊端日益凸现,问题并未得到根本解决,尤其是在培养学生的创新思维能力、实践能力、综合应用能力、解决实际问题能力等方面还存在着很多不足,比如注重讲解理论知识而忽略了学生实践能力培养,注重单科知识的传授而轻视学生综合多学科知识的应用,教学中注重教师的教而疏忽学生的学等。

棋类博弈在教学中的应用能很好地解决这些问题。学生通过学习离散数学、概率统计、高级语言程序设计、数据结构、算法设计与分析、人工智能、机器学习等课程,掌握设计实现棋类博弈系统的相关基础知识,在此基础上融会贯通,并跟踪人工智能的前沿技术,团队协作完成棋类博弈智能体的设计和棋类博弈系统的代码实现。在使用棋类博弈软件的过程中,学会运用计算思维去观察问题和处理问题,提高演绎推理能力与归纳推理能力。人工智能课程教学中,依靠棋类博弈项目,逐步形成寓教于乐、理论联系实践、课程内外结合、追踪科技前沿、开拓创新的教学模式,充分调动学生的主动性、创造性,提高学生的综合应用能力和科学思维能力,发掘学生的创造创新潜能。

(五)工程教育专业认证解读

习近平总书记在全国教育大会上强调:"教育的核心在于培养什么样的人。"我国高校工程人才在经过四年本科培养后的"产出"标准究竟应该是什么?什么样的工程人才适合行业标准、符合社会需要?这是高校每个工程类专业在培养学生都需要考虑的问题。公布于1989年的《华盛顿协议》很好地解决了这个问题,专业认证用12条必须涵盖和达成的毕业要求给予了明确回答。其宗旨是通过多边认可工程教育认证结果,实现工程学位互认,促进工程技术人员国际流动。

本文中的棋类博弈程序设计从以下几方面满足计算机科学与技术专业的工程教育专

业认证要求。

(1) 具备设计/开发解决方案能力:能够设计针对复杂计算机工程问题的解决方案,设计满足特定需求的系统、单元(部件)或工艺流程,并能够在设计环节中体现创新意识,考虑社会、健康、安全、法律、文化以及环境等因素。

在设计开发棋类博弈系统过程中,能够对现实问题进行抽象建模、对复杂计算机系统进行需求分析,清晰地描述任务全过程,并了解影响任务的各种因素。熟练掌握对复杂计算机系统/程序进行分析和总体设计的方法,能够运用计算机技术进行特定模块的实现,以及模块之间的组合。

(2) 具备工程与社会能力:能够基于工程相关背景知识进行合理分析,评价计算机专业工程实践和复杂工程问题解决方案对社会、健康、安全、法律以及文化的影响,并理解应承担的责任。

在设计开发棋类博弈系统过程中,了解与计算机科学与技术有关的技术标准和法律、法规,理解各种因素对于计算机工程系统实施的影响。

(3) 具备个人和团队能力:能够在多学科背景下的团队中承担个体、团队成员以及负责人的角色。

在设计开发棋类博弈系统过程中,具备多学科背景下良好的知识体系,具备团队合作能力,能够与其他学科成员有效沟通,独立或合作开展工作。能够组织、协调或指挥团队开展工作,发挥领导和骨干作用。

四、结语

为完善人工智能领域人才培养体系、推动高校人工智能学科建设,解决传统的教学中存在的内容单一、实践环节不理想、学生创新能力培养不足等问题,本文提出了基于棋类博弈程序设计的人工智能创新教育模式。棋类博弈程序的设计和开发,内容丰富且有趣,不仅可以充分调动学生学习的主观能动性,也能提升学生理论和实践结合的动手能力,符合工程教育专业认证的需求。棋类博弈程序设计,是课题组相关教师在多轮课程改革中提出的创新实践教学模式,取得了较好的授课效果。学生在自主创新能力、团队协作能力、思维能力等方面都具有明显的提升,为后续人工智能相关知识的学习打下了良好的基础。

参考文献

[1] 徐晔.从"人工智能教育"走向"教育人工智能"的路径探究[J].中国电化教育,2018,383(12):86-92.

[2] 教育部.教育部关于印发《高等学校人工智能创新行动计划》的通知[EB/OL].http://www.moe.gov.cn/srcsite/A16/s7062/201804/t20180410_332722.html.2018-04-03.

[3] 习近平向国际人工智能与教育大会致贺信[OL].http://www.gov.cn/xinwen/2019-05/16/content_5392134.htm.2019-05-16.

[4] 梅险,侯利元,谢文,等.计算机博弈创新教育的研究与实践[J].黑龙江教育(理论与实践),2017(12):50-51.

[5] 王亚杰,邱虹坤,尹航,等.计算机博弈竞赛与创新人才培养模式改革[J].实验技术与管理,2016,33(10):10-14.

[6] 中国百科大辞典编委会编;袁世全,冯涛主编.中国百科大辞典[M].北京:华夏出版社.1990:325.

[7] WING J M. Computational thinking[J]. Communications of the ACM, 2006, 49(3):33-35.

[8] 何钦铭,陆汉权,冯博琴.计算机基础教学的核心任务是计算思维能力的培养——《九校联盟(C9)计算机基础教学发展战略联合声明》解读[J].中国大学教学,2010(9):7-11.

[9] 李淑琴,丁濛,孟坤.计算机博弈教学中的计算思维能力培养[J].计算机教育,2017(5):22-24.

[10] 谭维智.创新人才培养:人工智能时代教育的重要使命[J].中国德育,2019(17):7-9.

给"专升本"热泼点冷水

◎ 舒服华

> **摘 要** 近年来,一些高等职业学校只顾追求短期利益,不顾学生的实际情况,偏离高等职业教育的办学方向,热衷于开办"专升本"教育。文中列举高等职业学校热衷于开办"专升本"教育的种种弊病,指出这种乱象损害了我国高等教育的整体利益,不利于国家人才队伍的有序建设,阐明高等职业学校必须坚持正确的办学方向,办出高等职业教育的特色。
>
> **关键词** 高职 专升本 弊病 特色

高等职业教育是我国高等教育的重要组成部分,为我国社会主义现代化建设培养了大批应用型技术人才,目前,招生规模达我国全日制高校学生的半数之多。二十年前,国家针对我国生产一线职工素质不高,应用性技术人才短缺,不能完全胜任现代生产技术的发展,难以满足经济建设的需要的现状,创立了高等职业技术教育这一全新的高等教育模式,并给予各高等职业学校许多优惠政策,如专业设置的自主权,办学经费的大力倾斜等,以支持高等职业教育的发展,希望尽快尽早多培养一些工作一线的技术人才,为国家经济建设所用。

然而,由于一些高等职业学校在办学上暂时面临一些压力和困难,它们在经济利益的驱使下,热衷于"专升本"教育,违背了高等职业教育的初衷,放弃了高等职业教育这一阵地,扰乱国家高等教育的秩序,浪费高等职业教育资源,贻误了学生的成才。

一、高职学校"专升本"乱象

为了尽快为经济建设培养大批应用型人才,国家大力支持高等职业教育的发展,尤其是在办学缴费上,对高等职业学校给予了大力扶持,公办院校除按规定拨付教育经费外,在

作者简介 舒服华,武汉理工大学继续教育学院,博士,教授。

学费上也给予了极大的宽松政策。目前,高职学生的学费普遍超过了全日制本科学生的学费。高等职业教育的学制名义上是3年,实际上只有2年左右,最后一年基本上都是到企业顶岗实习。这使得高等职业教育的办学效益大增。在利益的驱动下,一些民间资本纷纷加入,兴办高等职业教育,使得各地的高等职业学校纷纷涌现出来,一些地方的高等职业学校迅速膨胀,严重过剩。全国各地的高等职业学校普遍吃不饱,于是爆发了生源大战。各学校便开始想方设法,吸引学生,争夺生源。如精心包装专业,不顾自己的实际情况开设热门专业,夸大专业的就业前景,虚构就业率,等等。其中,最为普遍的手法是开展"专升本"教育,希望通过提升学生的层次,打动学生和家长。

目前我国高等教育"专升本"的主要形式有:自学考试、成人教育、网络教育、开放教育等,在这4种"专升本"形式中,后三者都需要有专科学历,而自学考试则不然,入学后就可以注册套读本科,也就是所谓的衔接教育,如果能顺利完成本科课程,拿到专科毕业证半年后就可以拿到本科文凭,也就是说只要三年半就可以本科毕业,比全日制普通本科生文凭到手还要早半年,而且,如果三门学位课平均考分在70分以上,学位英语考试合格或英语四级过关就可以拿到学士学位,比全日制本科生省时省事,社会的认可度又高,与全日制普通本科生同等待遇,对高职学生有很强的吸引力。因此,自学考试成为高等职业学校进行"专升本"教育的主要途径。许多高等职业学校在招生宣传册上就进行了大力推介,想以家长望子成龙、学生希望成才的心理招揽学生。自学考试顾名思义,应以自学为主,但如今的自学考试变了味,几乎都以助学的形式为主,全日制灌输。学生一入校门就开始动员,当然这也存在一个利益附加问题,报名参加"专升本"学习的学生除了正常的学费外,还要另交一笔不菲的费用,学校从中可以获得一大笔可观的额外收入。学生要求进步,学校提升学生的学历,这本是无可厚非的事,关键是一些学校因此而抛弃了职业教育的初衷,舍本逐末,把"专升本"当成自己的主业。它们压缩与"专升本"自学考试无关的职业技能课程和实习实训环节,强化与"专升本"自学考试相关课程的学习,开设的有些课程甚至不在职业教育教学计划之列,把高等职业教育办成了"专升本"助学班、培训部,学生该学到的职业技能荒废了,不能胜任职业岗位的需要,这与高等职业教育的方针背道而驰,长此以往,不仅使学校丧失了自己的优势,也会砸了自己的牌子,更耽误了国家人才培养的大局。

二、高职学校热衷于"专升本"的弊病

1. 背离了高等职业教育的轨道

高等职业教育的主要任务是培养适应生产、建设、服务、管理一线的高素质技能型专门人才[1-2],办学模式有自己的鲜明特色。高等职业教育是以社会需求为目标,以岗位技术为主线设计学生的知识、能力、素质结构和培养方案的,是以培养学生应用技术为核心构建课程和教学内容的。在高等职业教育课程和教学内容中,基础理论课的学习是以"必须""够

用"为力度,不必过分深究和渲染,重点是专业知识的学习,专业知识强调的是适用性和针对性,实践教学在高等职业教育教学中具有重要的地位,在整个教学计划中占有较大的比例[3-4]。如果高等职业学校压缩学生专业知识的学习和实践教学,热衷于去搞"专升本",把学生的主要时间和精力放在应对"专升本"考试课程的理论学习上,那就成了喧宾夺主,本末倒置,严重背离了高等职业教育的方向。虽然学生的学历是提高了,但该学到的岗位技能却没有完全学到,这样培养出来的学生,即使拥有再高的学历,也是与高等职业教育目标不相称的学生,是不合格的学生。对于学生来说,以牺牲自己的特长而换来的文凭,除了能给自己脸上贴点金外,对自己未来的职业规划和发展没有多少帮助;对于学校来说,放弃自己熟悉和擅长的事,而去做自己不熟悉和不擅长的事,也就丢掉了自己的优势和特色,失去了学校该有的竞争力,不利于学校的长期发展。

2. 浪费高等教育资源

我国高等教育虽然发展很快,但与发达国家相比,高等教育资源仍显不足,且分布不均衡。在现有的高等教育资源条件下,各类高等学校本应充分利用自身现有资源,各施其责,不遗余力,多为国家培养不同层次和类型的人才,为社会主义现代化建设服务。高等职业学校热衷"专升本"教育,就是偏离了自己的办学方向,忘记了自己所承担的责任和使命,且培养的学生名不副实,徒有其名,不能胜任岗位要求,就是在浪费高等教育资源。高等职业学校的教师与普通高校的老师有所不同,他们不仅具备一定的理论知识,而且有丰富的实践经验,这些教师有些是从企业引进的,有些是学校花费不少心血培养出来的,有不少是"双师型"教师,是宝贵的职业教育人才。为了适应技能型人才的培养,国家对高等职业学校进行了大量投入,完善实习实训设施设备,各高等职业学校都拥有比普通高校优越的实习实训条件。如果高等职业学校把重点放在"专升本"教育上,一方面,这些教师的特长难以充分发挥,浪费了职业教育的人才资源,另一方面,大量削减实习实训教学,这些实习实训设施设备得不到充分的利用,浪费了职业教育的教学资源。此外,培养的学生职业技能不强,不适应社会的需要,是对高等职业教育资源的最大浪费。

3. 扰乱了我国高等教育的秩序

我国社会主义建设所需要的人才是多层次、多规格的。我国人才类型大体可分为学术型、工程型、技术性和技能型。只有各类人才保持协调发展,才能更好满足社会的需要,因此,国家建立起一套完善的、与社会人才需要相适应的高等教育体系。我国高等教育体系包括三个层次和两个系列,三个层次为研究生教育、本科生教育、高等职业教育;两个系列为全日制教育和继续教育。各类教育层次和系列担负着培养不同人才的任务。其中,高等职业教育是在我国社会人才需求不断变革中发展起来的,在整个高等教育体系中占有重要地位。尽管如此,我国高等教育人才培养结构性矛盾仍然突出。目前,我国本科生相对过剩,超出了社会的需求,专科生不足,不能完全满足社会的需要,导致出现专科生就业率大于本科生的现象,高职毕业生成为"香饽饽",常常出现用于单位展开"抢人大战"现象,专科生只要不捡不挑,都能顺利找到工作,本科生找工作则费尽了周折。高等职业学校把重点转移到"专升本"教育上,就会打破我国高等教育体系的平衡,扰乱高等教育的秩序。其一,抢占了全日制本科教育的地盘,做了自己本不该做的事,干扰了全日制本科教育的人才培养;其二,放弃了自己的阵地,没有全心全意去做自己本该做的事,影响了高等职业教育人才培养的大局。这样,使我国人才结构性的矛盾雪上加霜,不仅不利于我国高等教育的健康发展,而且影响到我国人才队伍的有序建设和利用,是在做越位、缺位、错位的事情。

4. 不利于学生的成才

"专升本"提高了学生的学历,看似对学生的前途和发展有利,其实不然。当前我国应用型人才十分短缺,尤其是生产一线的技术工人更为紧俏,技术工人很抢手,越来越难招。就业市场上,许多用人单位更愿意要高职生,不少技工岗位的工资高过管理岗位的工资。高职学生如果能够严格按照高等职业教育教学体系的规定完成学业,本该在自己的专业上学有所长,多数能够胜任相应工作岗位的需要,找到一份适合自己的工作应该不难。在基层踏踏实实工作,不断提高自己职业技能,完善自我,然后根据工作实际需要和自己的知识结构,再去针对性地深造,努力使自己成为行业的技术能手,那么,自己的职业发展和人生道路指日可期。如果没有"专升本"换来的本科文凭这张纸,相信很多高职学生的职业历程都会是这样,顺理成章。他们能够给自己正确地定位,俯下身,沉下心,脚踏实地,在一线工作,到基层锻炼。假以时日,兴许会成为大工匠或走上领导岗位。有了本科文凭这张纸,一些高职毕业生的心态就悄悄发生了变化,内心膨胀起来,期望值也不知不觉升高。他们开始看不起一线工作岗位,不愿意到基层工作,总想找一份坐办公室或管理类的清闲工作。"专升本"的本科文凭毕竟不能与全日制的本科文凭相提并论,总的来说这类学生的知识水平与全日制本科生的是有一定差距的,其含金量用人单位心知肚明,用人单位是不放心把这样的工作岗位交给他们的。这样不肯沉下去又没机会蹿升上来,造成他们找工作出现"高不成低不就"的尴尬局面,其一,这样漂浮不定找不到合适的工作,耽误了自己前程,其二,学无所用,荒废了自己专业,影响了自己的成才。

5. 不符合因材施教的原则

兴趣爱好、性格特征、恒心毅力等不同,决定了每个人的知识结构和学习成绩的差异,但每个人也都有自己的特质和潜能。因材施教就是根据不同特点的人采用不同的教育方式,最大限度地把每个人的潜力挖掘出来,达到人尽其才,才尽其用的目的。对于高职学生来说,学习理论并不是他们的强项。高职学生理论知识相对较弱,"专升本"通过率很低,即使勉强通过的,也往往没能系统、扎实地学习到相关专业知识,但这些学生动手能力还不错。高等职业教育正好契合了他们这一特点,能够扬长避短,把他们的长处和优点挖掘出来。

三、结语

随着我国社会主义建设进入新时代,对人才的要求也发生了深刻的变化,高等教育应不断创新人才培养模式,以适应新形势下社会对人才的要求。高等职业教育就是在顺应时代发展潮流、改革高等教育培养模式的背景下诞生的,担负着为国家培养新型人才的重任。通过20多年的发展,为国家培养了一大批高素质劳动大军,为国家经济发展做出了重要贡献。人才的价值不是以工作的性质来衡量的,也不是以学历的高低来衡量的,只要具备一定的知识和技能,能够进行创造性劳动,为国家物质文明、政治文明、精神文明做贡献,就是值得尊重的宝贵人才[5-6]。

我们并非全盘否定高等职业学校开展"专升本"教育,如果一些学生功底扎实,在保证完成高等职业教育学业的前提下,有时间和精力,继续深造,未尝不可。但我们不赞成一些学校不顾学生的实际情况,为了招揽生源或经济利益,偏离自己的办学方向,钟情于"专升本"教育,耽误学生成才。高等职业学校应该从大局出发,牢记自己的使命,坚持正确的办学方向,为国家培养合格的对应层次的人才。要从长计议,克服眼前暂时的困难,以人才培养质量取胜,以办学特色取胜。当前,国家正在大力宣扬劳模精神和工匠精神,高等职业教育要抓住这一历史契机,摆正位置,把主要精力放在为国家培养高素质应用型人才上,牢记自己所担当的使命,实现自我的社会价值,乘着时代前进的东风,不断发展壮大自己。

高等职业教育是培养高技能人才成长的摇篮,在我国高等体系中具有无可替代的地位,它是落实科教兴国战略和人才强国战略、全面提高国民素质和技能,把我国巨大的人口压力转为人力资源优势的重要途径。高职学校理应不辜负国家的重托,勇敢挑起这一重担,响应国家的号召,积极为国家建设培养应用型技术人才,为我国高等教育做出自己应有的贡献。

参考文献

[1] 周建松.高职教育的文化定位与建构路径[J].高教探索,2017(12):89-92.
[2] 陈汉强.高职院校教学管理改革创新研究[J].高教探索,2017(S):119-120.
[3] 邵政.我国高职教育发展存在的问题及发展路径研究[J].江苏高教,2015(6):148-150.
[4] 杨军.我国高职院校的角色转变与发展策略[J].江苏高教,2015(4):136-138.
[5] 胡正明.高职院校社会服务"三螺旋"模式研究[J].教育发展研究,2017(11):49-53.
[6] 张鑑民.高职创业教育的内在逻辑、体系构建和深化路径[J].教育发展研究,2013(19):67-71.

校友资源应用于高校全过程育人工作的实践探索
——以同济大学建筑与城市规划学院为例

◎ 方 勤 王晓庆

摘 要 校友是高校发展的最重要的依靠力量之一,校友和母校是情感共同体,也是事业共同体,是高校参与竞争、谋求发展的动力。随着高等教育的高度社会化、开放化、市场化和终身化,高校逐渐开始注重校友资源的开发和应用。高校要立足于服务在校学生的成长成才,紧扣新时代脉搏,结合专业特色,促进校友资源集聚及产学研创新协同,同时,通过校友平台的建设,促进毕业校友的再成长,不断探索优秀校友资源,协同育人一体化和产学研生态有机融合策略。

关键词 校友资源 高校 全过程育人 实践 探索

校友工作是高校人才培养工作这一根本任务的延伸和发展,高校在创新人才培养、科研探索、科技成果转化和产业发展上,离不开校友的资源。校友是高校发展的最重要的依靠力量之一,校友和母校是情感共同体,也是事业共同体,是高校参与竞争、谋求发展的动力。高校要以立德树人为根本任务,紧跟时代脉搏,把握育人工作的整体性;了解当代大学生的特点,提升育人工作的精准性;创新方式方法,汇聚协同育人的智慧和力量;强化工作举措,不断提升人才培养的针对性。要"教"和"育"结合,充分利用社会各界的优势资源,发掘育人资源、挖掘育人元素、形成合力,促进产学研合作与科技成果转化,把育人工作融入学生学习成长的方方面面,构建德智体美劳全面培养的教育体系。

校友是每所高校所特有的重要的资源,校友资源是一所大学社会声誉和社会影响力的重要指标,更是大学发展的基石之一[1]。校友资源是指由于校友自身发展及其社会关系带来的作为人才资源的价值,这些资源包括校友所拥有的人力、财力、物力、智力、社会关系力、社会影响力等。伴随高等教育的不断发展,实现高等教育的高度社会化、开放化、市场

作者简介 方勤,同济大学建筑与城市规划学院研究生辅导员,讲师,博士研究生在读。
　　　　　王晓庆,同济大学建筑与城市规划学院党委副书记,副教授,博士。

化和终身化已经成为共识,以高校毕业生为主要代表的校友群体,尤其是优秀校友,已经成为高校同学生群体建立有效联系和强链接的重要纽带和媒介[2]。

一、创新理念,共建高校校友工作育人共同体

国内大多数高校对校友工作既没有形成认识上的高度重视,也没形成合理规范而富有成效的管理机制。在学校层面,大多由校友会承担具体工作,负责与地方校友会对接,以开展校地的校友联谊活动为主,校友资源的应用远远没有达到服务学校需求和服务校友发展的驱动力。校友资源管理和应用实质上就是母校和校友间的良性互动,要使互动成为常态机制,双方需要不间断地强化交流并能使两方获益。要链接多方面的平台并积极开发校友资源,建立和健全相应的校友工作制度和规范。

校友既是高校办学成果的体现,也是高校重要的育人资源,是学校学院"双一流"建设的重要支撑力量。校友的社会认可度,重点领域的特殊成就,对行业的贡献,乃至对于整个社会与国家的贡献,都是教学成果的深度测评与最好检验。一个成熟、稳定的学校校友会的成立对于学校的校友工作的开展乃至整个学校的后续发展具有非常重要的现实性和紧迫性。近年来,国内高校在校友工作上也形成了各自的特色,比如,清华大学每年校庆期间组织集中返校的校友回院系座谈,从 2002 年开始,每年春夏两季的本科生和研究生的毕业典礼,都邀请杰出的校友进行演讲[3]。上海交通大学通过地区、行业、院系等维度加强校友组织建设,通过校友返校、校友论坛、文体活动等打造校友交流合作平台,通过上海交大校友网、《思源》《上海交大报(校友月末版)》和《上海交大校友电子信息报》等媒介,宣传校友与母校最新发展。在社会经济迅速发展、信息日益发达的今天,高校的办学水平和教育质量是否能够符合时代发展、社会经济发展的需要,是一所大学可持续发展的关键所在。同济大学也在校友工作方面不断探索创新,2018 年成立同济校友产业创新联盟,依托同济校友基金、校友产业联盟等平台,尝试创新的产学研合作模式,以应用牵动基础研究,以基础研究支撑应用,共同发掘并抓住用科技变革传统行业中的新机遇[4]。2019 年举办了首届同济大学校友产业博览会,聚焦于 5G 技术、人工智能等高科技企业,打造校友与校友、校友与母校的事业共同体,加强产教融合。

立足于"一切为了学生成长与成才"的高校使命,新时期的校友育人平台的建设要适应当前大学生教育管理新形势,全面落实党的教育方针、社会主义核心价值体系,紧密契合学校人才培养目标。"贴合社会需求,突出专业特点,适应个性发展"的三位一体,着力改变学生主要依赖课堂学习、缺乏真实社会体验的状况,注重学生的主体性参与和个性化发展,提升综合素质,引导学生树立适应社会需求的价值取向,增强学生服务国家、服务人民的社会责任感,培养学生成长为综合能力突出并富有道德责任感的时代青年。

二、校友资源服务育人工作的实践探索——以同济大学建筑与城市规划学院为例

同济大学作为全国"三全育人"综合改革试点高校,建筑与城市规划学院(以下简称学院)作为试点学院,立足人才培养的核心任务,始终坚持把工作重点和目标落在育人成效上,以"质量、成效、特色、贡献"为价值导向,紧扣社会服务应用需要,聚焦遵循学生成长规律,深化育人实效,以点带面,引导学生以家国天下的情怀担当国计民生重任。当前,同济大学已进入"双一流"建设的关键时期,校友工作对于同济大学加快一流大学建设步伐,促进学科内涵式发展,努力提升学校综合实力和国际竞争力具有重要意义。

(一)校友育人平台建设的理念

同济大学建筑与城市规划学院的建筑学、城乡规划学、风景园林学三个一级学科入选了世界一流学科建设名单。一流学科建设除了在校师生的不断努力之外,还需要国家和社会的广大支持,在争取社会支持中校友起着重要的桥梁作用。学院历来重视校友工作,截至2019年,培养了3万多名毕业生,校友和母校联系紧密。在"三全育人"背景下,近年来,学院逐渐建立了全方位合作的校友育人合作平台,铸造了学生素质修炼的全景式"大熔炉",实现各方力量、各种资源的互通互联,形成了校友和母校的良性互动。

学校与校友间的良性互动,有利于在教学和人才培养中不断探索研究适应社会发展需求的人才培养模式。2007年百年校庆之际,学院5 000多位校友返校,每年5月的校庆季,校友们都积极参与学校学院开展的活动。为建立更为完善的校友联络平台,充分发挥校友育人资源,2014年学院正式成立校友理事会,通过校友论坛、校友沙龙、校友基金等建立常态化活动和管理机制,构建校内外互惠共赢的校友资源管理体系。

学院层面的校友平台建设,能把校友工作做到实处,校友对母校的感情基于曾经朝夕相处的院、系、专业和任教老师的感情,校友工作必须调动全院教职工的力量,共同关心,规范制度建设,协同政府、产业和校内外各方资源,通过完善校友导师管理制度、校友基金使用办法等规范工作机制,以制度化和人性化相结合的管理模式,提升校友育人工作队伍的规范性、稳定性和组织性[5],调动全院教职工参与校友工作,充分发挥校友资源在高校全员、全过程、全方位育人工作中的积极作用,以德智体美劳全面发展为导向构建人才培养体系。

(二)校友资源服务于高校育人平台的实践探索

学院充分调动校友资源服务于学生成长,通过紧密合作、校企融合,在人才培养、课程讲授、校企实训、实践基地等多方面开展了深入持续的合作。自2014年以来,学院全方位建

设校友合作平台,已完善各地各行业校友信息库,建立近 20 个重点地域、重点行业校友圈,建立校企合作基地 55 个。到 2019 年,已连续 5 年举办校友论坛,每年不定期开展校友沙龙和报告会 100 余场。校友为学院发展和学科建设提供了丰富的智力资源、财力资源和社会资源,持续建设校友联络平台、校友导师平台、校友奖助基金平台、杰出校友宣传平台、校友发展跟踪平台、校企实习实践平台等六大平台。通过"课程育人、科研育人、实践育人、文化育人、网络育人、心理育人、管理育人、服务育人、资助育人、组织育人"形成正向激励、持续循环的力量。

1. 建设校友联络平台,建立联络长效机制

传统的校友工作以同年级、同行业领域、同地域的校友聚集活动为主,在互联网时期,建立校友联络网已经是很便捷的工作,要通过线上线下的活动链接校友,学院建设"校友联络平台、校友导师平台、校友奖助基金平台、杰出校友宣传平台、校友发展跟踪平台、校企实习实践基地"六大平台,拓展多元化的平台链接母校和在校大学生,创新育人平台建设,促进育人实效。优秀校友的思想引领作用,也能较好地实现朋辈育人效应,帮助学生梳理学习目标和建立人生信念,形成良好的传、帮、带氛围,为学校在"双一流"建设中做好人才培养目标的定位、学科设置和改革、人才引进、软硬件设备完善等方面提供了建议。

学院通过毕业生年级校友联络人机制,建立校友信息库,健全校友档案,形成全覆盖的校友联络网。通过微信群,建立分行业、分地域的校友联络圈,各地校友圈积极开展学术论坛、迎新活动、返校活动等,形成多途径、全方面的校友沟通和联络长效机制。自 2015 年始,每年 11 月,建筑与城市规划学院举行校友论坛,以主论坛和"教育与科研""设计与管理""创新与创业"和"80 后新锐"为主题的四个分论坛形式举行,每年约 200 人返校,近 60 位校友分享实践经验、教学创新以及行业咨询等,师生、校友共话发展。

2. 建设校友导师平台,助力学校学科发展

校友往往具有更为丰富的行业实践经验,有助于教学课程,特别是建筑类设计课程与社会的接轨。不同行业的校友反馈的行业市场信息,也有助于学生拓展就业视野,积累适应社会发展的知识,提升就业力。学院探索在"三全育人"理念下,充分调动校友资源,通过校友参与课程建设、担任兼职导师、职业导师等活动参与学科的教学科研工作,参与学科建设和课程创新,为母校育人事业建言献策,推进了校院两级人才培养理念的创新。目前学院已聘用兼职导师 18 人,兼职课程教师 15 人,职业导师 20 余人。

校友导师平台建设旨在搭建校友与未来校友的沟通平台,实现校友与学生之间更加持续、深入、互动的交流。主要形式有校友参与设计课程、担任兼职导师、职业导师等。以此建立起在校生和校友导师之间的长期的、持续的合作关系,形成校友和学生之间互助的机制。通过打通在校生与校友之间的交流与融合渠道,为在校生提供全方位、全过程的精准对接帮扶,同时也助于校友毕业后的互助与成长。此外,学院还邀请校友回母校担任学院各种学术活动或者设计竞赛的评委,参与学院的活动,感受学院的温暖,共同促进学院学科的发展。

3. 建设校友奖助基金平台,建立互动互助机制

满足校友反哺母校的意愿,邀请校友设立奖助基金,传承学校捐赠文化,树立校友捐赠的公益典范,并通过颁奖典礼等庆典活动建立捐助人和受益人的良好互动机制,培养在校生的感恩情怀。通过校友基金支持帮助学生海外留学、支持学校教学软硬件设施的改善、实习实践经费支持,这些奖励基金的设立,不仅能够解决贫困学子的后顾之忧,还会极大激发学生尊师爱校,服务社会的热情,对学校育人事业起到积极的推动作用。

目前学院已签订和上海华杰仁爱基金会、华东建筑设计院、上海市规划设计研究院、全筑股份、UA 国际、骏地设计、天华建筑、华阳国际、天华建筑设计等校友企业的合作基金,支持学业奖学金、课程建设、海外游学等教学实践活动。杰出校友的公益投入,为学校学院的发展注入了资金支持、提供了技术力量,同时,也促进了学院课程建设工作中更紧密结合国家战略,接轨行业产业发展,更新课程评价体系,从而推进校友和母校协同培养人才的深入合作。

4. 建设杰出校友宣传平台,强化情怀与文化认同

每一位在校生毕业后都是校友,校友是高校人才培养成果的最好展示,毕业的校友对于母校的育人方案应该有更大的发言权。杰出校友在大学生的学习生活方面具有示范效应,在校大学生往往也会以杰出校友的发展路径作为自身职业发展的参照。学院校友分布在各行各业,遍布海内外,校友具有丰富的在职场经验,他们了解国内外行业发展、教学科研、生产实践等各方面的最新动态,经过社会上的历练,更能理解母校的优势与不足,能够为母校的发展提出更为实际的建议。

学院充分利用各类宣传阵地,在互联网平台和线下展览展示平台中广泛宣传优秀校友事迹和成长成才经历和在行业中的经验和杰出成就,弘扬正能量,向社会彰显同济人精神,扩大校友对在校大学生的影响力,使在校大学生能近距离学习前辈经验,建立榜样作用。有利于推动母校培养更多符合社会发展需求的优秀人才,优化专业设置、学科布局、培养目标、教学设计,在校大学生与校友共同打造"同济天下"的校友文化体系,培养同济人的责任与担当。

5. 建设校友发展跟踪平台,建立信息反馈机制

关注校友的职业发展,组建校友寻访记者团,组织、策划、宣传报道,寻访校友,开展校友发展调研,跟踪不同领域、年代校友的成长路径,建立科学的校友信息反馈机制,及时获取毕业校友及社会反馈,听取校友对学校的意见或建议。学院除了每年都会对应届生进行调研,了解毕业生首次就业的意愿,也会在不同年代的具有代表性的校友群体中开展职业发展相关的调研。在 2017 年,110 周年校庆之际,学院对 300 多位校友的职业发展进行了问卷调研,形成了校友职业发展调研报告,推动教学改革,促使学校调整完善教学模式、优化学校学院人才培养体系。学院也组建了由在校生组成的小记者团,对杰出校友进行访谈,通过与校友的对话,了解校友们在求学过程中和职业发展中的经验,有助于在校生客观地认识自我和职业世界。

6. 建设校企实习实践平台,构建共创共生体系

高校的育人效果要到社会中检验,在第一课堂和第二课堂中建立校友和在校生、高校和地方、高校和企业之间的合作互动平台,建立校友和在校生的互动联系,形成正向循环的彼此激励模式。一方面,为母校拓展了校企合作、校地合作的渠道;另一方面,校友得到社会的广泛认可和肯定,提升了学校社会声誉和知名度。对在校生而言,也可以激励他们以优秀校友为榜样,提高在校生对学校学院人才培养目标的接受度和认同感,增强育人工作的感染力和渗透力。通过校友的影响力提升高校的社会知名度和影响力,从而提高学校学院的生源品质。

充分利用校友企业和社会资源,建立实习实践基地、素质教育基地、创新基地等平台。对于建筑类专业而言,实习实践是课程的重要组成部分,通过校友对接等实习实践内容,完善校企联合课程、企业专业讲座、联合毕业设计建设等,进一步实现社会资源与高校教育资源的优势互补,持续建设校院两级实践教学基地,定期输送学生参与实习,引导学生积极投身实践,通过各类实践调研和志愿服务活动,走进社会、走进基层,感受时代、思考社会问题,培养社会责任和历史使命,为毕业生提供就业机会。目前学院已签订实习实践基地55个,学院也建立了"乡村振兴研习社""新型城镇化研究会"等专业学术社团,进入专业师资力量,提供实践方案制定、外部资源引入、项目发展研究和品牌包装打造的一站式服务。通过与地方政府、企业和社会各界精准对接,构建共生型创新创业教育体系,推动实践活动常态化运行。

(三) 结语

近年来,国内高校开始注重开发和应用校友资源,但是,还没有形成系统的管理、服务和保障体系。高校要立足于服务在校学生的成长成才,同时也要关注校友的职业发展,采用由学校校友会与学院分会联动进行顶层设计思路和"在校生和校友联动"的发展模式,促进校友资源集聚及产学研创新协同。要紧扣新时代脉搏,结合专业特色,并以师生情谊和文化认同为重要纽带,开展以在校生成长、成才和校友再成长、再发展为主要内容的平台建设实践。要创新全程育人、全方位育人、协同育人理念,不断探索优秀校友资源,协同育人一体化和产学研生态有机融合策略。

参考文献

[1] 丰嫱,叶丽霞.校友资源应用于艺术院校育人工作的实践与探索——以中国美术学院为例[J].教育现代化,2019,6(21):14-16.

[2] 吴志攀."大众创业,万众创新"的局面何以形成?——对北京大学部分青年校友创业情况的观察与初步分析[J].北京大学学报(哲学社会科学版),2015(3):211-218.

[3] 郭樑.论校友资源的育人功能:以清华大学为例[J].社会科学战线,2005(3):327-328.

[4] 这个展会不一般!首届同济大学校友产业博览会开幕.http://www.tongjiren.org/cms/xyhxw/145378.html.

[5] 安秀梅,宁小花."双一流"战略视角下高校利用校友资源服务育人事业探索[J].高教论坛,2018(12):92-95.

学科建设

从"输入端"窥探我国教育管理学科的课题立项格局*
——基于2011—2019年全国教育科学规划教育管理类课题的定量统计

◎ 马立超

> **摘 要** 以2011—2019年全国教育科学规划教育管理类立项课题为统计数据源,采用内容分析法进行定量统计,发现教育管理学科立项呈蓬勃发展、方兴未艾的态势,课题数量日趋增多,研究队伍丰富多样、结构合理;省域与区域分布并不均衡,表现出集中化、梯队化、金字塔式分布特征;高等院校是承担课题立项的"主力军";教育管理学课题立项注重国家政策与社会热点问题,对学科体系建设和教育领导的关注较少。建议未来适当加大课题申报力度,构建教育管理研究的区域协同共同体,加强高校合作交流,以强带弱实现共赢,同时也要关注学科体系建设和新兴研究领域。
> **关键词** 教育管理学 课题立项 全国教育科学规划 内容分析法

一、问题的提出

近现代中国的教育管理学经历了从无到有、从小到大的发展历程,肇始于西学冲击,继而师从日本、移植美国、扎根本土,奠定了我国教育管理学科的发展基础。[1]20世纪80年代中期,教育管理学领域的专著与教材数量激增,将近有70种,教育管理研究会和一些专业委员会相继成立,各师范院校也陆续开设了相关课程,这意味着教育管理学科在我国逐渐趋于成型。[2]进入21世纪以来,我国教育管理学科的研究成果不断增加,研究主题丰富扩展,研究范式初步转型,研究队伍日趋成熟,也形成了较为主流的重点与热点领域[3]。然而,当下教育管理学科的发展仍面临着"学科体系待健全"[4]和"学术研究遇困难"[5]的双重困境。从知识生产视角来看,学科作为人才培养的知识体系,构成知识的再生产过程[6],而知识增

---

* 本文系华东师范大学教育学部第五届大学生科研基金重点课题"中国教育学科研究的科研生产格局与国际影响力"(课题编号:ECNUFOE2019ZD077)的研究成果。
作者简介 马立超,华东师范大学教育学部教育管理系,硕士研究生,研究方向为教育管理与政策。

长是促进学科发展的根本动力,"知识增长停止了,学科的发展也就停止了"[7]。若要彻底摆脱教育管理学的发展困局,必须从整体上把握该学科的知识生产概貌,不断提高学科知识体系的丰富性、层次性和更新速度。由于现代知识生产的显著特点是"制度化",制度对学科知识生产过程具有根本约束作用,而基金资助作为我国教育科研经费投入的重要方式之一,对前沿的学术创新活动具有导向作用,立项课题也往往代表着该学科研究的最新动态。[8]因此,本研究将视野转向"输入端",立足科学研究的起点,选择2011—2019年全国教育科学规划教育管理类课题作为样本,多维度、全方面透视我国教育管理学的课题立项格局与基本特点,为教育管理学科未来的蓬勃发展奠定坚实基础。

二、研究方法与设计

(一)样本选择

国家社会科学基金项目是我国人文社会科学研究中级别最高的项目,而全国教育科学规划立项课题作为其单列项目,也是我国教育学科立项的最高层次。本研究选取2011—2019年全国教育科学规划立项数据中的教育管理类课题作为样本,立项数据均来自全国教育科学规划领导小组办公室的官方网站,能够充分保证样本的权威性和代表性。在2011—2019年期间,全国教育科学规划立项课题共有4 106项,其中,教育管理类课题有468项,包括国家重大课题、国家重点课题、国家一般课题、国家青年课题、教育部重点课题和教育部青年课题6类。由于"国家重大课题"始于2015年,为方便统计,故将其与"国家重点课题"合并起来进行统计,样本基本情况见表1。

表1 2011—2019年全国教育科学规划教育管理类课题的基本情况

年份	国家重点(含重大)	国家一般	国家青年	教育部重点	教育部青年	立项总数
2011年	3	15	7	18	8	51
2012年	2	12	13	12	15	54
2013年	0	11	6	13	5	35
2014年	2	14	7	13	10	46
2015年	5	11	8	15	9	48
2016年	2	19	8	13	5	47
2017年	4	31	7	22	4	68
2018年	1	36	6	9	8	60
2019年	6	30	8	10	5	59
合计	25	179	70	125	69	468

（二）研究内容分类框架

本研究对 2011—2019 年全国教育科学规划立项数据中的 468 份教育管理类课题进行阅读、判别、归类、编码，主要围绕"立项课题的年度变化、类别分布、省域差异、地域分布、责任单位分布、责任单位隶属系统、课题负责人、研究主题分布"8 个字段进行数据统计。其中，立项课题年度变化呈现了教育管理类立项课题数量与所占比例随时间演进而呈现的变化态势，类别分布则描绘出教育管理类立项数据中 6 项不同类别课题的分布比例，省域差异和地域分布显示了教育管理学的课题立项在不同地区之间的分布格局，责任单位与隶属系统的分布情况呈现了获得立项课题最多的机构以及它们所隶属的单位系统，课题负责人的分布情况描绘出我国教育管理学科研究的核心作者群，研究主题则呈现出我国教育管理学科内部体系结构的发展差异和研究热点的分布。通过对这 8 个字段进行定量统计，有利于从多维度透视我国教育管理学的课题立项概貌。

（三）研究方法与数据处理

本研究采用内容分析法，"内容分析"是一种对具有明确特性的文本信息进行客观、系统、定量描述的技术手段，[9]能够将现实分解为可观测的变量，从而对原始数据进行归类、编码、统计与描述，因此在政策研究和文献分析中显得非常适用。

数据处理与统计分析均采用 Excel 软件。首先，鉴于"国家重大课题"始于 2015 年，故在统计时将其并入"国家重点课题"进行统一处理，立项课题的类别主要包括国家重点(含重大)、国家一般、国家青年、教育部重点、教育部青年等五类；其次，立项课题的地域分布依据 2000 年国家西部大开发战略中的国家区域划分来统计，将我国分为东部、中部和西部三个区域，东部包括京、津、冀、辽、鲁、苏、沪、浙、闽、粤、琼 11 个省(直辖市)，中部包括黑、吉、皖、赣、鄂、豫、湘、晋 8 省，西部则包括陕、甘、宁、云、贵、川、桂、渝、青、藏、新、内蒙古等 12 个省(直辖市、自治区)；另外，责任单位隶属系统主要划分为高等院校、党政机关、教育科研机构、中小学、其他五类，其中高等院校包括 211 高校和非 211 高校，党政机关包括中央党政机关和地方党政机关，教育科研机构也划分为中央和地方两个层面；最后，在研究主题的分类上，陈孝彬[10]、吴志宏[11]、曹叔亮[12]、叶愿愿[13]都对教育管理学科的主题范畴有过不同的分类，本研究在参考上述分类框架的基础上，结合立项数据实际情况，将教育管理学研究划分为"学科体系建设""学校管理与改进""师资管理""教学与科研管理""学生管理""教育领导力""教育体制机制改革""教育治理""教育政策与法规""教育督导与评估""教育资源配置"11 个主题。由于立项课题的原始数据中并未包含省域、地域、责任单位隶属系统和研究主题等字段，因此，研究者对样本数据进行了这 4 个字段的补充；同时，为充分保证数据的准确性，在数据录入之后又进行了两次核查，数据的录入与核查工作共历时近 3 个月。

三、研究结果与分析

（一）立项课题数量的年度变化

表2数据显示，2011—2019年期间，全国教育科学规划项目的立项课题共4 106项，其中教育管理学科立项课题有468项，占立项课题总数的11.40%。总体而言，全国教育科学规划立项课题的数量呈稳步上升趋势，从2011年的402项逐步增加到2019年的520项；教育管理类课题数量也呈小幅度增长的态势，从2011年的51项增加到2019年的59项。但是，教育管理类课题占所有立项课题总数的比例却从12.69%下降到了11.35%。

表2 2011—2019年全国教育科学规划教育管理类课题的数量及占比变化

年份	2011	2012	2013	2014	2015	2016	2017	2018	2019	合计
教育管理类课题数	51	54	35	46	48	47	68	60	59	468
立项课题总数	402	419	440	422	425	479	488	511	520	4106
所占百分比	12.69%	12.89%	7.95%	10.90%	11.29%	9.81%	13.93%	11.74%	11.35%	11.40%

从2011—2019年的变化趋势来看(图1)，教育管理类课题的立项数量与所占比例变化主要经历了三个阶段，即"平稳期""低谷期"和"复苏期"。其中，2011—2012年相对平稳，立项课题数稳定在50～55项之间，所占比例也较为稳定，称为"平稳期"；2013—2016年的立项数量和所占百分比都相对较低，尤其是2013年猛然下跌，立项数量从54项下降到35项，所占比例也从12.89%落到7.95%，成为这九年间的最低值，之后三年虽然有所回升，但立项课题数仍未超过50项，称为"低谷期"；2017—2019年进入"复苏期"，不论是立项课题数量还是所占比例都有所上升，尤其是2017年教育管理类课题共有68项，所占百分比也上升到13.93%，成为2011—2019年间的顶峰值，尽管2018—2019年有所下降，但立项数量也一直稳定在60项左右。这表明，在全国教育科学规划立项课题的15个学科类别中，教育管理学始终占有重要的位置。

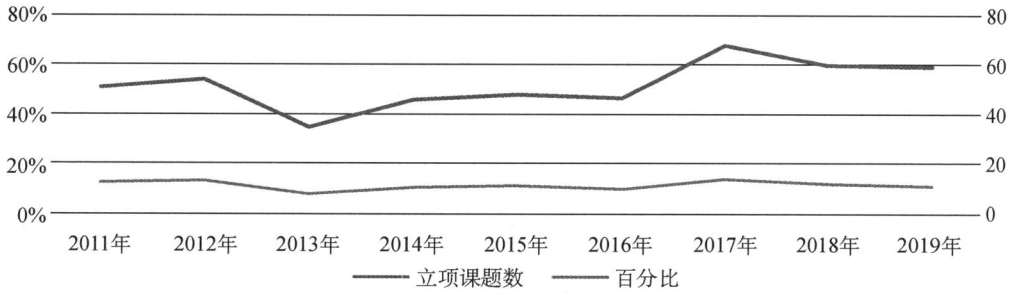

图1 2011—2019年全国教育科学规划教育管理类课题数量及占比变化图

（二）立项课题的类别分布

在2011—2019年期间,全国教育科学规划教育管理类立项课题共有468项,包括国家重点(含重大)课题25项,国家一般课题179项,国家青年课题70项,教育部重点课题125项,教育部青年课题69项,这五类课题分别占立项课题总数的5.34％、38.25％、14.96％、26.71％和14.74％(图2)。但是,在2011—2019年全国教育科学规划的所有立项数据中,国家重点(含重大)、国家一般、国家青年、教育部重点、教育部青年等课题所占的比例分别是2.56％、32.33％、14.57％、33.27％和17.27％。因此,在教育管理类立项课题中,国家重点(含重大)、国家一般、国家青年课题所占的比例均高于它们在全部立项课题中的比例,这表明教育管理学研究在全国教育科学研究中处于重要地位,充分显示了教育管理学科强劲的科研实力。

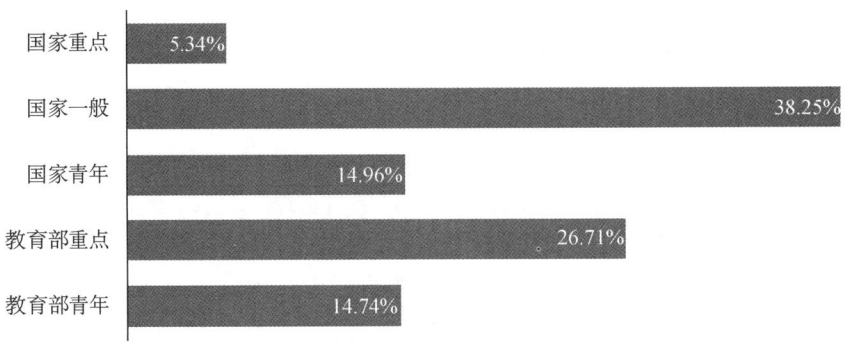

图2　2011—2019年全国教科学规划教育管理类课题的类别分布图

（三）立项课题的省域差异

为洞悉教育管理领域科研立项的省域差异和空间分布,表3以省(直辖市、自治区)为单位,对2011—2019年全国教育科学规划立项数据中的教育管理学课题进行了统计与归类。数据显示,除西藏自治区立项课题数为0以外,其余省份均有课题立项,但是各省之间的立项课题数差距悬殊,呈现出不均衡、集中化、梯队化的特征。

第一,各省的教育管理类立项课题数量明显不均衡。北京的课题数量高达69项,占所有教育管理类课题总数的14.74％;上海的立项课题有45项,占9.62％;然而,黑龙江、内蒙古、新疆、宁夏、青海、西藏等六省(自治区)的课题数量却非常少,一共加起来才仅10项,这充分说明我国教育管理类立项课题在省域分布上的不均衡。

第二,教育管理类立项课题的省域分布具有集中化的态势。北京、上海、江苏、浙江、山东的立项课题所占比例分别是14.74％、9.62％、7.91％、7.48％和7.05％,这五个省份共占教育管理类课题总数的46.80％,意味着有将近一半的课题集中在这5个省份。

第三,各省之间的立项课题数量呈梯队化、金字塔式分布,金字塔顶端的省份数量远远少于底端省份,大致可以分为四个梯队。北京的立项课题数为69项,比上海远远高出24项,同时也是唯一一个百分比超过10%的省份,因此独居第一梯队;上海、江苏、浙江、山东紧随其后,课题立项均超过30项,所占百分比也高于7%,位于第二梯队;湖北、吉林、湖南、河南、重庆、福建、广东、江西、辽宁、四川10个省份的课题数量处于11~22之间,百分比也均超过2%,居于第三梯队;安徽、广西、甘肃、天津、陕西、云南、山西、贵州、河北、海南、黑龙江、内蒙古、新疆、宁夏、青海、西藏等16个省(自治区)的立项课题较少,均不超过10项,因此属于第四梯队。

表3 2011—2019年全国教育科学规划教育管理类立项课题的省域分布

序号	省份	立项总数	百分比	序号	省份	立项总数	百分比
1	北京	69	14.74%	17	广西	8	1.71%
2	上海	45	9.62%	18	甘肃	8	1.71%
3	江苏	37	7.91%	19	天津	7	1.50%
4	浙江	35	7.48%	20	陕西	7	1.50%
5	山东	33	7.05%	21	云南	7	1.50%
6	湖北	22	4.70%	22	山西	5	1.07%
7	吉林	22	4.70%	23	贵州	5	1.07%
8	湖南	21	4.49%	24	河北	4	0.85%
9	河南	20	4.27%	25	海南	4	0.85%
10	重庆	20	4.27%	26	黑龙江	3	0.64%
11	福建	16	3.42%	27	内蒙古	2	0.43%
12	广东	15	3.21%	28	新疆	2	0.43%
13	江西	15	3.21%	29	宁夏	2	0.43%
14	辽宁	13	2.78%	30	青海	1	0.21%
15	四川	11	2.35%	31	西藏	0	0.00%
16	安徽	9	1.92%		合计	468	100.02%

注:① 由于全国教育科学规划立项数据中未包含港澳台地区,故样本中只有31个省、直辖市、自治区;
② 在计算立项课题所占的百分比时均采用四舍五入法保留两位小数,因此合计可能产生0.02%的误差。

(四)立项课题的地域分布

从教育管理类立项课题的地域差异来看,我国东中西部的课题数量和百分比明显不均衡。首先,东部地区的立项课题数量遥遥领先,高达278项,占所有教育管理类立项课题的59.40%,在三大地区中排名第一;中部地区立项课题数为117项,占立项课题总数的25.00%,排在第二;而西部地区仅获得73项教育管理类课题,占比15.60%,排在末位。其次,从立项课题数和所占比例来看,东部地区是中部地区的 2.38 倍,是西部地区的 3.81 倍,地域分布差异足见一斑。另外,从省均立项课题数来看,东部 11 个省市平均立项 25.27 项,中部 8 省平均立项 14.63 项,西部 12 个省、直辖市、自治区平均立项数仅为 6.08 项,这也在一定程度上显示了我国教育管理学科在不同地域的立项分布差异。

表 4　2011—2019 年全国教育科学规划教育管理类课题的地域分布差异

	东部	中部	西部	合计
教育管理学立项课题数	278	117	73	468
所占百分比	59.40%	25.00%	15.60%	100.00%
省均立项课题数	25.27	14.63	6.08	

(五) 立项课题的责任单位分布

2011—2019 年,主持全国教育科学规划教育管理类立项课题数量排名居于前 15 的单位如表 5 所示。这 15 家单位主持的教育管理类课题共 135 项,占教育管理类课题总数的 28.85%。其中,华东师范大学拥有 17 项课题,占 3.63%,排名第一;北京师范大学和东北师范大学的课题数均为 14 项,占 2.99%,并列第二;上海市教育科学研究院拥有 13 项课题,占 2.78%,排名第四;中国教育科学研究院和西南大学均有 9 项课题,并列第五。

首先,从单位类别来看,排在前 15 位的单位中除教育部各司与中心、中国教育科学研究院、上海市教育科学研究院以外,其余的 12 所均为高等院校,这在一定程度上表明,高等院校是推动我国教育管理学科发展的主体力量;其次,从学校类别来看,12 所高校中有 2 所"985 工程"院校、4 所"211 工程"院校和 6 所非 211 院校,且排名位居前五的高校(华东师范大学、北京师范大学、东北师范大学、西南大学、南京师范大学)全都是"985 工程"或"211 工程"院校,这也表明学校的排名和声誉都与立项课题数量具有一定的关联;最后,从教育学科评估结果看,这 12 所高等院校在教育部公布的第四轮教育学科评估中全部位于前 70 名,且评估结果为"A+"的两所高校(北京师范大学、华东师范大学)立项课题数量占据前 2 位,这说明立项课题数量在很大程度上取决于学校的教育学科发展水平。

表 5　2011—2019 年主持全国教育科学规划教育管理类课题数量排名前 15 的单位统计

序号	责任单位	课题数	百分比	学校(机构)类别	第四轮教育学科评估结果
1	华东师范大学	17	3.63%	985	A+
2	北京师范大学	14	2.99%	985	A+
3	东北师范大学	14	2.99%	211	A
4	上海市教育科学研究院	13	2.78%		
5	中国教育科学研究院	9	1.92%		

(续表)

序号	责任单位	课题数	百分比	学校(机构)类别	第四轮教育学科评估结果
6	西南大学	9	1.92%	211	A-
7	南京师范大学	8	1.71%	211	A
8	教育部各司、中心	7	1.50%		
9	西北师范大学	7	1.50%		B+
10	江西师范大学	7	1.50%		B
11	华中师范大学	6	1.28%	211	A
12	河南大学	6	1.28%		B+
13	山东师范大学	6	1.28%		B+
14	沈阳师范大学	6	1.28%		B
15	中南民族大学	6	1.28%		C

(六) 立项课题责任单位的隶属系统

如表6所示,2011—2019年全国教育科学规划立项数据中的468项教育管理类课题主要分布在高等院校、党政机关、教育科研机构、中小学、其他等系统中。其中,高等院校的立项课题数高达330项,占教育管理类立项课题的70.51%;党政机关立项数量为47项,占10.04%;教育科研机构共立项57项,占12.18%;中小学承担的课题共有29项,占6.20%;其他(如协会、杂志社等)拥有5项立项课题,占1.07%。因此,在这些责任单位的隶属系统中,课题数量从高到低排列依次是高等院校、教育科研机构、党政机关、中小学、其他,这也再次表明高等院校是从事教育管理学科研究的核心力量。

表6 2011—2019年全国教育科学规划教育管理类课题责任单位隶属系统分布

序号	责任单位隶属系统	立项课题数量	百分比
1	211高校	117	25.00%
2	非211高校	213	45.51%
3	中央党政机关	11	2.35%
4	地方党政机关	36	7.69%
5	中央教育科研机构	10	2.14%
6	地方教育科研机构	47	10.04%
7	中小学	29	6.20%
8	其他(如协会、杂志社)	5	1.07%
9	合计	468	100.00%

在党政机关中,中央党政机关与地方党政机关负责的立项课题分别有11项和36项;在教育科研机构中,中央教育科研机构和地方教育科研机构主持的课题数分别为10项和47项,表明党政机关和教育科研机构承担的教育管理类课题相对较少。同时,我国中小学数量虽然庞大,但中小学教师的主要任务集中在教学层面,科研能力与水平相对较弱,致使获得的立项课题非常少[14],然而中小学作为教育管理理念的"实践地",理应将理论与实践巧妙结合,积极申报教育管理类立项课题,为我国教育管理学科的实践积累和未来发展贡献力量。

(七) 立项课题的负责人分布

以申请人获得全国教育科学规划教育管理类立项课题的次数作为依据,能够反映出我国教育管理学科研究中比较活跃的一批研究人员和核心学者群。在2011—2019年全国教育科学规划立项数据中,共有456位学者曾参与主持教育管理类课题。其中,444位学者曾主持过1次教育管理类课题,有12位学者曾主持过2次,根据课题级别和立项时间将这12位学者进行排列,如表7所示。其中,至少主持过1次国家重点(含重大)课题的有3位,分别是袁振国、范国睿和张茂聪;主持2次国家重点(含重大)课题的有袁振国和范国睿,两位学者均来自华东师范大学。除此以外,主持过2次国家级课题的还有刘丽群、冯永刚、袁梅、范涌峰等4位学者,其中,刘丽群曾两次主持国家一般课题,另外3位则分别主持了1次国家一般课题和1次国家青年课题。还有5位学者也曾分别主持1次国家级课题和1次教育部课题,分别是董圣足、蔡其勇、骈茂林、邓凡和周秀平。

从获得立项课题的作者来源来看,在2011—2019年期间曾获得2次全国教育科学规划教育管理类课题的学者主要可以分为四个群体:一是曾担任或现任教育行政部门或大学领导的专家学者,如袁振国;二是在教育管理领域中的领军人物、著名学者、教授,如范国睿、张茂聪、董圣足、蔡其勇;三是一批功底深厚、年富力强的中青年学术带头人,如冯永刚、刘丽群;四是在教育管理领域崭露头角、锐意进取的年轻学者,如邓凡、周秀平。这也为我国教育管理学科的发展提供了赖以依托的多样化的研究群体,其中既不乏德高望重的资深学者,也有年轻睿智的青年才俊,为教育管理学的科研生产提供了源源不断的人才。

表7 2011—2019年期间主持过2次全国教育科学规划教育管理类课题的作者情况

序号	负责人	责任单位	主持次数	课题类别
1	袁振国	华东师范大学	2	2015国家重大;2019国家重大
2	范国睿	华东师范大学	2	2014国家重点;2016国家重大
3	张茂聪	山东师范大学	2	2012国家一般;2019国家重点
4	刘丽群	湖南师范大学/湖南第一师范学院	2	2013国家一般;2017国家一般
5	冯永刚	山东师范大学	2	2012国家青年;2019国家一般

(续表)

序号	负责人	责任单位	主持次数	课题类别
6	袁 梅	中央民族大学	2	2014国家青年;2017国家一般
7	范涌峰	重庆市教育评估院/西南大学	2	2016国家青年;2019国家青年
8	董圣足	上海市教育科学研究院	2	2011教育部重点;2016国家一般
9	蔡其勇	长江师范学院	2	2011教育部青年;2017国家一般
10	骈茂林	上海市教育科学研究院	2	2011教育部重点;2019国家一般
11	邓 凡	云南大学	2	2013教育部青年;2017国家一般
12	周秀平	北京师范大学	2	2013教育部青年;2017国家一般

注:本研究按照立项课题级别由高到低的顺序排列;当课题级别相同时,则根据立项时间的先后排序。

(八) 立项课题的研究主题分布

表8数据显示,在教育管理类课题中,学者们对"教育督导与评估"的关注程度最高,有76项课题均涉及该研究主题,占所有教育管理类课题的16.24%,居于第一位,尤其以义务教育质量监测评价体系构建、区域内部教育督导机制完善和教育扶贫实施效果评估为主题的课题居多;其次,"学校管理与改进"位于第二位,与之相关的课题共有61项,占13.03%,主要关注农村薄弱学校建设、普通高中特色建设、农村寄宿制学校的功能改进、城乡一体化背景下的办学质量提升等问题。

与此同时,"学生管理""教育治理""师资管理""教育体制机制改革"和"教育政策与法规"等主题的相关立项也较多,涉及的课题分别有59项、55项、52项、49项和46项,分别占教育管理类课题总数的12.61%、11.75%、11.11%、10.47%和9.83%。其中,"学生管理"主要涉及校园欺凌现象的预防、流动儿童的心理融入与学校适应;"教育治理"包括教育治理能力的提升、教育治理体系的构建、第三方参与教育治理的机制构建等;"师资管理"主要是针对集团化、学区化办学过程中的教师流动、教师激励与教师培训问题提出改善之举;"教育体制机制改革"则涉及教育体制的管办评分离改革、新高考制度改革和教育领域内部的混合所有制发展问题;"教育政策与法规"主要是对教育扶贫政策、乡村教师发展政策、城乡义务教育均衡发展政策、民办学校分类管理政策和学前教育改革政策的执行展开评估。

但是,"教育领导力"和"学科体系建设"的相关课题却明显最少,尤其是在468项课题中没有一项是关于教育管理学学科体系建设的研究,这将会大大影响我国教育管理学科发展的系统性与层次性;同时,教育领导作为一个有别于传统教育管理的相对独立且日趋成熟的研究领域[15],已然对全球教育改革产生重要影响,亟待引起我国教育学界的关注,但是在2011—2019年的立项数量仅占4.06%,且近两年的课题数量有所下降。因此,学界应提高对我国教育管理学科体系建设和教育领导等方面的关注,适当增加该领域的课题申报。

表 8　2011—2019 年全国教育科学规划教育管理类课题的研究主题分布

研究主题	2011	2012	2013	2014	2015	2016	2017	2018	2019	合计	百分比
学科体系建设	0	0	0	0	0	0	0	0	0	0	0.00%
学校管理与改进	6	13	4	7	7	9	6	3	6	61	13.03%
师资管理	8	3	7	9	3	3	6	11	2	52	11.11%
教学与科研管理	1	2	1	1	3	4	5	1	3	21	4.49%
学生管理	4	6	2	6	6	6	10	12	7	59	12.61%
教育领导力	4	0	1	2	1	4	4	1	2	19	4.06%
教育体制机制改革	7	8	3	3	6	5	5	5	7	49	10.47%
教育治理	6	3	4	4	6	4	15	6	7	55	11.75%
教育政策与法规	6	7	2	3	7	3	5	6	7	46	9.83%
教育督导与评估	6	9	6	5	7	8	10	12	13	76	16.24%
教育资源配置	3	3	5	6	2	1	2	3	5	30	6.41%
合计	51	54	35	46	48	47	68	60	59	468	100.00%

四、结论与反思

通过对 2011—2019 年全国教育科学规划立项数据中的教育管理类课题进行定量分析，本研究主要得出以下五点结论，并有针对性地提出未来的发展方向与改进策略。

第一，从总体上看，我国教育管理学科的课题立项呈现蓬勃发展、方兴未艾的态势，课题数量日趋增多，且拥有一批丰富多样、结构合理的研究队伍。首先，在课题数量变化上，近三年教育管理学科的立项课题数量创历史新高，稳定在 60 项左右，所占百分比也保持在 11% 以上，表明教育管理学科在全国教育科学规划立项的 15 个学科类别中具有重要地位，显示了学科发展的蓬勃生机；其次，在课题类别分布上，教育管理类立项课题中的国家重点（含重大）、国家一般、国家青年课题所占比例均高于它们在立项课题总数中的比例，尤其是在国家重点（含重大）课题中所占的比例较高，说明教育管理学研究获得的国家级课题资助相对高于其他学科；另外，在课题负责人分布上，教育管理学科的发展既有德高望重的领军人物、资深教授发挥引领作用，也有源源不断的中青年学者在贡献力量，这一批优秀的研究队伍也昭示着我国教育管理学科的发展方兴未艾。但是，相比高等教育学而言，教育管理学科的立项课题仍然较少，未来应关注教育管理领域的热点与焦点问题，适当加大该领域的课题申报力度。

第二，从地域分布来看，我国教育管理学的课题立项格局并不均衡，表现出集中化、梯队化、金字塔式分布的特征。首先，从省域差异来看，北京立项课题高达 69 项，稳居第一；上海、江苏、浙江、山东等四省紧随其后,位居2～5名;黑龙江、内蒙古、新疆、宁夏、青海、西藏的课题数量最少,6个省份加起来才共10项。按照立项课题数量和所占比例大致将其分为四个梯队,充分显示了教育管理学课题立项在不同省份之间分布不均衡。其次,从区域差异来看,东部地区遥遥领先,课题数量高达278项,占所有教育管理类立项课题的59.40%;中部地区的课题有117项,占25.00%,排在第二;西部地区仅获得73项教育管理类课题,一定程度上显示了我国教育管理学科在不同地域的立项分布差异。产生这一现象的原因固然与地区的经济发展水平有关,但也取决于当地所拥有的高校数量与质量,以及教育管理学科在当地的发展基础与潜力。[16]因此,建议树立全局意识,构建教育管理学研究的区域协同共同体,以东部带动中西部教育管理学科的发展;同时也要树立精准扶持的思维,将关注的焦点放在西部地区和相对薄弱的省份,适度增大财政支持、资源投入和科研鼓励的力度,为中西部地区的教育管理学发展创造更多优惠条件,促进不同地域之间教育管理学科研究能力的整体性提升和教育管理学科的均衡性发展。

第三,从课题负责人及所在单位来看,华东师范大学、北京师范大学、东北师范大学等高校是承担教育管理学科课题立项的核心力量,在教育管理学的科研生产中发挥着主力军作用。在所有主持全国教育科学规划教育管理类立项课题的单位中,华东师范大学拥有17项立项课题,占3.63%,位于第一;北京师范大学和东北师范大学的课题数量均为14项,并列第二,这表明三所院校的教育管理学科发展具有强大的实力。因此,建议这些高校与实力相对薄弱的院校建立制度化、系统化、常态化的合作交流模式,共同申报科研项目,以课题为载体促进灵感的激发和思维的碰撞,增强高校之间的友好合作关系,以强带弱实现双赢;同时,薄弱院校可以聘请其他高校的知名学者或专家来指导本校的学科发展与科研推进工作,或派青年学者到实力雄厚的高校进行交流与学习,在移植经验的基础上结合院校实际情况提高教育管理学科研究的效率与质量。

第四,从课题责任单位的隶属系统来看,高等院校在教育管理学研究中具有绝对优势,在教育管理学科的发展中发挥着不可替代的主力军角色。在所有教育管理类立项课题中,高等院校的课题数高达330项,占70.51%;其中,"211工程"高校主持的课题有117项,占高校主持课题数的35.45%;非"211工程"高校承担的立项课题有213项,占64.54%。数据表明,高等院校在获取教育管理学立项时具有重要优势,这可能与高校自身所肩负的人才培养和文化传播功能有关,但是"211工程"高校承担的课题几乎只有非"211工程"高校的一半,因此,应该进一步提高"211高校"的科学研究水平和知识生产能力。另外,教育科研机构和党政机关负责的立项课题相对较少,分别占教育管理类课题总数的12.18%和10.04%;同时,中小学作为教育管理实践的重要场所,理应将教育管理理论运用于学校实践,在实践的过程中检验理论、丰富理论并创造新的理论,对促进教育管理学科的蓬勃发展肩负着重大责任,但其承担的立项课题却仅占6.20%。因此,有必要鼓励教育科研机构、党政机关和中小学积极申报课题,提高教育管理学科的整体研究能力。

第五，从研究主题来看，教育管理学研究更注重社会热点和实践问题的解决，对学科自身体系建设和教育领导力等方面的研究较少。从具体的研究主题范畴来看，我国教育管理学研究主要关注"教育督导与评估""学校管理与改进""学生管理""教育治理""师资管理""教育体制机制改革"和"教育政策与法规"等方面，这些主题均与当前国家宏观教育政策和社会热点问题息息相关，例如教育扶贫政策的实施效果监控、校园欺凌现象的防治、农村薄弱学校与寄宿制学校改进、城乡一体化背景下的办学质量提升、教师轮岗政策的执行阻滞、民办学校的分类管理等。这充分体现了教育管理研究的实用性和工具性特征，然而，"作为哲学社会科学规划的一个组成部分，全国教育科学规划还负有促进和繁荣教育学科发展的任务与功能"，[17]对学科体系建设和研究方法的探讨自然不可避免。但是，2011—2019年全国教育科学规划教育管理类立项课题中却没有一项涉及教育管理学的学科体系建设，同时，对"教育领导力"这一新兴领域的研究也有所欠缺。因此，在全国教育科学规划立项过程中，尤其要加强对学科基本理论问题、研究方法、新兴领域等方面的课题立项，引起学界对这些重要研究问题的关注，实现我国教育管理领域科研生产的科学化、系统化、规范化。

参考文献

[1] 杨天平,杨凯.近现代中国教育管理学的发展[J].现代教育管理,2019(8):16-22.

[2] 李旭,侯怀银.20世纪我国教育管理学学科建设的本土探索[J].山西大学学报(哲学社会科学版),2011,34(6):117-122.

[3] 张伟坤,黄葳.近十年我国教育管理理论研究的进展与反思[J].中国高教研究,2013(2):26-31.

[4] 王声平,贺静霞.改革开放40年我国教育管理学学科体系研究的反思与展望[J].现代教育管理,2018,(12):24-30.

[5] 禹薇,胡中锋.当下教育管理研究中的困境及其超越[J].中小学管理,2019(6):25-27.

[6] 瞿振元.知识生产视角下的学科建设[J].中国高教研究,2019(9):7-11.

[7] 袁振国.科学问题与教育学知识增长[J].教育研究,2019,40(4):4-14.

[8] 王永斌.知识社会学视域中的教育知识生产——基于国家社会科学基金教育学立项课题的统计分析[J].西北师大学报(社会科学版),2011,48(6):65-72.

[9] WIMMER R D, DOMINICK J R. Mass Media Research：An Introduction[M]. Boston：Wadsworth publishing, 2003:163.

[10] 陈孝彬,高洪源.教育管理学[M].北京:北京师范大学出版社,2008:25-35.

[11] 吴志宏,冯大鸣,魏志春.新编教育管理学[M].2版.上海:华东师范大学出版社,2008:19-21.

[12] 曹叔亮,陈霜洲.改革开放以来我国教育管理学领域学者学术影响力研究——基于1979—2017年CNKI的统计分析[J].中国人民大学教育学刊,2018,(4):54-67.

[13] 叶愿愿.教育管理研究的当前态势:基于2011—2014年国际专业期刊的分析[D].上海:上海师范大学,2015.

[14] 林琳,杨延东.我国教育学研究机构学术影响力研究——基于2001—2014年教育学国家社科基金项目的统计[J].现代大学教育,2015(6):49-57,108.

[15] 袁慧芳,彭虹斌.从教育管理到教育领导——教育领导学作为一门学科的创立[J].外国教育研究,2010(6):27-32.

[16] 马立超.我国教育学科研究的区域学术影响力及政策启示——基于2011—2019年全国教育科学规划4070项课题的定量分析[J].上海教育科研,2019(12):5-12.

[17] 胡建华.近20余年我国高等教育研究发展的实证分析——基于"六五"至"十五"的全国教育科学规划课题[J].现代大学教育,2005(2):10-15.

浅谈博士生招生"申请—审核"制*

◎ 史慧杰 母朝静 刘明贤 陈 伟 范丽岩

> **摘 要** 招生作为博士生培养第一环节,在选拔可造之才、保障培养质量上具有重要作用。在"双一流"大学建设背景下,如何通过招生制度建设和完善,结合我国现阶段发展需要和学校定位、学科特色,建立科学、公正、高效和可执行性强的博士生招生制度,是每个高校都在不断探索的课题。本文针对现行的博士生招生"申请—审核"制,尤其是资格审核过程中存在的问题加以探讨,并结合文献调研和在招生工作中的经验,提出一些粗浅的建议和意见。
>
> **关键词** 博士生招生 申请—审核制 资格审核 监督机制

一、博士生招生"申请—审核"制发展现状

研究生教育是培养高层次人才的主要途径,是国家创新体系的重要组成部分。博士生的培养质量,不仅体现一个国家高等教育的水平,也反映其科学研究、科学创新的水平和潜力。博士生招生工作作为博士生培养的第一个环节,对于保障博士生培养质量具有重要的作用。

自20世纪80年代初开始招收博士研究生以来,我国早期主要采用以统一入学考试为基础的普通招考模式。随后,硕博连读、直接攻博等招生模式先后出现,选拔具有扎实的专业基础、优秀的科研创新能力的学生继续攻读博士学位,在一定程度上弥补了普通招考"一

---

* 基金项目:同济大学研究生教育研究与改革项目(2020YL10);2019年同济大学研究生教育改革与研究项目(2019GL08)

作者简介 史慧杰,同济大学化学科学与工程学院,副教授,博士。
母朝静,同济大学化学科学与工程学院,党委副书记。
刘明贤,同济大学化学科学与工程学院,教授,副院长,博士。
陈伟,同济大学化学科学与工程学院,学院教学事务办公室副主任。
范丽岩,同济大学化学科学与工程,副教授,副院长,博士。

考定终身"的弊端,提高了生源质量,成为普通招考模式的重要补充[1]。然而,随着我国高等教育的蓬勃发展,博士研究生招生规模不断扩大,培养质量却渐趋下滑等问题日益突出。如何通过招生制度的改革,为博士研究生教育注入新的活力,进一步优化博士研究生生源结构,选拔出具有科研创新潜力的优质人才,聚天下英才而育之,成为摆在教育工作者面前的迫切任务。经过长时间的调研,北京大学于2003年率先出台了新的博士生选拔机制,将博士生招生由以考试为基础的选拔机制,向以素质能力为基础的申请和审核相结合的选拔机制过渡[2]。随后,清华大学、复旦大学、上海交通大学等部分高校也开始逐步试行博士生招生"申请—审核"制。2013年,教育部首次在《关于深化研究生教育改革的意见》中明确提出"建立博士研究生选拔'申请—审核'机制",为博士研究生招生制度改革指明了方向。

目前,我国高校普遍施行的博士生招生"申请—审核"制,首先由考生提出申请,按照报考院校的具体要求,递交申请资料,由学院组成专家组对申请材料进行审核,确定复试名单;然后由学院组成面试专家组对学生进行面试,考查学生的专业知识、外语水平以及综合素质和培养潜力等。复试阶段往往还会采用笔试对学生的专业基础和外语水平进行考核。最后,按照国家下达的招生计划,根据复试成绩排名择优录取,确定拟录取名单。

"申请—审核"制的施行使得各个院系和专业可以根据自身学科特点,设计符合学科发展方向和培养特点的考核方式,能够将对学生的选拔放在一个更长的时间段中来考察,全面考查学生的基本素养、学术能力和学术志趣等,更能够在兼顾选拔人才的科学性的同时,保证对人才选拔的公平性。"申请—审核"制这种灵活的入学申请模式为博士生招生注入了崭新的活力,也使我国的博士生选拔和培养更加适合国家发展的需求,更加有利于创新型人才的培养。"申请—审核"制实施以来,比较明显的效果就是博士生的生源质量有了显著提升,尤其为具有优秀的科研创新能力的学生提供了更多的机会和更大的舞台。以同济大学化学科学与工程学院为例,自2018年全面施行博士招生"申请—审核"制以来,每年的报名学生中源于一流大学或者一流学科的学生比例均超过50%。

二、博士生"申请—审核"制中存在的问题及其建议

与以统一入学考试为基础的博士招生制度相比,当前我国高校普遍实施的"申请—审核"制面临的主要挑战在于资格审核这一步骤,而面试制度伴随着我国研究生招生工作的开展已经日趋成熟。如何通过资格审核这一步骤的把控,建立公平、公正、科学、高效的评价机制和细则,选拔出真正具有创新潜质和培养潜力的博士生候选人是各大高校和负责招生工作的老师面临的一个重要课题。

目前,世界范围内各个高校基本上采用"申请—审核"制招生。与国际上不同国家和高校的现行制度进行对比,有利于寻找我们还存在的不足,少走弯路,以期构建更加公正、公平、科学和高效的招生制度。通过文献调研,我们对比了我国现行"申请—审核"制与欧美、

日本和俄罗斯等国家的博士生招生政策[3-5]。研究发现,目前我国高校采用的"申请—审核"制博士生招生办法主要是借鉴美国的"申请—审核"制。通过对比中美两国招生机制,结合博士生招生工作中的经验,笔者总结了目前国内高校博士生招生"申请—审核"制中存在的一些共性问题,并有针对性地提出了一些建议。

1. 资格审核与复试相结合,弥补因缺乏规范科学的考生综合素质评价体系而造成的不足

目前我国博士招生还缺乏统一的资格考试,无法对博士生所需要的学术思维、归纳总结、思想凝练以及论文写作等综合能力进行有效的定量的衡量。例如,美国的 GRE 考试通过写作、语言能力和数学的考试,全面考察一个人的阅读和有针对性地阐明复杂观点的能力,推理和归纳总结的能力以及获取和分析量化信息的能力等,这些正是一个博士研究生所需要具备的基本素质。而我们的博士生通常缺乏对文献的归纳、总结和提出问题的能力;缺乏独立的设计实验方案和独立开展研究工作的能力;甚至是已经在硕士阶段发表过英文学术论文的学生,还存在撰写学术论文观点不清,论述缺乏逻辑等问题。这已经不仅仅是英语语言表达能力的问题,而是缺乏学术思维,无法独立凝练学术思想和观点。通过设置标准化的考试,科学、公正地考查学生的上述能力,对于遴选优秀的博士研究生具有重要的意义。

现阶段,在缺乏这样的标准化考试和衡量标准的情况下,在招生工作中则应该从资料的审查和复试过程中对以上不足加以弥补,对学生的学术逻辑和学术思维进行考察。如在资格审查过程中,考查学生在本科以及硕士研究生阶段所从事的科研创新活动、所受到过的科研创新能力培训,将有助于寻找具有学术研究潜质的学生;在复试过程中,不仅考查学生的专业英语翻译能力,更可以提供几段具有一定相关性的专业文献,让学生阅读和理解,进行简要的综述,提炼其中的学术思想,以对其逻辑及学术思维能力进行初步的判定。在面试过程中,让学生简要地介绍过去所从事过的科研活动,并对所研究的问题进行简要的评述,则有利于考查学生的创新思维、专业基础以及科研敏锐度等。

2. 提高对资格审核材料的重视程度,全面立体考察考生的培养潜质和创新能力

美国高校的招生评判更倚重学生的申请资料,虽然也有面试,但是录取结果与申请材料密切相关。对资格审核材料的充分重视,有利于全面地衡量学生在更长一段学习时间内取得的成绩和培养的素质,避免一考定终身。而在我国绝大多数高校中,材料审核结果更多是作为进入复试环节的敲门砖,最终的录取很大程度上仍然取决于复试的结果。这样的情况导致我国高校对资格审核的材料重视不足,未能充分发挥"申请—审核"制的优势。

(1) 提高对研究计划和专家推荐信的重视度。调研结果显示,目前高校对学生提交的申请材料审核往往流于形式,主要考查学生毕业院校和专业是否为一流大学和一流学科,发表的学术论文的数量和等级等。其中至为重要的研究计划只是作为必须提交的申请材料的一部分而已,对于里面所体现的学生的专业知识的掌握程度、科研素养、学术思维、提出问题和解决问题的能力、培养潜力等没有进行有效的评价;有的学校甚至不要求提供研究计划。

实际上,一份好的研究计划能够体现出一个学生的学科底蕴、学术思维、科研态度、学术能力和学术志趣[6]。通过对研究计划的全面考查,可以实现"将对学生的选拔放在一个更长的时间段中来考查"这样的初衷。在缺乏标准化考试的背景下,对研究计划的审核承担着对学生基本素质和培养潜力进行考查的作用,同时保证人才选拔的科学性和实效性。因此,为科学地对学生的学术素养和培养潜力进行评价,有必要组织有经验的专家或导师,对研究计划进行细致的评价,并将其分数体现在最终的录取成绩里。

对研究计划进行审核,应该充分发挥博士生导师的作用,由导师对考生提供的研究计划进行详细的评阅,对其科研背景、学术思维、学术志趣、分析问题和解决问题的能力、逻辑思维能力以及实验技能等进行充分的考查。而为了避免导师评价的偏颇,可以在复试的时候由专家组对其研究计划及相关能力做进一步的考核评价。如上海交通大学化学化工学院在面试环节要求考生以 PPT 展示的方式介绍其硕士生期间的科研工作及今后科研工作设想,是对研究计划审核的一个重要补充。

同时,需要进一步提高对专家推荐信的重视。目前,各高校基本均规定考生提供两份本领域相关专家的推荐信,有的学校要求专家必须是正高职称,有的学校要求其中的一名专家是考生的硕士生导师。但是,专家推荐信往往由于不能真实地反映学生的实际情况,无法很好地发挥判断依据的作用。为解决这样的问题,我们可以借鉴国外的一些做法。如国外有些高校,让考生提供专家的联系方式,由学校联系专家,在专门的招生网站上由专家对考生进行评价,避免了相应的干扰。另外,为了能使得专家推荐信对学生的评价进行量化,招生单位可以根据学科的特点和培养的需求,通过推荐信的设计,设置客观选择题,让专家按照思想品德、学术能力、工作质量、学习能力、口头表达能力、书面表达能力、勤奋与耐力、情绪稳定性、时间管理能力以及合作能力等多个方面对学生进行评分,设置优良中差等不同等级,既增强推荐内容的全面性,也使得专家的评价有的放矢。

(2) 充分重视考生在本科和硕士学习阶段所取得的成绩。"申请—审核"制的初衷即在于将对人才的选拔放在一个更长的时间范围内,公平、公正地选拔出具有创新潜质和科研素养的学生加以培养。虽然,由于考生来自不同的地区、不同的学校甚至不同专业,难以对其本科和硕士学习阶段取得的成绩进行公平和有效的衡量,但是对这一阶段的考察仍然是人才选拔中的一个重要议题。当前,全国范围内的工科认证和理科评估工作正在紧锣密鼓地进行,以提高我国高校整体的人才培养质量。在此过程中,积累了大量的学生培养质量的相关数据。通过一段较长时间内的博士生培养质量数据的采集,并建立科学严谨的数学模型,有望充分考查考生毕业院校、学科的培养水平以及学习成绩等因素与博士生培养质量包括学术水平、毕业后发展状况等之间的关系,有利于建立科学的评价本科、硕士阶段学习成绩对博士生人才选拔和培养质量贡献的评价模型,更有利于在一段相对长的时间内全面衡量考生的专业基础、学习能力和培养潜力。

值得一提的是,国内高校普遍需要考生提供一定的英语等级证明,如同济大学要求大学英语六级成绩达到 450 分;有的学校则要求考生参加学校统一组织的英语水平考试作为进入复试的基本要求。诚然,在当今学术圈内,英语是一种必不可少的交流手段,但是过于强调英语在招生选拔中的作用,可能造成一部分不擅长英语,而在学术上肯钻研的科研型人才的流失。因此,如何让英语回归到一个工具的地位是值得探讨的课题[7]。

(3) 适当提高材料审核结果在博士生录取中的占比。在有效的材料审核基础上,我们有必要适当提高材料审核结果在整个录取分数中的比例,改变其仅仅作为考生进入复试的敲门砖的地位。据调研,目前我国高校中只有少数院校将材料审核的结果计入最后的录取结果中。如同济大学化学科学与工程学院复试总成绩为 450 分,其中材料审核 100 分,占 22% 的比例;南京大学化学化工学院的录取综合成绩中,复试成绩占 80%,申请材料评审成绩占 20%。在决定考生录取的结果中,过于依赖复试分数,其最大的弊端是将人才的评价只放在一次考核和交流上,未形成对人才的长效考核机制,无法对其进行全面的衡量,尤其对于一些科研基础好、踏实肯干但疏于表达的考生不能进行一个客观准确的考察,从而造成人才的流失,更无法充分发挥"申请—审核"制的优势。

3. 进一步建立和完善过程保障和监督机制,重视博士招生工作中的透明度

与考试不同,"申请—审核"制中充分发挥导师和专家组的集体评价职能,必然存在着主观因素,这也是"申请—审核"制经常被媒体和社会大众诟病的地方。如何科学、公平、公正地选拔出真正具有培养潜力的博士研究生历来受到考生和舆论的关注。近年来,随着法治建设的逐渐完善,各高校都加强了资格审核过程中的监督保障机制建设[8]。如同济大学的博士生复试前,所有参与命题、面试的老师均需签订保密协议;各面试小组成员都接受纪律监督负责人提醒谈话与面试工作纪律培训,面试过程也是全程录像、录音备查;试卷批阅采取隐名批阅的方式,并全程录像录音。复试期间公布纪律监督与异议申述的电话和邮件等通道,接受考生和社会监督。

笔者调研了包括北京大学、清华大学、中国科学技术大学、南京大学、复旦大学、上海交通大学以及中科院化学所、有机所等在内的多所国内科研院所近年来的招生简章、复试细则等文件,对其招生复试等各个环节进行了梳理,发现当前的招生工作越来越严谨,对各个步骤、规则以及分数组成、录取政策等均作出了细致的规定。但是,我们也注意到,虽然在文件、规定中对大的制度框架进行了明确的规定,但是在实际操作过程中的一些细节上仍然存在着有待商榷的地方,比如各院校均无对材料审核的标准进行明确公开的规定,而只对其审核的最终结果进行公示,学生无法判断自己所得结果到底是在哪些方面存在不足,考核仍然存在透明度不够的问题。因此,为了体现招生工作的公平和公正性,应该将招生工作中的每一步进行明确细致的规定并进行公示,使每一个动作有章可循、有规可依。

三、结语

当前我国高校普遍实施的"申请—审核"制是博士生招生工作改革的重要举措,并已经成为除直接攻博和硕博连读之外的重要招生方式,在全面衡量学生的科研创新能力和提高博士生选拔培养质量上具有明显的先进性,为我国博士招生制度的建设和完善起到了非常积极的作用,注入了新的活力。然而,任何新鲜事物都要经历一个不断完善的过程,为应对不断出现的新问题和新现象,我们应本着"不忘初心、方得始终"的坚持,对"申请—审核"制实施过程中存在的问题不断加以改进,将博士生招生与培养工作与我国当前社会、科技发展的需求结合起来,与学校和学科建设结合起来,采取一切措施确保选拔有用之才加以培养;同时更加重视和完善监督机制的建设,让招生工作始终处于透明的监督和监控之下,确保招生工作的科学性、公平和公正性,最终成为具有鲜明中国特色的、先进的、科学的博士生招生制度。

参考文献

[1] 陈文燕,我国博士生招考方式变革的探析——基于改革进程中的入学申请制试点[D].上海:复旦大学,2011.
[2] 徐平,我国研究性大学博士生培养模式研究[D].厦门:厦门大学,2008.
[3] 王梅,刘懿慧,德国高校与研究所博士生联合培养模式探析——以德累斯顿国际博士计划 DIPP 为例[J].教育理论与实践,2015,35:9-12.
[4] 胡永红,日本博士生招生考试制度特点及其启示[J].中国考试,2015,6:42-46.
[5] 赵文鹤,王亚栋,何艺玲,中美博士研究生招生制度比较研究[J].北京教育·高教,2018:88-92.
[6] 李安萍,陈若愚,胡秀英,博士研究生"申请—审核"制度研究[J].高教发展与评估,2018,34:74-83.
[7] 吴根洲,韩田田,博士研究生"申请—审核"制公平性评析[J].教育与考试,2017,2:58-62.
[8] 王任模,屠中华,刘惠琴等,博士生招生申请—审核制探索[J].学位与研究生教育,2017,3:6-9.

科研卓越框架(REF)：英国跨学科研究成果评价的创新举措及特点探析*

◎ 石雪怡

摘　要　在国家科技创新能力日益成为当今国际竞争的制高点的时代背景下，跨学科研究成果作为如今科技创新的重要源泉受到越来越多的瞩目。2021年英国将要实施的新一轮高校科研评价——科研卓越框架(Research Excellence Framework)对跨学科研究成果评价机制进行了完善，采取了调整评审专家的提名与遴选程序、加强对评价的顶层规划与管理协调、明确规定评价全过程所需公开的具体内容三大创新举措。英国大学跨学科研究成果评价体现出了评价规划的严谨性、评审专家的多样性、评价过程的公平性、评价主体的合作性、评价目标的高层次性等特点。这些经验对推进我国跨学科研究评价活动的有效开展和促进大学跨学科研究成果质量的提升方面极具借鉴和启示意义。

关键词　英国　科研卓越框架　大学　跨学科研究成果　科研评价

在世界进入网络化、全球化、信息化的今天，利用既有的单学科知识体系去解决具备高度综合性与复杂性的现实社会问题已明显力不从心，这使得跨学科研究(interdisciplinary research, 简称 IDR)受到越来越多国家的关注。合理的评价是保障跨学科研究成果具有高质量的关键，但它同时也是一件具备高度复杂性和曲折性的任务[1]。英国将要在 2021 年实施的高校科研评价体系——科研卓越框架(Research Excellence Framework, 以下简称REF)对跨学科研究成果评价的整个评价流程进行了完善，全面分析其采取的三大创新举措，剖析英国大学跨学科研究成果评价的主要特点，从中寻找到促进我国跨学科研究评价活动顺利有效开展的启发性经验。

---

* 基金项目：本文系国家社会科学基金课题"多元问责需求下的研究型大学自主绩效评价的指标研究"（课题批准号：BIAI60125）；国家科技评估中心评估研究专项"发达国家科技评估机构发展现状与趋势研究"（项目编号：YJZX2019-06）的研究成果。
作者简介　石雪怡，同济大学高等教育研究所，教育学硕士研究生，研究方向为高教管理与评估。

一、英国完善大学跨学科研究成果评价的背景

英国的 REF 是一项全国性的高校科研评价活动,由英国高等教育基金会(Higher Education Funding Council,HEFC)每隔 4~6 年对英国大学的科研水平进行评价,上一轮在 2014 年实施(即 REF 2014),最新一轮将在 2021 年举行(即 REF 2021)。

REF 2014 中并未对跨学科研究成果的评价施以过多关注,只是微调以往以单一学科为基础的评价体系来勉强应对,导致其评价实施过程中遭遇诸多难题与挑战,这也直接促成了 REF 2021 中跨学科研究成果评价机制的完善。根据 REF 2014 的反思报告所述,英国大学对提交跨学科研究成果避之不及。虽然 Scopus 数据库中有 8.4% 的英国本土学术论文跻身世界跨学科研究论文的前 10%,但这些英国高质量的跨学科论文中只有四分之三在 REF2014 中被提交[2]。2016 年,英国萨塞克斯大学(University of Sussex)对英国 2 183 位研究人员、367 位大学战略领导者(strategic leaders)、94 位高等教育资金拨款机构工作人员进行调查,结果显示这三类人员都认为英国以往的 REF 中跨学科研究成果的评价情况①不尽如人意[3],他们提出的质疑主要有三点。

(1) 评价过程的透明性和公开性有限

跨学科研究成果以解决现实世界复杂的综合性问题为根本目的,与单一学科研究成果相比承担了更强的社会责任与社会问责。只有完全透明公开的评价流程才能使公众对其社会责任的履行程度加以监督,获得更有价值的评价结果[4]。许多英国高校抱怨先前的 REF 中并未及时公开跨学科研究成果的评价主体和评价程序,对于各学科评审专家应用统一的绝对评价标准的具体方法更是只字未提。

(2) 评价主体代表性较低

跨学科研究成果以应用性和问题导向为基本属性的特点使其涉及的利益群体非常广泛[5],而这些多元的利益相关者要求评价主体具有较高的代表性(多样性),即评审专家的组成能反映英国大学的学术研究人员在性别、年龄(职业生涯周期)、不同类型学校和族裔等方面的分布特征[6]。英国高等教育基金会公布的分析报告显示 REF 2014 评审专家在性别、民族等主要社会属性方面代表性严重不足[7]。

(3) 评价方案的公平性难以保证

REF 2014 中跨学科研究成果评价过程公平性饱受争议的一大原因就是 REF 未采取有效措施协调评价主体的学科偏见和利益冲突。由于跨学科研究成果的评价主体往往涵盖

---

① 具体调查结果为:(1)在这四类学科的科研人员中,相比于最低 12%、最高 18% 的赞同率,有最低 34%、最高 57% 的科研人员不赞同"REF 鼓励跨学科研究的提交"。(2)分别有 52% 和 55% 的大型、中小型高等教育机构战略领导者认为 REF 2014 低估了跨学科研究的价值,而相应的反对率分别只有 19% 和 16%。(3)分别有 42% 和 30% 的主要、次要拨款机构工作人员赞同 REF 2014 低估了跨学科研究的价值,而对应的反对率分别只有 11% 和 9%。

不同学科领域的专家,他们秉持不同的学科准则,具有不同的目标、兴趣和利益,倾向于站在自身学科的立场进行判断,这使得评价过程中的学科偏见和利益冲突在所难免。但 REF 并未积极采取相关措施以消除偏见和冲突,这导致评审专家对跨学科研究成果评价流程、标准、方法等评价要素无法达成基础性共识,严重影响了评价方案的公平性和客观性。

二、英国大学跨学科研究成果评价的基本流程

英国 REF 2021 在 2020 年进入正式评价阶段,它对英国高校的各个学科的学术水平从"科研成果(Outputs)、科研环境(Environment)、科研影响力(Impact)"三维度进行评价[8],并对各高校的科研实力进行分学科的排名。对跨学科研究成果的评价是 REF 2021"科研成果"评价维度的重要组成部分,其基本流程可分为以下五步。

(1) 对高校提交的跨学科研究成果进行学科分类

REF 2021 以学科为基础划分成 4 个主学科,分别对应 4 个主专家组(main panels)。在此之下又细分为 34 个次学科(即 34 个评价单元,Unit of Assessment,UOA),分别对应 34 个次专家组(sub panels)①。跨学科研究成果往往涵盖不同学科,但 REF 规定高校只能将某一研究成果提交在一个评价单元内。为了帮助高校选择最合适的评价单元,34 个次专家组中有 27 个在考虑本学科的特点、属性以及评审专家知识、技能、经验多少的基础上,采用"学科描述(descriptor)"和"学科边界(boundaries)"这两个概念分别说明希望接收的跨学科研究成果所涵盖的研究内容范围以及最青睐的学科组合类型,比如第 18 组"法学(Law)"希望接受法学和第 20 组"社会工作与社会政策(Social Work and Social Policy)"、第 21 组"社会学(Sociology)"结合的跨学科研究成果[9]。

(2) 灵活选择评价主体

在确定了跨学科研究成果所属的评价单元后,REF 管理组(REF team)会衡量该评价单元的评审专家在知识经验的广度、宽度上是否能承担评价职责,如果答案是否定的,管理组会建议与其他评价单元的专家进行交叉(共同)评价(cross-referral)。

(3) 对评价主体进行培训和校准(calibration)

在正式评价开始前,REF 管理组会组织定期的专家培训和集体会议,在所有评审专家间进行"跨学科研究成果"概念、评价标准、评价流程、评价方法、打分规则的校准,以促进基本共识的达成。

(4) 正式评价的开展

REF 对跨学科研究成果的评价采用"同行评议为主,文献计量为辅"的综合评价方法。

---

① 主专家组负责制定评价标准和专家组工作方式,对次专家组成员及其评价过程进行监督;次专家组则负责具体评价工作的开展。

各学科的评审专家结合 REF 管理小组所提供的文献计量数据(比如论文被引数)和自身的主观判断,按照"原创性(Originality)、重要性(Significance)、严谨性(Rigour)"这个总体标准对跨学科研究成果进行评价。各评价单元会根据本学科特点对该总体标准进行不同的具体说明和建立各自的二级指标。

(5) 对具有争议的评价结果进行审计(audit),并进行评价结果等级的最终调整和确认

评审专家根据跨学科研究成果在"重要性、原创性、严谨性"方面的质量高低,将其评价结果等级分为"四星级、三星级、二星级、一星级、无星级"。但由于跨学科研究成果评价过程中的学科偏见和利益冲突在所难免,评审专家有权对结果提出质疑并请求 REF 管理组的介入,管理组会酌情要求相关高校提供有关跨学科研究成果的额外证明材料,评审专家会根据审计情况进行结果的调整和确认上报。

三、英国大学跨学科研究成果评价的创新举措

REF 2021 以"包括跨学科研究在内的所有形式的科学研究及其成果要被公平对待"为基本原则[10],在提升评价主体的代表性、评价方案的公平性、评价流程的透明性方面采取了三大创新举措。

(一) 提升评价主体的代表性:调整评审专家的提名与遴选程序

REF 2021 的评价主体不是由评估管理机构或行政管理人员内定,而是由英国具有提名资格的 2 000 多个机构广泛提名后再由英国高等教育基金会进行遴选而最终任命的。REF 2021 调整专家提名与遴选程序,目的是保证评审专家在社会背景、知识技能、资质经验方面的多样化程度,提升评价主体的代表性(多样性),从而满足与跨学科研究成果相关的多元利益主体的需求。

1. 提名程序

REF2021 在传统提名程序的全过程中加入了提高评审专家代表性(多样性)的措施规定。

提名前:①在 REF 2021 官网公布有关 REF 2014 专家组成员代表性的分析总结报告、目前英国大学职员的年龄、性别、种族、残疾状况的详细数据供提名机构参考;②允许任何对科研的进行、成果质量或应用感兴趣的相关机构和组织参与评审专家的提名,保证参与提名主体的广泛性和公平性。

提名中:①提名机构在填写提名对象信息的时候,需要提供证明材料来详细论述他们是如何将平等性和多样性纳入考虑范围的,REF 2021 官方为其提供了相应论述模板;②REF 2021 官方要求所有被提名者在线填写个人信息表格,匿名收集他们的社会背景、知识技能、个人背景等详细信息。

提名后：利用提名中收集到的被提名者的个人特征信息，去比较他们和已经任命成员的代表性（多样性）方面的差距，有意识地遴选与任命属于代表性不足群体的成员[11]。

2. 遴选程序

与先前 REF 评审专家的一次性遴选不同，REF 2021 首次进行两阶段遴选[12]，分为普选阶段（2017 年到 2018 年初）和增补阶段（2020 年）。普选阶段会广泛地招纳所有符合遴选标准的专家，在普选阶段结束后 REF 管理组会对所有已经入选的评审专家的社会背景、知识结构体系、评价经验等进行统计。依据该统计结果，增补阶段会重点招纳属于代表性（多样性）不足群体的评审专家以充分满足跨学科研究成果评价的需要。

（二）提高评价方案的公平性：加强对评价的顶层规划与管理协调

跨学科研究成果自身具有区别于普通科研成果的显著特点，它以问题为导向，具有高度的应用性、合作性与多样性，如果只是照搬以往以单一学科为基础的科研评价体系，必定会导致对跨学科研究成果评价的不公平与不客观。建立完善的、单独的跨学科研究成果评价机制，加强对评价程序的顶层规划使各评价要素符合跨学科研究成果的特点，提升相关评审和管理人员间的合作协调程度以尽量避免学科偏见和利益冲突的消极影响，是目前的重中之重。

1. 成立跨学科研究咨询小组（IDAP）

REF 2021 新建立跨学科研究咨询小组（Interdisciplinary Research Advisory Panel，简称 IDAP）作为专门对跨学科研究成果评价全过程进行规划、管理、协调的工作组。其根本目的是保证跨学科研究成果在 REF 中受到绝对公平的对待。IDAP 成员分为学术性和非学术性两类，遴选标准略有不同，但多学科的知识经验，领导、管理或实施跨学科研究的经历、积极的合作探究精神与创新意识是对他们的共同要求。IDAP 不直接参与跨学科研究成果的评价，而是对评价全过程起统筹规划和管理协调的作用，其具体职责有：①参与制定相关规章制度。在正式评价开始前，IDAP 和英国高等教育基金会、REF 管理组、主专家组主席一起进行跨学科研究成果评价标准、方法、流程的制定；②进行指导和监督。在正式评价开始前组织定期的专家培训，为评审专家正确运用跨学科研究成果的评价标准提供指导，监督评价的整个过程；③加强合作与促进理解。在评价进行过程中召开研讨会和座谈会，评审专家通过相互交流和互帮互助共同解决评价过程中遇到的难题和阻碍，IDAP 也会检测各专家在实际评价过程中对评价标准和评价程序的落实程度，保证每个专家对评价各要素和主要环节理解上的一致性；④进行反思和总结。对跨学科研究成果评价进行的各个主要流程进行总结并撰写阶段性反思报告，并在所有评价工作告一段落后发布有关跨学科研究评价的最终报告。

2. 建立跨学科研究网络（IDR Network）

"跨学科研究网络（IDR Network）"是 REF 2021 新建立的旨在促进跨学科研究成果评

价相关人员间的合作交流的工作团体,其成员由以下三部分组成:①IDAP 的所有成员;②所有主专家组中的"跨学科研究成员"(IDR members)。每个主专家组有至少一名跨学科研究成员,负责领导、监督和指导该主专家组下属所有次专家组中的跨学科研究成果评价;③所有次专家组中的"跨学科研究评审员"(IDR adviser)。每个次专家组都有至少两名跨学科研究评审员,来监督和参与该评价单元中提交的跨学科研究成果的评价,协调评价过程中的学科偏见和利益冲突。

"跨学科研究网络"作为涵盖跨学科研究评估机制内所有成员的组织,会定期召开培训和集体会议,帮助成员交流评价进展情况、解决实际评价过程中遇到的问题,协助校准各成员在评价标准、方法和流程理解上的偏差,最大程度减缓各学科、领域、立场的专家所固有的学科偏见和利益冲突,从而保障评价方案的相对公平公正。

(三)加强评价流程的透明性:明确规定评价全过程所需公开的具体内容

为了迎合跨学科研究成果来源并服务于真实问题的环路特征,REF 2021 官方明确规定了在评价全过程中需要公开的具体内容,并在官网专门设立了"跨学科研究评价"专栏,相关内容会以文件形式在该专栏予以公示,这使得跨学科研究成果得以接受有效的社会问责。

1. 及时更新评价的管理人员与评审人员名单

REF 2021 会将所有与跨学科研究成果评价有关人员的名单在官网上公布,涵盖管理人员(IDAP 成员)与各主、次专家评审专家,对主、次专家组中的"跨学科研究成员"和"跨学科研究评审员"会以星号标出,详细公布他们的工作单位与现任职务并随时更新。

2. 提前公布评价标准细则和评审专家具体工作方式,广泛收集反馈

REF 2021 在正式评价开始前两年就在官网公布了跨学科研究成果评价标准与专家组的具体工作方式,最大的亮点就是建立了自下而上的协商式机制。英国高等教育基金会事先公布这些制度规定文件的草拟初稿,并向社会大众广泛征求意见,根据收到的反馈,在官网公布目前草拟文件存在的主要问题并予以修正,最后由 REF 管理团队批准公布成为正式有约束力的机制文件。广泛的公开咨询是整个跨学科研究成果评价标准制定过程的润滑剂,既提供了信息、意见和建议的沟通协商渠道,又起到决策合法化的作用。REF 2021 公布的评价标准和工作方式十分详细具体,包括对各评价单元的描述、各评价单元接收跨学科研究成果的范围、总体评价标准以及各评价单元制定的具体指标等等,给予高校和评审专家充分的时间进行评价前的准备工作。

3. 完整公示评价结果,接收业界内外全方位监督

REF 2021 规定在 2020 年初会在官网公布各高校提交的科研成果的详细信息和打分结果,并向各高校校长反馈评审专家给分的详细原因。IDAP 会发布专门针对跨学科研究成果评价的报告,总结说明相关管理和评审人员在评价跨学科研究成果时的工作方式以及采取的有效支持措施。

四、英国大学跨学科研究成果评价的特点

（一）评价规划的严谨性

REF 2021 在正式评价开始前，就针对目前跨学科研究评价领域普遍存在的争议性问题做了严谨说明，起到消除评价过程中的争执和疑虑、促进共识达成的目的：第一，自跨学科研究诞生以来，对其概念的辨析始终存在争议。在考虑评价实际成本的情况下，REF 2021 对"跨学科研究"制定了最为合适的定义，明确跨学科研究能够获得采用其他单一学科的研究框架所不能得到的研究成果（包括新的研究方法），其成果最显著的特点是包含两个或两个以上学科的相互融合，或者/并且是在超越现有学科基础上，结合或应用其他多个学科的研究方法获得的成果，这帮助了高校和评审专家准确快速识别"跨学科研究成果"。后期跨学科研究成果的评价标准、评价方法以及评审专家的工作流程都是在这个明确定义的基础上进行合理设置的；第二，对跨学科研究评价领域长期存在的"学科分类和成果归属"问题进行了合理规定。在学科分类上，督促高校根据每个次专家组的具体要求，选择最合适的评价单元提交跨学科研究成果。在贡献归属上，对合作研究成果不区分个体贡献权重，不存在署名先后的问题，评价结果由合作学科和高校共享。消除所有利益相关方对合作研究成果评价公平性的担忧。

（二）评价过程的公平性

为体现公平性，REF 2021 规定所有专家组的工作准则是"保证跨学科研究成果在评价中不得受到任何歧视与不公平待遇。"跨学科合作研究成果的评价不看个人署名的先后，评价结果由所有参与者和机构共享。评价还是由各次专家组的成员进行，而不是单独成立一个"跨学科研究成果评价小组"，保证跨学科研究成果不被排除在主流研究之外。此外，REF 2021 运用"同行评议为主、文献计量为辅"的综合评价方法，构建分类评价体系，消除单纯的文献计量法给跨学科研究成果评价造成的不利影响。

（三）评审专家的多样性

在保证公平的基础上，REF 2021 还兼顾评审专家代表性（多样性）：第一，允许任何对研究的开展、质量或使用感兴趣的协会或科研成果的使用单位（研究委员会、企业、政府部门和非政府组织等）参与评审专家的提名，保证参与提名主体的多样性；第二，注重专家组成员的代表性（多样性），要求评审专家的构成与英国科研人员在不同类型高等教育机构、性别、年龄和族裔等方面的分布特征相似。除学科专家之外，也招纳利益相关者承担评价

职责,例如工商企业、政府、学界的代表,从而保证评价主体的多元化。

(四) 评价主体的合作性

这方面的措施有:第一,在每个次专家组至少设置两位"跨学科研究评审员"充当"解释者"(interpreter)的角色。他们精通跨学科研究一般规律,具有丰富的跨学科研究和评价经验,负责在多学科专家间牵线搭桥来消除学科偏见、解决利益冲突;第二,建立由跨学科研究评估机制内所有成员组成的"跨学科研究网络",通过召开定期会议促使成员间进行深度而有意义的对话和讨论,克服各成员在学科领域和评价认知上的差异,共同解决评价中的问题,最终达成相对一致的评价标准和评价程序。

(五) 评价目标的高层次性

英国 REF 以"卓越"为名,其根本目标是通过评价,使英国各种类型研究及其成果都能向学术卓越的标准不断逼近,跨学科研究成果也不例外:第一,REF 2021 成立了 IDAP 来有效管理有关跨学科研究成果评价的各项事务,专门为它制定了相应的评价标准和评价指南,保证评价过程的公正客观,加强高校进行跨学科研究的动力和提交高质量成果的信心;第二,对跨学科研究成果的评价结果等级分为五层次,只有"国际领先"和"国际优秀"两个最高等级的科研成果才能获得经费资助,这激励研究者以跨学科研究成果的高质量与卓越性作为目标而不断奋斗。

五、英国大学跨学科研究成果评价的启示

21 世纪的今天,人类面临着新一轮科技革命与产业变革的机遇,世界经济增长处于新旧动能转换的关键时刻,科技创新能力的高低对促进新动能的释放格外重要,同时也是评价一个国家经济发展潜力和国际竞争力的重要指标。尤其是在当今越来越多的科技、经济、社会发展问题具有高度的复杂性与综合性的背景下,通过学科交叉来驱动源头创新,开辟科技创新的新途径以解决国计民生的重大问题是当务之急。《国家中长期教育改革和发展规划纲要(2010—2020 年)》中明确提出要不断优化高等教育结构,优化学科专业、类型、层次结构,促进多学科交叉和融合。大学是滋生科技创新和科研卓越的肥沃土壤,在学科门类的数量上拥有得天独厚的优势,这些学科间的交叉融合可以带来思维的碰撞和启迪。建立合理完善的大学跨学科研究评价体系是保证我国跨学科研究成果的高质量、促进跨学科研究成长繁荣的推动器。英国高校科研评价体系 REF 立足于原先单一学科模式的评价模式,结合目前世界上跨学科研究成果发展现状、趋势与特点,聚焦跨学科科研合作的现实困境,构建了体现跨学科研究成果本质属性的评价模式,这对我国开展有针对性的跨学科研究评价工作以及进一步建立体制机制意义重大。

(一)完善专家遴选机制以保证评价主体的多样性

我国高校科研评价中的现行同行评审专家大多以学科领域内的学术研究人员为主,缺乏多学科的研究经验和评价视角,且鲜少考虑专家在个人社会背景上的多样性和代表性问题。评审专家的遴选也大多以评估机构的管理人员一锤定音为主,社会机构和公众等均被排除在外。跨学科研究成果以应用性和问题导向为显著特点,拥有多元利益相关者,对评价主体多样性的要求远远大于单一学科研究成果。完善的专家遴选机制是评价主体的多元化程度的重要保障,我国应从三方面加以改进:①广泛邀请社会公众和相关机构参与评审专家的提名程序。比如学术研究人员、学术机构、企业等,并根据实际情况设置合理的专家回避机制;②建立全面的专家遴选标准。破除以往以年龄、头衔、资历为主导的选择标准,不仅要关注专家的学科知识结构,评估技能和经验、跨学科研究的素质(比如是否具有领导、管理、实施跨学科研究的经验)均需被纳入考虑范围;③保证一定比例的非学术研究人员和国际专家参与评价工作。跨学科研究成果的应用性使其拥有成果使用者、受益者等多方面的利益相关者,单纯的学术领域专家无法考虑到全体利益相关者的诉求,因此需要根据我国实际情况设置合适的比例来招纳一定的非学术研究人员。此外,为了追求更进一步的国家科技创新,保证跨学科研究成果的高质量是必不可少的重要环节,将国际同行专家纳入评审专家团队能及时、准确地把握我国跨学科研究成果在国际科学前沿的位置,缩短与国外高水平跨学科研究的差距。

(二)制定能体现跨学科研究成果特点的评价标准

根据美国学者雷普克(Allen F. Repko)的权威定义,跨学科研究是一项回答、解决或提出某个问题的过程,该问题涉及面和复杂度都超过了某个单一学科所能处理的范围,跨学科研究借鉴各学科的视角,整合其识见,旨在形成更加综合的理解,拓展我们的认知[13],因此跨学科研究成果的特点可总结为"应用性、多样性、问题导向"。我国应借鉴英国REF,在原本单一学科评价模式的基础上,制定能体现跨学科研究成果特点和本质属性的评价标准,比如要根据跨学科研究成果的具体类型灵活设置不同的二级指标,评价指标要兼顾学术性贡献和应用性贡献,评价标准要体现成果对相应问题的解决程度,等等。

(三)建立覆盖评价全流程的合作协商机制

跨学科研究成果本身的复杂性和评审专家学术、文化背景的多样性决定了评价中的学科偏见和利益冲突的无处不在,建立覆盖跨学科研究成果评价全流程的协商合作机制已成为当今学者的共识。我国应在以下三方面加以改进:①建立负责解决争端和规划跨学科研究成果评价全过程的管理组织。该组织负责领导跨学科研究成果评价有关规章制度的建立,在评审专家出现纠纷时承担"调停人"的角色,促进所有专家对各评价要素和最终评价结果的基础性共识的达成,以保证评价方案的相对公平性;②在评价开始前进行评审专家集体培训。促使评价主体对跨学科研究成果的评价标准、方法、流程达成初步共识能最大程度上减少正式评价过程中出现纷争的可能性;③评价进行过程中定期召开座谈会。运用集体的力量为评审专家答疑解惑,通过深度对话巩固各专家对评价流程的一致性理解。

(四) 确保评价信息的公开透明以接受有效社会问责

跨学科研究成果在解决当今世界各种复杂的全球性问题中扮演着至关重要的角色,这使它承担了与单一学科研究成果相比更大的社会责任,因此社会公众,尤其是对跨学科研究的进行给予资金支持的个人或团体,有权对其进行有效的社会问责。在借鉴英国REF的基础上,我国应在尊重研究伦理和保护研究成果的前提下,建设专门的科研评价信息的公开平台,并对以下三方面加以改进:①评价开始前提前公布跨学科研究成果评价标准和评审专家组的具体工作方式,给予被评价高校和评审专家充足时间准备评价材料和理解评价规则;②评价过程中在平台上进行及时的阶段性情况总结和反馈,帮助评审专家了解前一阶段的不足以加以改进;③评价结束后向社会大众及时公布评价结果,可以有选择性地向利益相关者公布评分详情并建立有效的申诉机制,从而切实提升跨学科研究成果评价结果的可信度和说服力。

参考文献

[1] 唐磊,刘霓,高媛,等.跨学科研究的理论与实践:基于研究文献的考察[M].北京:中国社会科学出版社,2016:12-13.

[2] NICHOLAS S Research Excellence Framework (REF) review: Building on success and learning from experience [EB/OL]. (2016-07-28) [2019-11-11]. https://assets.publishing.service.gov.uk/government/uploads/system/uploads/attachment_data/file/541338/ind-16-9-ref-stern-review.pdf.

[3] University of Sussex. Landscape Review of Interdisciplinary Research in the UK [EB/OL].(2016-11-07)[2019-11-11].http://sro.sussex.ac.uk/id/eprint/65332.

[4] 谢冉,张兄武.重构跨学科研究评估[J].高教发展与评估,2018,34(4):19-26+104.

[5] 马晨华.论跨学科研究评估机制的建立[J].科技与经济,2015,28(1):17-21.

[6] 余江.英国科研评价体系及其借鉴问题[N].中国社会科学报,2014-07-30(A05).

[7] REF 2014. Analysis of panel membership[EB/OL].(2011-07)[2019-11-11].http://ref.ac.uk/2014/pubs/analysisofpanelmembership.

[8] 吴杨."双一流"大学科研创新评价体系建设的国际视野——基于英国、澳大利亚、日本、韩国的经验与启示[J].科技进步与对策,2018,35(15):126-131.

[9] REF 2021. Panel criteria and working methods[EB/OL].(2019-02)[2019-11-11].https://www.ref.ac.uk/media/1084/ref-2019_02-panel-criteria-and-working-methods.pdf.

[10] REF 2021. Interdisciplinary Research[EB/OL].[2019-11-11].https://www.ref.ac.uk/about/interdisciplinary-research/.

[11] REF 2021. Roles and recruitment of the expert panels[EB/OL].(2017-03)[2019-11-11]. https://www.ref.ac.uk/media/1047/ref_2017_03_roles.pdf.

[12] 胡科,陈武元,段世飞.英国高校科研评估改革的新动向——基于"科研卓越框架2021"的分析[J].中国高教研究,2019,(08):54-61.

[13] 艾伦·雷普克.如何进行跨学科研究[M].傅存良,译.北京:北京大学出版社,2016:4.

同济教育管理硕士论坛

上海市青少年校外体育活动中心运行现状的调查研究

◎ 汪 洋

> **摘 要** 上海市教育委员会与上海市体育局于2016年共同公布了《关于上海市青少年校外体育活动中心试点建设的通知》,要求"每个区县至少建设一个主题功能突出、辐射带动作用强的市级示范性青少年校外体育活动中心"。根据遴选,普陀区、静安区、徐汇区、黄浦区、长宁区和浦东新区先后试点建设青少年校外体育活动中心。调查显示,六区青少年校外体育活动中心均修建了设施完善的场馆,建立了相对成熟的管理体制,组建了专业的高素质教练员队伍,并在综合本区域实际情况的基础上设置课程(一般课程和特色课程),参与学校体育教学活动,承办体育竞赛,建设取得初步成效。但同时,在资金链条的稳定性和使用效率、场馆和基础设施的改善和持续性建设以及学生自由参与度等方面存在需要完善的地方。
>
> **关键词** 青少年 校外体育活动中心 运行 调查研究

一、研究背景

增强青少年体质,促进青少年健康成长,是关系国家和民族未来的大事,青少年健康是国家和社会越来越关心的话题。2002年,教育部出台《国家学生体质健康标准》;2007年中共中央国务院下发《关于加强青少年体育增强青少年体质的意见》;2012年国务院办公厅转发教育部等部门《关于进一步加强学校体育工作若干意见的通知》;2014年教育部同时印发了《学生体质健康监测评价办法》《中小学体育工作评估办法》《学校体育工作年度报告办法》三个文件,同年印发了修订版的《国家学生体质健康标准(2014年修订)》;2016年体育总局下发了关于印发《青少年体育"十三五"规划》的通知,同年国务院办公厅发布了《关于

作者简介 汪洋,同济大学职业技术教育学院,教育硕士在读(教育管理方向)。

强化学校体育促进学生身心健康全面发展的意见》。各项政策旨在加强和改进学校体育工作,推动青少年体育事业的快速发展。

青少年校外体育活动中心是指由各级政府资助建设,以便于城乡青少年开展各种喜闻乐见的体育活动为内容,以满足青少年安全、便捷地进行体育锻炼为目的,且具有相应配套设施的综合性、公益性体育健身活动场所。[1]青少年校外体育活动中心的目标指向应符合青少年体育发展要求,促进青少年身心健康的要求。在2015年的一项调查中发现,85%以上的家长和学生表达了希望参与校外体育辅导的意愿。而随着家长和学生需求层次的提升,青少年校外体育辅导也朝着高端化、名师型、全面性发展。[2]上海市是较早开始青少年校外体育活动中心试点建设的代表城市。上海市教育委员会与上海市体育局于2016年共同公布了《关于上海市青少年校外体育活动中心试点建设的通知》,要求"每个区县至少建设一个主题功能突出、辐射带动作用强的市级示范性青少年校外体育活动中心"。根据上海市有关部门的统筹部署,从2017年开始先后有普陀区、静安区、徐汇区、黄浦区、长宁区和浦东新区等六区先后试点建设青少年校外体育活动中心。

随着学校足球、体育课程等改革进入深水区,上海市青少年校外体育活动中心积极响应习近平总书记提出的"振兴体育事业,实现强国梦想",贯彻落实我国长期以来"把青少年体育工作摆到战略性、基础性位置来抓,在广大青少年中大力普及和提高体育技能,大力培养青少年体育后备人才"的重大战略,各中心建设近年来取得了较为丰硕的成果。

二、现状调查分析

(一)中心基本情况

1. 中心选址情况

静安区青少年校外体育活动中心以实现该区青少年"30分钟体育活动圈"为目标,将区域分成了11个分中心,分别放在11所学校。普陀区青少年校外体育活动中心设在晋元中学。徐汇区青少年校外体育活动中心采用1+N模式,1即校外体育活动中心的办公室,N指开展活动的各个学区。长宁区青少年校外体育活动中心的选址以延安中学为主,此外还有仙霞高级中学、华师大附属天山学校、延安试验初级中学、北新泾三小、华师大四附中和万国击剑6个场所。浦东新区青少年校外体育活动中心选取了20所学校作为中心依托单位,每个中心带动周边的3~5所学校,依托中心学校的场地设施开展活动。黄浦区以设立分中心的形式开展校外体育活动,在每个街道设立一个点,这些点分布十个街道的校外活动场所。

各区在活动中心的选址上均是依托现有资源,根据本区的实际情况打造校外体育活动中心。其次各中心的选址均考虑到了便利性和实用性,能够实实在在地为本区居民和青少年的体育锻炼带来方便。各区基本都采取"中心＋分中心"的运营模式,其中"中心"扮演管理和资源分配的角色,各"分中心"作为实体实地开展校外体育活动(表1)。

表1　上海市六区青少年校外体育活动中心选址和运营模式情况

区县	办公地点	活动场地	运营模式
静安区	静安区教育局	每个街道一个学校	中心＋分中心模式
徐汇区	徐汇区青少年活动中心	学区下属的学校	1＋N学区运营模式
普陀区	上海市晋元中学	上海市晋元中学	中心模式
长宁区	上海市延安中学	6所学校,一个社会场所	中心＋分中心模式
浦东区	浦东新区青少年活动中心	20所学校	中心＋分中心模式
黄埔区	黄浦区青少年艺术中心	每个街道的校外活动中心	中心＋分中心模式

2. 场馆建设情况

场馆设施既包括活动中心的锻炼设施,例如运动场、篮球馆等,又包括像休息室、接待室等配套的服务设施。场馆大小和设施一定程度上决定了场馆提供服务的多少和质量。普陀区、静安区、徐汇区、长宁区、浦东区和黄浦区六个区因地制宜设立了不同特色的校外体育活动场馆,通过调研发现,这些场馆基本都能满足日常校外体育活动的开展,而且部分能够根据体育中考、校园足球改革或者体质监测做出及时的调整(表2、表3)。

表2　上海市六区青少年校外体育活动中心场馆设施情况

区县	综合运动馆	篮球运动场地	室外运动场地	其他类型场地
静安区	面积大于2 000平方米以上	净高不低于7米	面积大于2 000平方米以上	2种及以上
普陀区	面积大于2 000平方米以上	净高不低于7米	面积大于2 000平方米以上	2种及以上
徐汇区	/	/	/	/
长宁区	面积大于2 000平方米以上	净高不低于7米	面积大于2 000平方米以上	2种及以上
黄浦区	面积大于2 000平方米以上	净高不低于7米	面积大于2 000平方米以上	2种及以上
浦东新区	/	/	/	/

表3 上海市六区青少年校外体育活动中心配备设施情况

区县	卫生间	管理接待室	医务室	更衣室	其他
静安区	√	√	√	√	器材室;多功能教室
普陀区	√	√	√	√	淋浴房;休息室
徐汇区	√	√	√	√	淋浴房
长宁区	√	√	√	√	无
黄埔区	√	√	√	√	无
浦东新区	/	/	/	/	无

六区青少年校外体育活动中心的体育场馆和设施都基本完善,能够满足周边学生和居民的体育锻炼需求。除此之外,还能够承办部分青少年体育赛事,进一步提高青少年的体育训练参与度,提高学生健康素质。

3. 功能属性

上海市六区的青少年校外体育活动中心在建设时充分考虑组织竞赛、培训指导、体质监测等多功能使用的需要,各区在进行校外体育活动中心的功能设计时,在保证安全性的基础上基本都实现了功能多元化,能够根据青少年的年龄和性别特征设计适合他们自身的课程和活动项目(表4)。

表4 上海市六区青少年校外体育活动中心功能属性

区县	组织竞赛	培训指导	体质监测	其他
静安区	√	√	√	运动损伤预防和体育中考达标咨询
普陀区	√	√	√	高水平体育人才培养和体育课程开发
徐汇区	/	/	/	/
长宁区	√	√		参加竞赛
黄埔区	√	√		
浦东新区	√	√		师资培训;公众号宣传

上海六区的体育活动中心因地制宜对本区的校外体育活动中心进行了功能设计,并且六区的建设已经取得了不错的成果,这些功能基本能对青少年提升体育健康素质产生一定成效,在满足社会需求的同时也在为办出特色而努力。

4. 师资配备情况

教练人员或者老师的水平是青少年校外体育活动中心的重要指标之一,他们是青少年的第一接触对象,所以选择、培训和管理教练员也是校外体育活动中心成功开展的重要一环。尤其是大部分区县都与第三方合作,选择水平合适的、负责任的和道德情操高尚的教练员就显得尤为重要。

目前静安区校外体育活动中心教练员共计31人,持有国家二级运动员证书、各单项协会或其他权威组织认证的教练员证书,具备丰富的青少年体育项目训练经验。此外,静安区出台了本区的青少年校外体育活动中心教练员管理制度和静安区青少年校外体育中心体育课程安全须知,从制度上规范教练员的行为与教学。

普陀区在教练员的管理方面非常规范,目前共拥有2名高级教练员、3名高级教师和10名一级教师。此外还拥有第三方体育服务公司的管理团队,其中项目管理经理2名,日常活动体育项目的教练、助教等8名。长期开展专业学习、培训,以提高这些教练员的体育教学、训练和运动管理水平。

长宁区校外体育活动中心教练员共计21人,这些教练员或是持有教师资格证、或是持有各单项运动协会颁发的教练员证书或是某个项目的高水平运动员,教练员资质是能够得到保障的。

浦东新区各校外活动中心聘请体制外高水平的团队为学生服务,即购买的第三方服务。浦东新区会定期举办体育骨干教师、教练员等各类青少年体育指导人员培训,提高第三方教练团队的健身指导水平。

黄浦区校外体育活动中心嵌入在已经成熟的校外活动中心体系之中,所以师资队伍和课程活动按照原有的体系照常开展,能够满足校外体育活动的要求。

徐汇区聘请第三方俱乐部完成校体育活动课程的设置和配送,目前的师资队伍由教练员、社会体育指导员、体育教师、管理团队四部分组成,共有20人左右。队伍中既有了解学生基本情况的体育教师,也有中心自行培养的教练员,也有聘请的指导员。队伍多元化,能够满足不同年龄、不同层次的青少年的体育训练需求。

(二) 中心管理情况

1. 科学管理情况

这里所说的科学管理情况,是指各校外体育活动中心的管理模式和管理制度情况。调查发现,六区的青少年校外体育活动中心都根据自身的工作安排设置了合理的校外体育活动中心管理模式,并建立了用于指导活动中心开展活动的制度文本。各区管理模式各有特色,但管理重点都是学生的安全和课程的顺利进行(表5)。

表5 上海市六区青少年校外体育活动中心科学管理情况

区县	管理方式	制度文本	配套经费
静安区	教育局分管	有	有
徐汇区	教育局分管	有	有
普陀区	校长负责制	有	无
长宁区	设有专职管理人员	有	无
浦东区	设立管理办公室	分中心有	无
黄埔区	设立领导小组	分中心有	有

2. 对外合作情况

这里所说的对外合作主要是指与第三方合作以及以校外体育活动中心为单位参加市级甚至更高级别的比赛情况。调查发现,各区校外体育活动中心都已经建立了比较稳定的、符合自身实际的对外合作机制,合作主要集中在周边的学校和有较长合作期限的第三方机构(表6)。

表6 上海市六区青少年校外活动中心对外合作情况

区县	是否对外合作	合作机构	是否参与赛事
静安区	是	南北各一个	×
徐汇区	是	两个俱乐部	×
普陀区	是	一个俱乐部	×
长宁区	是	上升聚胜体育发展有限公司	√
浦东新区	是	各中心分别安排	×
黄埔区	否	/	×

(三) 中心服务情况

1. 中心定位

上海市六区的校外活动中心都秉承着"配送青少年喜闻乐见的体育课程,营造良好的体育活动氛围,提高学生参与体育运动的兴趣和提升学生体质"的目标,并在此基础上根据自身的实际情况制定了各具特色的发展模式。整体来说基本体现了"大方向一致,各自发展具有特色的体育活动场所"的理念,并采用了可执行性较强的运行模式(表7)。

表7 上海市六区青少年校外体育活动中心目标定位

区县名称	相同定位	不同定位
静安区	配送青少年喜闻乐见的体育课程;提升学生体质水平,提高学生参与体育锻炼的兴趣;建设成为校外活动的优质服务平台,创造良好的体育活动氛围	区青少年体育活动的服务平台
普陀区		政府资助或社会力量参与建设的公益性综合体育健身活动场所
徐汇区		体育活动中心"1+N"运营模式 成为覆盖全区的青少年公共服务体系
长宁区		普及与提高相结合 打造成校外体育活动的优质平台
黄浦区		以学生满意为活动中心的目标
浦东新区		覆盖全区的青少年体育活动平台 保障学生每天锻炼一小时的目标

2. 开放情况

《关于上海市青少年校外体育活动中心试点建设的通知》对活动中心的开放时间做出

了规定,要求依托公共体育场馆建设的中心每周公益开放时间不得少于 30 小时;依托学校体育场馆建设的中心每周公益开放时间不得少于 40 小时。调查发现,六个区的青少年校外体育活动中心的开放时间全部满足了上海市教委的基本要求(表8)。

表 8　上海市六区青少年校外体育活动中心开放时间

区县	开放时间	总开放时长
静安区	周一至周五,双休日,寒暑假	30~40 小时
徐汇区	/	40 小时以上
普陀区	周一至周五:15:30—20:30,双休日全天开放	40 小时以上
长宁区	/	30~40 小时
浦东区	周一至周五:15:30—19:30,双休日全天开放	40 小时以上
黄埔区	/	40 小时以上

总体来说,每个区都能保证提供给学生足够的时间参加体育锻炼,此外,部分区的活动中心也会定点对学生群体之外的社会人群开放,扩大了其社会服务的范围。

3. 活动设置

调查发现,上海市六区的青少年校外体育活动中心在提供活动场地的基础上,也提供了各种各样的培训课程和赛事活动。

普陀区的活动安排是根据功能设计来划分的。在培训指导方面,分为综合训练营类、健身培训类和文化活动类三大类,其中综合训练营面向全区开展体育冬令营(羽毛球、篮球、网球和攀岩)全免费公益培训活动;健身培训类开设舞龙、剑舞、乒乓球、羽毛球和篮球五个培训项目;文体活动类主要是适时开展一些体育文化交流座谈会。在竞赛组织方面,晋元活动中心每年举办体育节,包含综合性田径运动会、趣味运动会和单项常规培训项目比赛。由此可见,普陀区的活动安排比较丰富多彩。

长宁区采用线上秒杀的形式招生,这种饥饿营销方式非常奏效,在长宁区的实践中取得了很好的效果。该区的每个活动中心都有自己固定的课程安排(表9)。

表 9　长宁区青少年校外体育活动中心活动安排

分中心	活动安排
延安中学	篮球、羽毛球、乒乓球、网球、足球、武术、舞龙、国际象棋、桥牌、游泳
仙霞高级中学	空手道、篮球
华师大附属天山学校	足球
延安实验初级中学	桥牌

(续表)

分中心	活动安排
北新泾三小	中国象棋
华师大四附中	攀岩
万国击剑	击剑

浦东新区的情况与其他区县有所不同,由于浦东新区是上海市面积最大的一个市辖区,空间跨度较大,所以中心宣传的时候仅以点为单位围绕周围的学校进行小范围的宣传,目前中心功能并未实现全区的辐射。此外,各中心学校开展的培训课程也不尽相同,20所学校一共开展了11种不同的项目。而且该区青少年校外体育活动中心并未像其他区县一样一年分成各个阶段招收不同的学生,而是一年只招收一次,招收的学生参加这一年的校外活动中心的训练,如果中间有人退出再补充新人进来(表10)。

表10　浦东新区青少年校外体育活动中心活动安排

项目	分中心学校
足球	进才实验小学、金茂小学、惠南二小、北蔡中心小学、上南实验小学
篮球	建平实验小学、龚路中心小学、洋泾实验小学
空手道	潼港小学、澧溪小学
武术	观澜小学、周浦小学
乒乓球	昌邑小学、三林中心小学
排球	第二中心小学
手球	康桥小学
花样跳绳	新城小学
棒球	高东小学
冰上运动	临沂二小
网球	华高小学

黄浦区青少年校外体育活动中心主要有两个方面的活动安排。一是积累了10年的黄浦区阳光体育大联赛,包括分中心必须参与的和自己选择安排的。二是三个时段的活动安排,第一个是在两个学期内的下午三点半到六点活动;第二个时间段是寒假的冬令营;第三个是暑假的夏令营活动。三个时间段活动主要包含两块内容,一个是规定活动,一个是自选活动,通过这样一个"规定活动+自选活动"的安排开展黄浦区的校外体育活动。

徐汇区青少年校外体育活动中心的活动安排分为三期,每一期都有夏令营、冬令营和嘉年华,并将学生的需求充分体现出来,尽量开设学生平时接触较多的、学校体育课涉及的活动,这样一来可以极大激发学生的参与积极性。

静安区青少年校外体育活动中心已经有了完善的报名系统,家长通过这个报名系统在网上进行报名秒杀,秒杀到了的同学可以前来参加相关课程。据悉,相关活动的安排主要按照不同时间发布不同活动的方式进行,每个分中心的课程都呈现出不一样的特色。除此之外,静安区还设立了奖励系统,不但能够激励青少年继续努力,还吸引了更多学生参与体育训练。

4. 支撑项目

调查发现,各个区都有本区的优势体育项目(表11)。因此,通过提供专业的师资队伍、科学合理地发现和培养体育后备人才,支撑优势项目延续发展是青少年校外体育活动中心的附加职能。

静安区活动中心以体育局安排为主,目前的支撑项目只有初级乒乓球,后备人才相对薄弱。不过中心还在继续寻找专业人士来增加支撑项目,目前中心委托第三方来进行教练人员培训工作。

普陀区晋元中心的特色项目主要体现在足球、田径和游泳三个项目上。一方面是足球精英训练营男子U17(每周三、周五训练,每次人数在15～25人之间)、男子U11及守门员(每周一至周六训练,每次人数在30～40人之间)基地训练任务;另一方面是田径训练(每周一至周五下午、周六上午训练,每次人数在15～25人之间)、游泳训练(每周一至周五15:30—20:30训练,30～45人左右;周六、周日全天,每天人数在120～160人之间)。

长宁区青少年校外体育活动中心与上海市三大球联盟建在一起,所以三大球运动的开展是基础也是优势。此外长宁区继续保持着桥牌、舞龙、足球和篮球这些原有的特色项目,并且计划在将来把户外拓展和射击、射箭当做特色项目培育。

黄浦区青少年校外体育活动中心有一些老牌的传统项目,例如游泳、轮滑、羽毛球等优势项目一直存在。黄浦区一直比较重视体育工作,所以这些特色项目可以长时间保持下去。

浦东新区的青少年校外体育活动中心现在以大众的、普及型的课程为主,对于支撑性项目则在未来的计划之列。

徐汇区通过面向社会报名的方式收录学员,对学员的体育技能要求不高。而且,徐汇区在这一方面的教育更偏向于师德和专业技能。中心虽然在乒乓球、篮球、健美操、武术四个项目的开展比较有特色,但是距培养后备人才还是有一定距离的。

表11 上海市六区青少年校外活动中心活动支撑项目

区县	特色项目
静安区	初级乒乓球
徐汇区	/
普陀区	足球、田径、游泳

(续表)

区县	特色项目
长宁区	桥牌、舞龙、足球和篮球
浦东区	/
黄埔区	游泳、轮滑、羽毛球

总而言之,各区青少年校外活动中心发展基本进入良性轨道。各区在保证基本普通学生能够参与锻炼、提升体质的基础上,积极培植优势项目,发挥校外体育活动中心培养运动员的功能,但由于学生年龄和基础的限制,在优秀后备人才培养方面尚有不足之处。

三、存在的问题与对策

存在的问题主要表现在经费使用制度、场地使用维护、学生参与程度等方面。首先,经费问题是上海市青少年校外体育活动中心试点建设过程中面临最为严重的问题。主要体现在经费短缺和经费到位不及时两个方面。经费是中心运营的重中之重,如何保证经费能够稳定供应是中心建设比较棘手的问题。除此之外,目前青少年校外体育活动中心的建立或多或少地处于政府部门的影响之下,对于资金的使用也要在符合政府要求的情况下使用,甚至资金的分配已经被规定。如何扩大资金使用自由度,并且减少成本,提高资金的使用效率,目前也是青少年校外体育活动中心亟须解决的一大问题。

在场地使用维护上,上海市青少年校外体育活动中心均建立在现有的场馆基础之上,现有资源决定了青少年校外体育活动中心能够开设的各类项目。因此,青少年校外体育活动中心需要进一步修缮场馆,增加场馆设施,以便提供更好的服务。另外,由于青少年校外体育活动中心与其他组织共享资源,使用权限和维护义务的划分则成为中心另一个需要解决的问题。

学生自由参与程度比较低是各中心面临的另一主要问题。由于现行教育体制的影响,虽然大部分父母认为体育训练有益于子女的健康和体质,但是并不支持孩子参加校队训练,因为担心可能对他们的学习造成负面影响。[3] 参加校外体育活动中心同样面临这一问题。因此,青少年校外体育活动中心参加人员大多是场馆所在或附近的学生,并且,参与锻炼的学生大多是为了提升体育成绩,参加中考的初三学生。如何调动青少年的积极性,转变学生家长的思想,减少缺课率以及优秀体育后备人才的流失率是青少年校外体育活动中心目前考虑的又一个问题。

鉴于上述几点问题,有必要采取如下对策措施。

第一,建议相关部门稳定提供相应资金,并扩大中心自主使用权限,提高中心员工工作积极性。资金是稳定和高效使用是各青少年校外体育活动中心工作的基础,在资金方面,青少年校外体育活动中心仍需各政府相关部门提供支持。

第二,建议相关部门提供专项资金用于各中心体育场馆的修缮和器械的添加。同时,加强研制青少年体育场地设施器材标准,开发适应青少年特点设施和运动器械,促进青少年校外体育活动中心设施建设标准化。在场地及设备的使用方面需要建立严格的预约和审核制度,要充分保障青少年校外体育活动中心的使用需求。对于共享资源存在严重矛盾的中心,相关部门应以购买服务的方式予以一定的支持。

第三,建立信息平台,加强宣传机制,同时需要有关部门、学校的进一步合作,承办项目,扩大中心知名度,切实起到营造体育健身氛围,提高青少年体育健康素质的目的。鉴于目前青少年校外体育活动中心的知名度仍然不高的情况,建议继续加强中心与政府相关部门、学校的合作,继续开展竞赛、夏令营等特色项目,一方面打开市场知名度,另一方面可以吸收学生自由参与其中。

四、结语

目前,上海市六区的青少年校外体育活动中心试点建设工作已经初具成效。六区青少年校外体育活动中心均修建了设施完善的场馆,建立了相对成熟的管理体制,组建了专业的高素质教练员队伍,并在综合本区域实际情况的基础上设置课程(一般课程和特色课程),参与学校体育教学活动,承办体育竞赛,建设取得初步成效。但同时,也在资金链条的稳定性和使用效率、场馆和基础设施的改善和持续性建设以及学生自由参与度等方面存在需要完善的地方。

参考文献

[1] 福建青少年校外体育活动中心建设方案[R].福建省人民政府办公厅,2011.
[2] 刘静,李相如.亟须加快建立校外体育辅导辅导员制度[N].中国体育报,2016-01-22.
[3] 李丑亮,李建英.家长反对子女参加校田径队训练的研究[J].中国体育科技,2005,41(1):126-128.

职业院校技能大赛教学质量保障研究

——以汽检赛项为例

◎ 孙丽莎

摘 要 当前我国职业院校技能大赛已成为展示各职业院校教学能力与教学成果的舞台之一。在近几年发展过程中,举办了各种各样的职业技能大赛,受到了社会各界的重视。技能大赛的教学应该创建一种长期有效的质量保障体系,这种体系的创建可以给技能大赛的教学带来质量上的保障,以不断适应新时代对"匠人"的新要求。本文以职业院校技能大赛为切入点,对职业院校技能大赛教学质量保障中存在的问题进行分析,并提出提高教学质量的措施,以便为职业院校技能大赛的健康发展提供借鉴。

关键词 职业院校 技能大赛 教学质量

当前我国职业院校技能大赛已成为展示各职业院校教学能力与教学成果的舞台之一,随着职业院校的不断发展,技能大赛的种类、比赛类型、比赛内容以及比赛的覆盖面也在不断增加。以上海市为例,技能大赛按等级分为世界级、国家级、市级、区级和校级等。[1]在市级层面上有以职业院校学生为主要参赛选手的"星光计划"大赛(包含中职组和高职组);有以相关行业从业人员以及职业院校老师为主要参赛选手的行业类大赛;也有选拔参赛队代表上海参加国家一类大赛为主要目的的上海市选拔赛;还有以最高级的世界技能大赛为目标的上海市选拔赛。2021年第46届世界技能大赛将首次在我国举办,举办地为上海。这一切都证明,职业院校的技能大赛已经得到了地方政府以及国家的高度重视,而这些大赛成绩也被用人单位及社会高度认可,因此各赞助企业的参与度、院校师生的积极性以及大赛品牌效应都在迅速提升。基于以上背景,各职业院校的相关领导也非常重视职业技能大赛的参赛成绩,甚至将取得优异的成绩纳入了学校年度目标中。

作者简介 孙丽莎,上海交通职业技术学院,教师;同济大学,教育硕士在读(研究方向:教育管理)。

一、问题提出

《国家中长期教育改革和发展规划纲要(2010—2020年)》指出:"开展职业技能大赛是提高教育教学质量的重要手段之一。"正可谓"普通教育有高考,职业教育有大赛",技能大赛作为提高教学水平、促进学生能力提升的有效形式,已成为职业教育的重要组成部分。

目前职业院校的技能大赛正处在一个不断发展和推广的阶段,各相关职业院校也都希望能在技能大赛这个舞台上展现自身优秀的教学成果。以汽检项目为例,目前各大职业院校都会选派汽车专业最优秀的老师和学生团队参与技能大赛。通过参与技能大赛或者是举办、承办技能大赛,推广、宣传大赛过程和大赛结果,将学校风采、学校对汽车专业的重视程度、学校的教学能力、教学团队以及师资力量展现给社会大众,通过技能大赛这个平台,真正做到宣传学校文化,弘扬育人精神,提升学校的知名度。但是伴随着职业技能大赛的推广,大赛要求和大赛内容也在不断地提升,伴随着大赛难度的不断提高,各参赛院校的成绩差距被逐渐拉大,许多参赛院校的成绩非常不理想,这样的结果也不利于职业技能大赛的推广和发展。

以2019年某次上海职业院校汽车技术项目技能大赛为例,本次比赛共有13所职业院校,39名学生参加,1名学生因故退赛,共采集38名参赛选手分数情况统计(图1)。根据汇总的成绩我们发现,最终成绩总分在60分以上的人数占总人数比为15.8%,成绩总分在60分以下的人数占总人数比为84.2%,其中40~49分数区间人数所占比重最高,为26.3%。总成绩中的最高分是87分,最低分是24分,分析数据,可以看出大赛成绩的分布非常不合理,大部分参赛选手的成绩都在60分以下,同时最高分和最低分的差距非常明显,分数值有严重的两极化的倾向。比赛的总成绩分布比例情况体现出此次汽检项目的参赛选手能力水平非常不理想,而这恰恰也表示了目前的职业院校大赛教学质量存在严重的问题,如果

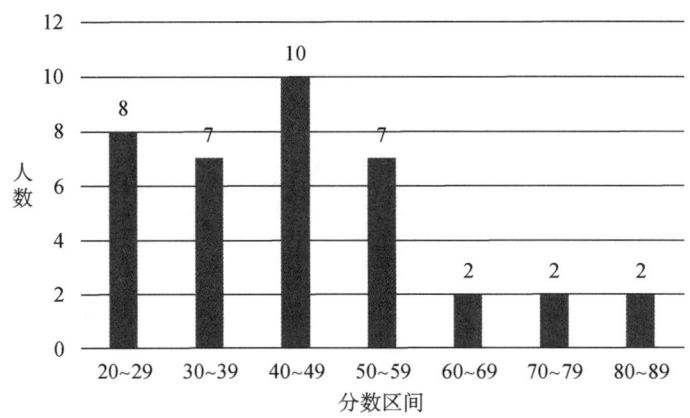

图1 2019年某次上海职业院校汽车技术项目技能大赛的成绩汇总

连关注度最高的技能大赛教学质量都无法保证,又如何保证普通教学的教学质量?因此如何提高技能大赛教学质量是我们必须关注的话题。

二、研究方法与对象

(一)研究方法

本次研究采用访谈法为主要研究方法,通过与受访者面对面交流以及问答的方式,针对目前职业院校在技能大赛教学质量保证上所存在的问题进行讨论,并咨询受访者关于如何提高大赛的教学质量的见解。

(二)访谈对象

本次访谈对象主要是参与此次上海职业院校汽车技术项目技能大赛的院校带队老师、参赛学生以及大赛的裁判员,他们分别代表了此次大赛的带教者、参与者和评判者,这样访谈结果就可以从多个角度出发,较为全面地发现目前大赛存在的教学质量问题。从中选择具有代表性的访谈对象共计10人,其中带教老师4人,参赛学生4人,总裁判长及裁判员2人。

三、研究分析与结果

通过汇总与分析各参赛院校师生以及大赛裁判员的建议与想法,将影响大赛教学质量问题归结为以下几个方面。

(一)培训时间安排不足

有4所院校的带教老师在访谈中提到了带教时间的问题。首先,从学生的选拔上来分析,某些职业院校此次技能大赛的选拔工作开展较晚,此类院校的学生选拔工作一般都是通过校技能节的方式来进行选拔,但是校技能节的培训时间非常短,只有一周左右的培训时间(大部分也只能放在晚上进行),在如此短暂的时间内想要挑选出潜力高、能力好的学生往往很难。教师无法通过短短几次课就激发出学生们的潜力,因此可能会造成大部分好苗子被忽略。其次,大赛内容的增加以及要求的提高导致了大赛的培训内容需要相应增加,而有些院校的培训时间并没有因此而增加,依然是根据以往的经验安排大赛教学课时,导致带教老师的大赛教学往往因教学时间和教学内容冲突,只能泛泛而谈,学生的训练强度不够,训练时间也无法得到保障,导致成绩较差。

(二)教学内容缺乏针对性

三分之二的学校老师和参赛学生受访者提到了教学内容缺乏针对性的问题。其中有多方面的原因,首先是教学设备的问题。随着大赛要求的提高以及竞赛内容的增加,许多职业院校的教学设备已经无法满足比赛要求,而购置新设备往往需要一定的时间和流程,使得许多院校的大赛教学培训往往只能停留在书面上而非实践操作,导致学生来到比赛场地后,面对陌生的比赛设备无从下手,也就无法取得令人满意的成绩。缺乏针对性的另一个方面则是老师的带教经验和带教能力不足。在与参赛学生的交流中,有三分之一的学生提到了带教老师的大赛教学内容与实际不符,老师教授的内容与大赛的实际情况有着巨大的差别,而学生缺乏独立判断的能力,从而导致竞赛成绩不理想。随着时间的推移,大量的年轻教师开始踏上技能大赛的舞台,但他们大多缺乏实际的大赛经验,也没有老一辈带教老师的指点,导致他们所指导的学生成绩往往也不理想。缺乏针对性的最后一个原因则是由于参赛学生的年龄结构不同,导致部分带教老师无法合理安排训练内容。从已学知识上来举例,一年级的学生和二年级的学生存在一定的差距。一年级学生在理论课程的教学安排上往往没有设置专业课程,而大赛内容又往往需要一定的专业知识作为铺垫,导致很多的一年级学生在起跑线上就落后于二年级学生。教学如果按照一年级学生水平从基础讲起,会造成二年级学生学习内容重复;如果按照二年级学生水平,内容会相对复杂,没有专业基础的一年级学生根本无法理解。

(三)专业素养不足

通过采访此次技能大赛的裁判员和专家,他们给出的意见集中体现在参赛学生的专业素养不足,临场应变能力较差上。以汽修项目为例,参赛学生对于平时学习过的故障点比较熟悉,而对于没有接触过的故障点或者故障现象往往就会显得没有方向,无所适从。这从侧面反映出带教老师在教学方法和教学内容上存在问题,大赛教学的内容不能只局限于大赛考点本身,毕竟大赛所覆盖的考点有限,还是要基于工作过程的原则实施全面教学与实践。[2]同时,目前汽检类职业技能大赛比较重视考查学生的电路分析能力和故障排除能力,而在这两个专业素养上,学生的表现不尽如人意,很多参赛选手缺乏最基本的电路图分析能力,在故障排除模块的竞赛中,往往就表现得没有任何排故思路。

(四)忽视学习规范的养成

笔者在访谈过程中,发现某些职业院校在大赛教学过程中忽视学习规范的养成。某些职业院校的参赛培训时间跨度较长,学生就容易产生学习惰性,如迟到、早退以及请假等问题。在大赛的培训过程中,某些职业院校由于培训课时比较多,培训工作量较大,往往培训到深夜,学生偶尔会有睡过头或者迟到的情况,学生的请假也比较随意,只是口头请假,而带教老师只寄希望于学生的自觉,忽视了学习规范的养成。

(五)缺乏教学反馈机制

有两位职业院校学校汽车学院(汽车系)的负责人提到了大赛教学反馈的问题。大部分时候大赛教学只有带教老师一人负责,教学效果也只有带教老师和学生自己知道,缺乏一定的反馈机制,没有第三方的检查及检验,因此教学质量无法得到及时的评价。

四、对策与建议

(一) 合理设置培训时间

针对选拔时间紧张的问题,学校应该增加选拔教学和培训的课时数。从校技能节选拔来说,应该将教学时间增加至两周以上,通过长时间的教学工作,真正选拔出能吃苦、能坚持、好学肯做的学生。增加选拔教学的时间,除了能够考查学生的学习能力与考试成绩之外,还能观察学生的学习态度。随着教学时间的增加,学习态度较差的学生可能会出现迟到、早退甚至无故缺席的情况。学习态度应该作为选拔的第一标准,如果出现学习态度问题,教师指出后不予改正的一律取消选拔资格。而增加大赛教学培训课时,则能真正解决带教老师由于教学时间紧张而造成的教学内容过于简单的问题,以上海的职业院校举例,可以在周末增加一些教学课时,相应地制定一些奖励措施,这样既能够保证教学质量,又能够给老师及学生一定的参赛动力。

(二) 因材施教

针对教学内容,可以将一年级学生和二年级学生分开教学,因材施教,针对一年级、二年级不同的理论课程设置,设计不同的教学及选拔考试内容,将二年级学生作为比赛的主力军,将一年级学生作为梯队建设的主力军,让一年级学生中的好苗子跟随二年级学生一起训练,以赛促学。这样的梯队建设理念,可以让学校每年都有充足的后备力量,提高参赛学生的整体能力,还可以在训练时发挥二年级学生传、帮、带的作用,形成以老带新的局面。梯队的建设不仅有利于减轻带教老师的负担,还有利于二年级学生巩固和加深理解教学内容,同时又能够提高一年级学生的大赛经验,一举多得。

(三) 加强师资队伍建设

作为职业教育的老师,首先要是既能上讲台,又能上机台的"双师型"教师,想要成为培养"工匠"的老师,既要掌握扎实的理论基础,还要适应职业院校对于实际操作能力的特殊要求,真正做到"当讲师学生信服,当技师同行佩服"。因此,为了更好地开展技能大赛的教学工作,老师就需要亲自带领学生一起勤学苦练,在锻炼技能、磨炼技术的路程上学到真知识、练就真本事,不能只是纸上谈兵。技能大赛的带教老师还应该积极参加相关的职业技能大赛,在参与的过程中增加经验、提高认识、锻炼技能,再将自身的参与经验反馈到教学中去,就能事半功倍。

（四）改进教学方法

严格的实践技能训练是培育学生工匠精神的最佳方式,学生在真实的工作环境中,按照操作要求,对每一道工序、每一个细节都精益求精,达到最佳质量标准。[3] 在严格训练的同时要重点培养参赛学生举一反三的能力,绝对不能够出现只会排查学习过的故障点,对于没有接触过的故障就毫无头绪的情况。要解决这个问题,就需要带教老师改进教学方法,除了培养学生排除故障的能力之外,还要培养他们分析问题的能力。同样以大赛汽修项目为例,当遇到了没有学习过的故障点时,需要学生结合汽车的工作原理,首先对汽车的故障现象进行分析,列出可能存在的故障原因,然后结合汽车电路图,按照电路图上各个零部件的工作步骤,从前往后进行逐一排查,最终确定存在故障的位置。而这个排除过程最主要的就是培养学生对于电路图的分析能力。除此之外,在教学过程中还需要加强心态的训练,在比赛的过程中,很多参赛学生在重压下都会有发挥失常的情况,为了减少参赛学生在重压之下犯错的情况,需要进行一定的抗压能力训练,可以在平时的模拟测试时,邀请校领导或者其他老师来进行观摩和评判,营造大赛氛围,模拟大赛环境,同时给他们设置一些意外的突发情况,比如工具缺失、时间缩短、临时增加故障点等,以此来考验他们的抗压和临场应变能力。

（五）重视学习规范的养成

我们要重视学习态度和学习规范的养成。正所谓无规矩不成方圆,如果在平时的教学中,让参赛学生养成了自由散漫的习惯,将使得教学的质量大打折扣,同时也会影响其他班级学生的学习态度,连选拔出来的优秀学生都可以如此散漫,那普通学生会更没有约束。笔者认为竞赛的教学管理要求不能放松,如有事缺席,同样要遵循正常的请假流程,首先向辅导员提出书面申请并签字,再交给带教老师并说明情况,得到带教老师的批准后方可。如有迟到或早退情况,事后必须做出检讨并提出解决方法。

（六）建立教学反馈机制

关于技能大赛的教学,相关院系负责人不应该做甩手掌柜,将任务下派后就不管不问,应该定期与带教老师进行沟通,询问教学情况,是否需要后勤、人力或者设备的帮助等,如有相关问题应及时进行解决。邀请企业技术能手参与到院校技能大赛教学的指导中,将企业、行业的新技术、新工艺、先进的生产管理经验、规范的操作规程等带入教学环节。聘请专家来校指导,定期为参赛学生设计考试题目,检验一段时间以来的教学效果,测试的成绩就是一个直观的教学反馈评价。专家还可以从测试中发现教学的不足之处,并针对不足提出改进意见。总之,我们需要建立一套比较完善的评价反馈机制,及时检验参赛学生的学习情况和教学效果,及时调整教学计划,对症下药。

五、结语

　　职业院校技能大赛的开展增强了学生就业创业能力和职业转换能力,提高了就业率和就业质量,逐渐成为培养选拔高水平技能型人才的一个重要平台。[4]多年来的技能大赛表明,职业院校技能大赛对学生职业技能的培养以及职业素质的提升都有着明显的作用。参赛学生的实际动手能力和团队协作能力相比其他学生都有一定的优势。同时,各院校通过参赛经验的积累,在人才培养模式上也都有了不同程度的改变,这不仅提高了教育教学的质量,也促进了各专业人才培养模式的职业性和实践性,还提升了学校的社会影响力,使得"以赛促教、以赛促改、以赛促学、以赛促练、赛练结合"的人才培养模式逐步被各职业院校所接纳并实施。[5]做好职业院校技能大赛教学质量保障工作,对于职业院校的发展有着积极重要的意义。

参考文献

[1] 张俊勇,张玉梅.世界技能大赛与我国职业教育发展[J].职业技术教育,2018,39(27):47-54.

[2] 侯炜征.高职院校备战全国职业院校技能大赛的问题与对策[J].湖北工业职业技术学院学报,2017,30(2):7-10.

[3] 张宏,唐敏娟,赵红艳,等.高职院校学生工匠精神培育效果评价及质量保障机制研究[J].职业技术教育,2019,40(8):64-68.

[4] 刘永新,杜学森.职业技能大赛与高职人才培养模式的关系[J].教育与职业,2014(21):43-44.

[5] 崔升广.高等院校职业技能大赛学生选拔机制与管理体系[J].辽宁省交通高等专科学校学报,2019,21(1):85-87.

上海市 X 学校中高职贯通会计专业课程实施中的问题与对策
——基于 CIPP 评价模型

◎ 许 艺

> **摘 要** 作为近几年上海职业教育的一大创新举措——"中高职教育贯通培养模式"如何更好地凸显职业教育的优势成为人们聚焦的重点。在上海,商贸类学科占据了职业教育的半壁江山,会计专业又是其中的典型专业,如何有效进行商贸类专业的中高职贯通一直是相关领域学者们致力研究的重点方向。本文利用 CIPP 评价模型对上海市 X 学校中高职贯通会计专业课程实施进行内部评价,总结该学校多年来在实施"工学结合、校企合作"课程模式中的成绩和经验,同时结合该校的实际情况,调查研究中高贯通会计专业在课程实施中存在的问题和不足以及阻碍该模式开展的困难和问题,并探讨如何解决这些困难和问题的对策。
>
> **关键词** 中高职贯通 会计专业 课程 CIPP 评价模型

一、CIPP 评价模式基本思想

CIPP 模式是由美国教育评价专家斯塔佛尔比姆及其同事于 1966 年创立。这一模式由背景评价(Context Evaluation)、输入评价(Input Evaluation)、过程评价(Process Evaluation)和成果评价(Production Evaluation)四种评价所组成。CIPP 是这四种评价的缩写。该模式的核心思想是把教育评价看成是"为决策提供有用信息的过程"。[1]其中,背景评价是对教育目标的合理性进行诊断性评价,是根据社会需要和评价对象的状况,对所提出的教育目标进行价值判断,为计划决策服务;输入评价是对用以实现教育目标的教育

作者简介 许艺,上海市行政管理学校中级教师,会计专业带头人;同济大学职业技术教育学院 2017 级在读研究生,研究方向为职业教育。

方案进行可行性评价,即对实现教育目标所需要的条件、资源以及各备选方案进行评价,为组织决策服务;过程评价是对方案实施过程的形成性评价,即对方案实施过程进行连续不断的监督、检查和反馈,发现方案实施过程中存在的问题,通过对问题的分析,为决策的实施服务;成果评价是对教育方案实施结果的终结性评价,目的在于测量、解释和判断方案实施的成效,为下一周期新的教育方案的制定提供依据,为再决策服务。

课程实施是一个连续循环过程,涉及面广,影响因素多,不能仅用目标的达成程度或阶段的成果作为评价标准,应根据课程模式的组成要素和实施过程的各个环节,构建与课程实施实际相符的、健全规范的评价指标体系,使评价贯穿于整个课程实施过程中的各个环节,评价结果能真实、客观地反映课程实施的实际情况。

二、上海市 X 学校中高职贯通会计专业课程实施问题梳理——基于 CIPP 评价模型

(一)基于实施背景评价——课程设置滞后于行业趋势

根据《上海市中长期教育改革和发展规划纲要(2010—2020年)》提出的"促进中等职业教育与高等职业教育衔接"精神,为了落实《上海市人民政府关于加快发展现代职业教育的决定》(沪府发〔2015〕9号),X学校中高贯通会计专业应运而生,但时隔几年,云计算、大数据、人工智能等新技术迅猛发展并广泛应用于财务领域,信息资源进一步开放和共享,单位与外部环境之间、单位内部各部门之间的信息沟通更加广泛和快捷,业务信息与会计信息之间融合加快,传统的会计核算模式已经无法满足新时代的需求,使得原本中高贯通会计专业的课程已经无法满足现今的行业需求。越来越多的企业在基本会计知识技能之外,还对会计人才的经济学知识、预算管理能力、风险控制能力、财务数据分析与运用等知识技能做出了要求,但纵观专业课程设置图谱(图1),虽然已经加大了计算机技术、会计财务软件应用等课程的比例,但教学内容仍然比较陈旧,未涉及云财务、大数据分析等领域。目前专业课依然针对培养初级财务类岗位,课程集中在传统的基础会计、出纳、成本会计、纳税实务、初级会计实务、经济法基础等内容,对大数据分析、云财务软件应用、财务共享服务等行业前沿类课程还未涉及,专业的课程设置无法紧跟行业发展趋势,最终会使得毕业生的能力培养滞后于行业企业需求。

(二)基于实施输入评价——师资后续力量不足

师资力量不足是职业教育院校固有的问题,在中高职贯通专业培养模式中表现尤甚。在X校,7名专任教师担任中专会计和中高职会计专业课程,实际师生比将近1∶44,平均周课时量达到16节,除需要承担繁重的教学任务外绝大部分还担任班主任工作,分身乏术。

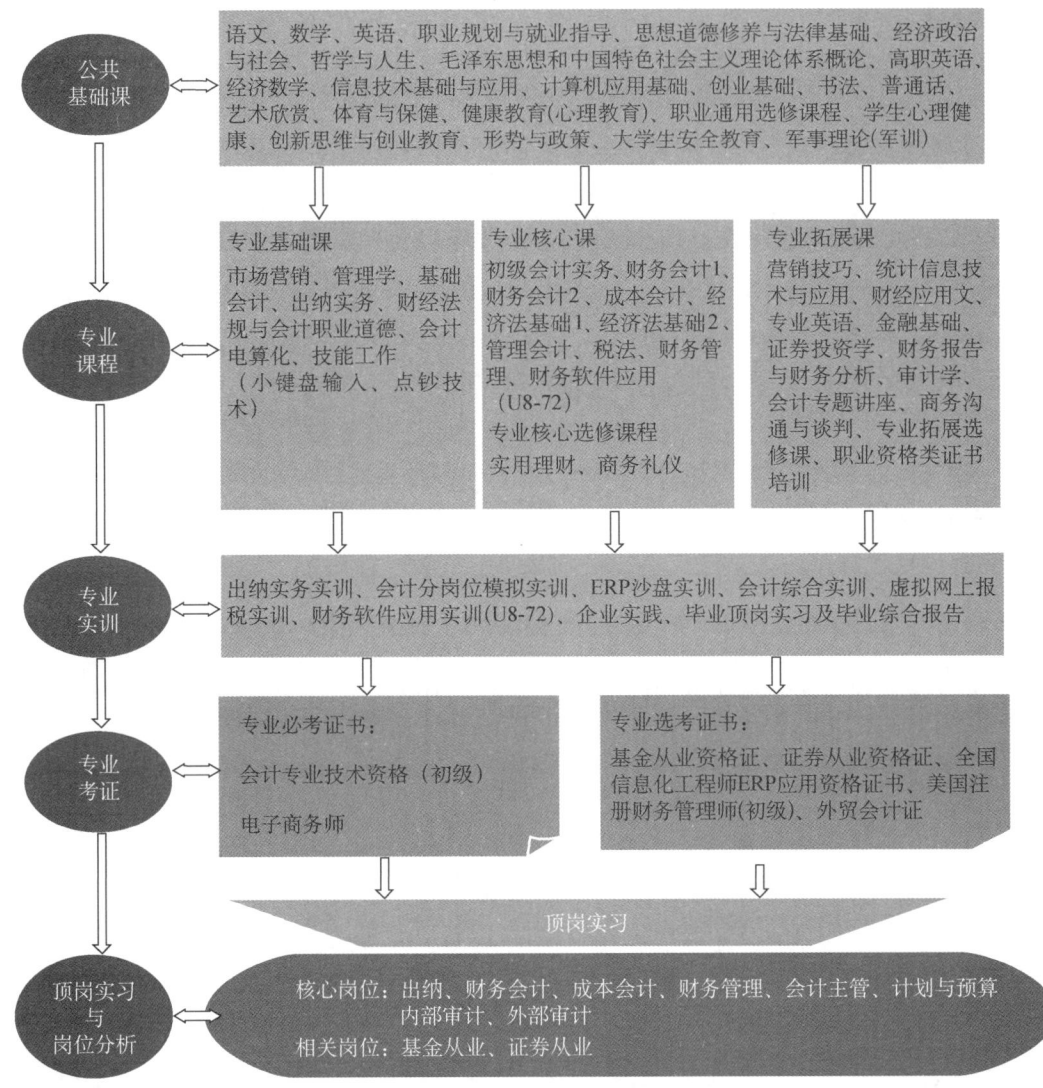

图 1　专业课程设置图谱

随着试点不断推进,师资力量逐渐跟不上教学计划的要求,专业课教师明显短缺。师资紧张还体现在各类比赛的参赛任务上,每年比赛就落在特定几人肩上,容易产生倦怠感,也不利于参赛作品的创新,很难有新的突破。

同时组内教师年龄构成不合理,35 岁以下教师占 42.8%,其中 1 人为 2019 年新入职教师,55 岁以上教师占 28.6% 且即将同时退休。多数青年教师资历尚浅,目前仅有 Z 老师一人为上海市中等职业学校财经商贸专业中心组成员,C 老师一人为上海市珠算协会会员,整体而言与嘉教集团、商贸集团、行业协会等理事单位联系不多,沟通交流不够深入。缺少企业背景实践经历的教师,使得教学内容、账务处理方式容易脱离企业实际,案例选取等缺乏典型性和实用性,学生毕业后无法真正做到与岗位对接,知识、视野依然局限在校内。

(三) 基于实施过程评价

虽然在专业成立之初,X 校就联合上海 G 学院对贯通高职共同研讨完成了"会计专业中高贯通培养教学管理文件"的撰稿,文稿中包括全部的教学规章制度(中职段、高职段)、学籍管理制度(中职段、高职段)、甄别制度、转段制度、联合编写教材等教改科研项目规定、联合教研管理制度等。但在实施过程中发现仍存在一些不足之处,通过梳理观测点得到在二级指标打分标准分值不高的原因,集中体现在课程模式优势不突显和甄别标准宽松,缺少第三方监督导致学生后序学习动力缺乏。

1. 课程模式优势不突显

在课程体系衔接方面,首先该校在贯通课程的衔接路径上主要采用的是对照式衔接与下延式衔接相结合的方式。即将现有的中职课程体系与高职课程体系进行对照分析,然后将相关课程进行合并或者删减,并以高职为参照点,将中职能承担的课程下移到中职阶段从而形成中高职教育贯通培养模式的课程体系,导致较难区分中高贯通人才培养与传统高职人才培养之间的差异性和独特性,一定程度上阻碍了中高贯通本有目标的实现。其次课程内容方面缺乏统一的衔接标准。当前国家和地方在职业教育专业课程的设置和编排上,基本处于边开发边完善的阶段,还没有制定出非常完整统一的课程标准和要求。[2]尤其是高职院校,在制定编排专业课程和教学内容的时候,更多是根据自身学校和专业的发展需求,各自为阵地选择相应内容。这种简单的下移或者阶段式割裂的课程安排方式一方面有违贯通的本意,另一方面也并不符合教育规律,很难想象中职阶段学生的心智能够接受高职阶段才能学习的内容。

2. 甄别标准宽松,学习动力缺乏

五年长学制培养本身易造成学生学习疲劳,缺少相对完善的淘汰机制和约束手段,又没有第三方监督,缺少适当外部配套约束制度,学生通过甄别后再无其他外部压力,无需参加高考便可直接升入高职使得个别学生误以为上了中高职就是进了"保险箱",学生很容易出现学习不积极、态度不端正的情况且很难解决。

上海市政府对于贯通学生的监控管理做出了相关规定,但相关政府文件指导性较强,微观实施过程中具体情况、具体问题需要具体分析,具体政策文件还有待于进一步细化尤其是关于一年甄别和三年转段,在实际操作中出现了打折扣的现象,管理出现疏漏,奖罚不到位,管理者对学生管理带有一定的感情因素,以致学校的制度效用不大,制度建设的目的仍然是应对检查,削弱了制度的约束力和激励作用。[3]

(四) 基于实施结果评价——社会影响力途径单一

统计资料显示,该校会计专业学生获奖人数在保持逐年递增态势的同时,2016 年之后

的市级和国家级奖项获取情况趋向于稳定,学生的职业能力培养相对稳定(表1)。但需要防止出现以参赛获奖为目的而过度强调学生点钞、传票录入等单一技能的训练,且类似技能极易被机器取代,忽视了学生综合业务能力的培养,学生毕业后竞争优势不凸显。

表1　X学校历年中高职贯通会计专业学生获奖人次统计

年份	2016	2017	2018	2019
市级奖项	17	39	54	47
国家级奖项	0	3	6	4

此外,加强专业的普职渗透、扩大影响力的主要途径为"职业体验日"。职业体验日是目前上海各中职校普职渗透的主要渠道。经过多年的发展,"职业体验日"活动受到越来越多学生和家长的欢迎,社会影响日益扩大,成为上海普职渗透的经典案例,但多年来鲜有其他举措,正面临项目活动单一、内容无法持续吸引学生等问题,亟须创新普职渗透途径。

(五) 小结

会计专业中高职贯通符合上海市职业教育的发展趋势,迎合了自身发展需求,为教育改革提供了一种可能,然而随着具体实施过程逐渐深入,在实际实施过程中或多或少出现了问题,如中高职贯通专业课程设置滞后于行业发展趋势问题,课程模式无法突显优势问题、课程有效衔接问题、长学制带来的学生学习积极性问题,培养过程和结果缺少第三方监督问题等。这些问题如不能得到正确对待,势必影响中高职贯通专业的进一步发展,培养目标必将脱离学校的控制,影响学生的培养质量,对学生的发展造成不可弥补的伤害。

三、中高职贯通会计专业课程实施优化建议

"中高职教育贯通培养模式"是上海职业教育的一大创新举措,会计专业实行中高职贯通模式的初衷是希望能够对中职与高职的课程进行一体化的建设,从而能有效对接产业布局,使人才能够有效匹配市场需求,扩展职业教育发展的前景,为经济和社会的发展培养大规模的高技能会计人才。但事物的发展本身就是一个不断修正和完善的过程,在中高职贯通培养的课程实施过程中也不可避免会出现一些问题和偏差,针对上文中梳理的问题,笔者提出如下几方面优化建议。

(一) 课程设置始终紧贴行业需求

遵循"发展需要驱动"的规则,如今会计行业中"财务共享服务""业务财务一体化"的出现,需要企业会计再分工、岗位职能再定位。在人工智能大背景下,企业财务工作面临大的转型,会计专业教学的改革已是大势所趋。故中职院校要想切实培育满足当代社会及岗位

需求的专业会计人才,则必然要对传统教育模式与内容予以有效改革,但现行中高职会计专业课程体系中传统财务会计类课程占比较大,且理论知识多,培养对象掌握较为困难。因此,传统的会计教学方式已不再能满足新时代下企业发展对财务人员专业能力的需求。在中高职会计专业课程的教学过程中,应该适当地调整专业的教学内容,深化教学方式,对专业理论知识和专业技能训练不应过多强调学科、系统和体系,不单一地强调基础性会计技能,如点钞、收银处理、凭证填制和装订等,应有效提高学生的计算机基础应用水平,培养其对数据分析处理和决策能力以及财务信息分析能力。在会计课程体系上,提倡多元化、系统化、一体化,以拓展学生综合分析思维素质为重点,以信息化课程为导向,提升学生的自主学习能力,将管理学、计算机信息技术以及互联网会计课程融入中职会计的专业课程教学过程中,通过合理地应用沙盘模拟企业经营,锻炼学生的企业预测决策思维。此外,加大 Excel 在财会应用课程中的实训比例,教会学生运用 Excel 电子表格制作电子账,利用软件工具进行在线财务数据查看和分析,加强对学生会计能力的培养,如此方能切实培育出具有较高素质的专业会计人才,从而为学生日后的发展奠定牢固基础。

(二) 建立贯通专业教师共享平台

鉴于目前职校普遍存在师资短缺的情况,可以推行区域教师共享。师资共享分为两类:直接共享型和间接共享型[4]。直接共享就是中高职贯通双方教师直接到对方学校进行教育教学活动,承担部分课程教学工作。间接共享是指中高职教师通过双方的交流活动来间接影响到人才培养。间接共享的主要形式有:联合教研活动、师资培训活动、共同科研活动等形式。联合教研活动是间接共享的主要形式,双方相关课程的教师定期举行教研活动,搭建区域内贯通专业师资共建共享、互助互利平台。将会计中高职学校贯通专业教师联合组建"师资库共享平台",由各校专业带头人或者骨干教师负责管理,一方面,有利于相同贯通专业学校实现师资的共享,统筹安排教育教学各项事务,教师充分参与到"共享平台"中,内部按照课程类别分成小组,组长负责培养年轻教师、组织课程研讨、开展课题研究等活动,共同开展教学研究,进行课程标准、教材等教学资源开发,合作开展教育教学研究等等;另一方面,有利于各校间师资共享经验、相互学习,如共享学校层面制度保障的建立,可供参加的有效的师资共享活动等;政府层面也可借助平台发现师资共享中遇到的共性问题,及时开展调研,做好制度配套工作。

(三) 促进贯通专业课程全方位衔接

无论在何种教育体系之中,课程终究是该种体系的核心要素,能否实现中职与高职间课程的有效衔接将成为制约中高职教育贯通培养模式有效性的一大关键。为了保证中高职贯通会计专业的人才培养质量,应从全方位促进专业课程衔接。

贯通专业应在深入开展专业调研,准确定位职业岗位群,以及它们所要求的知识结构、能力结构和技能结构的基础上,以中职课程内容的终点是高职课程内容的起点为原则,聘请行业企业专家、中职学校教师共同商讨制定中高职衔接的教学计划和课程标准,落实1+X证书制度,实现中、高职课程内容的纵向衔接[5]。如"会计实务"课程内容按其难易程度可划分为初级、中级和高级三个层次,根据人才培养规格要求,在中职阶段开设"初级会计实务",在高职阶段开设"中级会计实务",这样既可避免中、高职课程内容的重复,又拓宽和深化了课程内容。与此同时,中高职贯通专业应注重提高教师对教学内容的整合处理能力。由于会计课程本身的关联性,加上课程与教材的建设周期相对较长,而生源的基础每年都在不断地发生变化,需要教师充分发挥主观能动性,对课程内容进行整合优化,如将"中级会计实务"中的"所得税会计"与"税费计算与纳税申报"进行整合,将"成本会计"中的"成本分析"与"财务报表分析"进行整合等,实现课程内容的横向衔接,实现课程内容衔接的连续性和综合性。另外,试点专业在文化课的设置上应遵循学生认知发展的科学规律,合理安排在贯通学制的各阶段,不能简单地下移到中职阶段。

(四) 完善贯通专业质量监控机制

目前全市共有将近10个中高职贯通会计专业,但市级层面未形成统一的技能和专业课考核标准,对学生甄别转段标准各校之间存在较大差异,因此建立合理有效的监控评价机制显得更加必要。

实施甄别转断考核应做到标准统一。在甄别阶段,文化课甄别可充分发挥目前上海市学业水平测试的作用,不仅要求学生通过合格考,更要对等级考成绩做相应规定,例如全部课程达到A级;在专业技能甄别时,由教育部口委托第三方机构在充分调研上海市各个学校中高贯通会计专业学情的基础上制定统一的专业技能甄别标准,共同制定考核方案,并提供具体方式指导或统一命题,具体甄别时,几所院校同时进行,共同设置考场,全部学生由系统随机抽取考场及场次;同理,在第三年转断时应增设相应考核,对接高职应该全程参与中高贯通专业的教学质量考核,坚持质量监控中高一体化[6]。因此,考核由对接高职院校负责命题、阅卷,实行教考分离,考核结果将作为重要参考依据。如此一来,学生再不会思想松懈、以为可以高枕无忧了。同时,完善中高职贯通专业的淘汰机制,对甄别为不合格或者无法通过转段的学生制定详细的管理机制,出台完整的配套实施细则,严格执行,让学生产生"紧迫感"。

(五) 优化职业体验日加大社会影响力

从职业教育角度看,职业体验是现代职教体系的重要内容,是促进普职深度融合、扩大职业教育优质资源利用效益、提升职业教育吸引力和影响力的重要途径。但与之而来的是面临项目活动单一,对学生吸引力降低等问题,亟需拓宽职业体验途径,优化职业体验内容。可以从几个方面入手整合多方资源,建立长效机制,使其不断向规范化、制度化、科学化方向发展。

一方面,扩大职业体验合作范围,以职业学校的合作企业建立"中小学校、职业学校、企业"的多元主体参与机制,鼓励行业企业与中小学合作开展职业体验活动[7]。中小学校与企业还可在职业参观、职业体验日、职业体验夏令营等方面加强合作。譬如北京市东城区教委自2014年起联合100多家单位,为区内学生搭建职业体验营活动平台,学生可通过东城数字德育网在网上预约职业体验营活动。学生深入企业内部,在瑞星公司学习互联网安全知识,在首都机场航空安保公司感悟爱岗敬责的态度,在蒙牛乳业公司体会人才之于企业的意义[8]。另一方面,重视家校合作,加强学生、教师和家长之间的沟通,丰富家长培训、家长课堂、家长学校等形式,有目的、有意识地转变家长对职业学校的观念和态度。同时,学校可以联合专业特色和优势与周边中小学校共建职业体验培训基地,探索职业体验"课程包"建设,学校或者学生从"课程包"中选择适合自己的体验课程,将职业体验培训基地打造成集教育、教研、实践为一体的平台[9]。譬如上海市商贸旅游学校自2014年4月起依托上海现代商贸开放实训中心,以"营销节"文化集市形式开展职业体验活动,设立了上海首个区级层面的"黄浦区中小学生职业体验学习中"。

总之,需要以"职业体验日"为核心点,运用发散思维努力将其放大,成为社会各层面认识学校了解学校的明信片,拓展社会声誉。

四、总结与展望

中高职教育贯通培养模式本身是值得肯定的,它完善了职业教育体系,为学生的发展提供了一种新的可能,解决了一些顽疾。上海市X学校中高职贯通会计专业尽管仍有许多方面需要完善,但整体而言这种人才培养模式依然值得肯定,从学生在各类比赛中的获奖率、各种证书通过率以及实习单位满意度方面都能得到印证,况且会计专业中高职贯通在学校、家长和企业角度而言是很受欢迎的,学生也能得到更系统的培养。

针对目前存在问题的建议部分,只是笔者对于中高职贯通会计专业提出的一些拙见,希望通过对本专业的自我剖析给其他同类院校一些启发与借鉴,同时也为接下来的会计专业中本贯通做好准备,吸取中高贯通课程实施中的经验与不足,推动学校发展中本贯通,更好地培养技能型应用型人才,这也是笔者今后继续努力研究的方向。

参考文献

[1] 郑谦,汪伟忠,赵伟峰,胡月英.应用型高校实践教学质量评价指标体系研究[J].高教探索,2016(12):95-97.

[2] 高蓉.中高职贯通会计专业课程体系衔接的研究[J].会计教育,2015(12):123-125.

［3］王素红,赵清艳.基于"三二分段"中高职衔接的教学质量体系研究[J].职业教育研究,2017(4):38-40.

［4］肖艳婷.中高等职业教育课程衔接的制约因素及其对策研究[D].天津:天津大学,2013.

［5］金雪燕.中高职衔接下会计教育的分层次教学模式研究[D].北京:首都经济贸易大学,2015.

［6］许名勇,龚勋.中高职一体化人才培养模式下的教学质量监控体系构建[J].职教论坛,2015(5):88-91.

［7］高瑜,王振.中小学职业体验可持续发展的路径选择[J].职业教育研究,2019(12):11-15.

［8］周维红.体验学习视角下上海市学生职业体验日的经验及启示[J].当代职业教育,2016(12):72-75.

［9］高瑜.近十年来我国中小学生职业体验研究综述[J].当代职业教育,2019(5):40-46.

基于家园共育的小班幼儿生活自理能力培养路径与方法的行动研究

◎ 许碧芸

摘 要 幼儿生活自理能力是幼儿独立性发展的第一步,也是保证幼儿全面发展的基础素质之一,它潜移默化地影响着幼儿以后的生活。3~4岁这个小班年龄段是幼儿生活自理能力和良好生活习惯养成的关键期和启蒙期,如何把握好这个关键时期至关重要。开展小班幼儿生活自理能力培养,不仅是幼儿园工作的重要内容,而且也是家庭教育过程中所需要关注的一部分。家长作为幼儿园教育工作中重要的合作伙伴也应该积极参与整个过程,幼儿园要特别重视家庭教育的指导,使家长充分意识到在孩子成长过程中家长的参与是不可缺失的。我们将家庭教育与幼儿园教育相结合,家园共育促进小班幼儿生活自理能力发展,从而取得教育最大优势。

关键词 家园共育 小班幼儿 生活自理能力

一、引言

《3~6岁儿童学习与发展指南》[1]中明确提出要帮助小班幼儿养成良好的生活与卫生习惯,提高自我保护能力,形成使其终身受益的生活能力和文明生活方式。同时,著名的教育学家陈鹤琴先生也提出:"凡是儿童自己能做的,应当让他自己做。"[2]因此,小班幼儿生活自理能力的培养是至关重要的。但据调查我们发现,家长普遍认为早期教育注重的是技能传授,而往往忽略了对幼儿生活自理能力的培养,忽视了幼儿自理能力的发展,这就造成如今很多孩子生活自理能力差,社会适应能力薄弱等现象。

那么,如何围绕小班幼儿生活自理能力发展的目标,通过家园合作与互动,实施形式多样、资源丰富、家园同步、开放有效的小班幼儿生活自理能力的培养呢?"基于家园共育的

作者简介 许碧芸,上海市静安区汾西路幼儿园,教师,教育学本科;同济大学教育硕士在读,教育管理方向。

小班幼儿生活自理能力培养路径与方法的行动研究"就是对上述问题的思考后产生的课题。在基于对家园共育教育的认识基础上,在培养小班幼儿生活自理能力方面的有效策略进行简单研究,为家园共育中小班幼儿生活自理能力教育改善提供借鉴作用。

二、问题的提出

(一)关键概念的界定

1. 家园共育

家园共育就是家长与幼儿园共同完成孩子的教育,在孩子的教育过程中并不是家庭或是幼儿园单方面的进行教育工作。家园共育在家长和孩子中起到至关重要的效果,是幼儿园与家长本着尊重、支持、合作的原则,围绕共同的教育目标,以有效的家园沟通方式,不断更新教育理念、改进教育策略、完善教育过程。在家园互动与合作中,幼儿园与家长各尽其职,共同完成对幼儿的教育。

2. 生活自理能力

生活自理能力就是幼儿有初步照料自己生活的能力,学会自己的事情自己做,是最基本的生活技能。3~5岁是幼儿生活自理能力发展的关键时期,其内容主要包括:愉快地进餐,正确使用勺子和筷子,饭后擦嘴;按次序穿脱衣服和鞋袜,会系鞋带和整理床铺;会正确洗手、洗脸、刷牙,保持仪表整洁等。[4]生活自理能力与幼儿的健康、认知、个性有密切关系,它的培养与提高也有助于幼儿独立性发展,从而使幼儿不断适应环境、适应生活。

3. 小班生活自理能力

小班生活自理能力,是指小班幼儿在生活中自己照料自己的行为能力。小班幼儿是孩子进入到幼儿园学习的初级阶段,此时期的幼儿可塑造性较强,比较易于接受老师的各种训练。经过长期有效的培养与教育,小班幼儿能够从小养成良好的行为习惯与较强的自理能力。小班幼儿学习方法为寓教于乐,让幼儿知道自理的方法,在思想上使孩子树立生活自理意识。

(二)课题研究意义与背景

1. 小班幼儿生活自理能力培养的现状

如今,由于多数幼儿还是独生子女,我们发现越来越多的幼儿自理能力薄弱,例如小班幼儿不会上厕所,尿不湿随身携带;有的幼儿连吃饭也不会,需要成人的喂养,等等。因此,加强小班幼儿的生活自理能力培养是刻不容缓的。幼儿期是孩子生活自理发展和培养的萌芽期,在幼儿园教师有效地实行小班幼儿生活自理能力培养,在思想上使孩子树立生活自理意识,为培养合格的现代公民打下了坚实的基础。

2. 家园共育的小班幼儿生活自理能力培养的现状

幼儿期是一个需要成人保护和精细照顾的时期,同时又是幼儿从依赖成人逐步学会自理、自立、迈向独立的时期。生活自理能力是幼儿养成良好习惯的重要组成部分,是素质教育发展的基础,关系到幼儿将来能否健康成长。心理学家埃里克森认为:"个人未来在社会中取得的成就与儿童所达到的主动性程度有关。"但在目前教育现实中,由于家庭、社会等因素,导致了家长过分宠爱和溺爱自己的孩子,尤其是隔代亲,这就导致了小班幼儿自理能力往往会被剥夺,长期以代替操办为主,对幼儿进行过多的保护和干预,使幼儿总是依赖成人,等待成人去安排,从而失去了幼儿生活自理的能力与机会,小班幼儿自理能力发展也无法得到有效发展与提高。

3. 家园共育的内涵与意义

家园合作共育是一种家长和幼儿园双向联动的教育活动形式,它需要家庭教育与幼儿园教育相互配合才能促进幼儿的健康成长。在整个家园共育中,核心是幼儿,幼儿是幼儿园和家庭服务的共同对象。家园共育的教育意义在于不仅能有效地培养幼儿的良好的行为习惯,能够使幼儿的自理能力得到全面提升,同时也能促进幼儿自我服务意识的建立,甚至能加深幼儿家长与幼儿园之间的联系。在幼儿教育时期,学校教育和家庭教育是紧密联系不可分割的,只有两个教育拧成一团绳,共同促进幼儿的成长才更有效。

(三)研究目标

对家园共育在小班幼儿生活自理能力培养方面的现状进行调查和分析。通过分析,结合幼儿园课程实施和家长指导工作来探索在家园共育中培养小班幼儿自我能力的培养路径与方法。

三、研究方法

(一)研究对象

汾西路幼儿园小班全体幼儿及其家长。

(二)具体的研究方法

(1) 文献研究:阅读学习国内外"家园共育中的小班幼儿生活自理能力"和"培养的路径与方法"的相关研究的基本思路、研究途径、方法与成果等;

(2) 个案研究:研读与分析幼儿案例与活动设计,从而寻找到适合家园共育中小班幼儿"生活自理能力提升"的切入口;

(3) 行动研究:设计、应用并验证"家园共育培养的路径与方法",分析其对小班幼儿生活自理能力发展的影响,帮助教师、家庭在具体任务中理解其中的关键,探索有效方法。

(4)问卷调查:设计"家园共育中小班幼儿生活自理能力情况"问卷调查并请家长完成问卷调查。

(三)研究步骤

本课题研究时间为2018年10月至2019年9月,具体安排见表1。

表1 研究时间安排

研究阶段	研究时间	主要任务
准备阶段	2018.10—2018.11 文献研究与现状调查阶段	1. 查阅家园共育中小班幼儿生活自理能力的相关文献,初步完成资料查阅工作。 2. 综合理论与实践上的家园共育中小班幼儿生活自理能力的现状研究,撰写开题报告,并进行开题论证。 3. 调查我园小班幼儿生活自理能力的情况,结合班级情况进行设计、调整调查问卷
实施阶段	2018.12—2019.3 行动研究与案例分析阶段	1. 综合理论与实践的基础上,开展家长问卷调查研究,并进行统计与汇总。 2. 观察小班幼儿生活自理能力情况并收集典型案例。 3. 撰写教师指导家长进行小班幼儿生活自理能力典型事例,分析问题,提炼有效经验,形成幼儿园教师指导家长进行小班生活自理能力的相关策略
	2019.4—2019.6 实践检验与分析调整阶段	1. 实施家园共育培养小班幼儿生活自理能力,进行实践检验,进一步分析调整。 2. 通过案例分析、现场观摩、家长反馈,检验并动态调整教师指导家长进行小班幼儿生活自理能力的方法和策略。 3. 回顾研究经验,分析存在问题,完善课题思路
总结阶段	2019.7—2019.9 回顾总结与成果梳理阶段	1. 整理过程性资料,对所有材料进行汇总。 2. 撰写、调整结题报告

四、研究成效与分析

(一)在家园共育的内容上

小班阶段是提高幼儿生活自理能力方面的最佳时期,也是幼儿生活自理能力和良好生活习惯初步养成培养的关键时期。经过调查了解,家长都表示对于小班时期培养幼儿生活自理能力方面具体包含什么内容都比较困惑,因此幼儿园有必要与家长共同了解小班幼儿生活自理能力的内容,这样才能使家园共育保持一致性。

1. 从小班幼儿年龄段入手,选择有意义、有针对性的小班幼儿生活自理能力培养内容,实现家园共育一致性。

根据《3~6岁儿童学习与发展指南》[1]和《上海市学前教育课程指南》[3],同时观察小班幼儿生活自理能力的情况,我们选择了以下观察小班幼儿生活自理能力内容(表2),并区分了家园各方面培养小班幼儿生活自理能力的策略,帮助幼儿园、家长同步培养小班幼儿最基本的生活习惯和自理能力。

表2 家园共育中小班幼儿生活自理能力观察内容

序号	内容	目标	幼儿园方面	家庭方面
1	洗手	在教师的帮助下,能够将袖子卷起,会自己冲湿手、打肥皂、搓左右手,把肥皂冲洗干净后用毛巾擦干手	运用多种途径让幼儿了解有关洗手卫生的常识,使幼儿尽快掌握正确的洗手方法	请幼儿学做老师,教爸爸妈妈来洗手。建议以儿歌形式与幼儿一起学习
2	穿脱衣服	有主动穿衣服的意识,能够在成人的帮助下穿脱衣服或者鞋袜,并初步学会叠衣裤	利用儿歌教幼儿掌握正确的穿脱衣服的方法,在游戏中巩固穿脱衣服的方法。利用午休前和起床后,进行穿脱衣服比赛	家长可利用早晚睡觉、起床时竞赛的形式,调动幼儿主动练习穿脱衣服的技能和积极性。对平时乱放衣物的孩子,家长应给予提示:"宝宝脱下的衣服应该怎么办?"
3	收拾玩具	能将玩过的物品放入筐中,认识物品的标志,不乱扔乱放	利用故事、情景讲述、歌曲等方法对幼儿收放玩具进行教育。培养幼儿有意识地收放玩具及物品并强化"用后的物品要收放好"的良好行为习惯	在家玩好玩具后,家长应有意识地让孩子自己收拾玩具。当幼儿能按要求收放整齐时,家长应及时给予鼓励。孩子能做的事坚持让孩子自己做
4	进餐	能够熟练地用勺子吃饭;学习饭后自己收拾餐具	运用多种形式鼓励幼儿学习和掌握自己用小勺吃饭,并在饭后有意识地将餐具送到固定地方	在吃饭的时候引导幼儿自己学用勺子吃饭,结束后帮忙收拾餐具,家长要记得奖励、鼓励幼儿的劳动成果

2. 从幼儿兴趣点着手,关注幼儿的一日生活,切实鼓励幼儿做力所能及的事情,从而确定家园共育的内容。

小班幼儿由于年龄特点的关系,他们喜欢模仿,而且此时的可塑性很强。因此在培养和发展小班幼儿新的自理能力时,我们要通过各种形式来吸引孩子的目光,例如游戏、儿歌、故事等,在快乐中学习自理能力行为。我们要关注幼儿一日生活,了解幼儿的需求以及最近发展区,从而鼓励幼儿做力所能及的事情。这往往也是家长容易忽视的,更重要的是家庭教育要与幼儿园同心,为此我们设计了观察记录问卷,较好地将幼儿园与家庭教育相结合,促进教育的一致性(表3)。

表3　小班幼儿生活自理能力培养家园互动式观察记录

姓名：	班级	月份	日期：
课程	发展目标		主题活动的内容
主题活动"收拾玩具"	1. 能将玩过的物品放入筐中。 2. 认识物品的标志,不乱扔乱放		故事:"玩具回家"、游戏:"找家家"、儿歌:"我把玩具送回家"……

致家长:
　　为幼儿创设一个有利于幼儿生活自理的生活环境,譬如:提供一些纸箱、盒子,供幼儿收拾和存放自己的玩具、图书和生活用品。在幼儿独立完成后给予表扬和鼓励

幼儿在园表现:(图文)	幼儿在家表现:(图文)

分析与评价:

备注:
1. 家长只需填写"幼儿在家表现"一栏。
2. 根据主题发展要求,真实、客观地描述幼儿表现,不带主观评价。
3. 可以图文并茂的方式呈现。

（二）在家园共育的方式上

通过调查我们也发现,如今幼儿家庭中育儿态度与以往有了明显的变化,家庭教育家长们也开始重视,但是我们也发现家长在教育方面有重此轻彼的现象:注重知识技能的传授,忽视幼儿自理能力和行为习惯的培养。家长们对于小班幼儿生活自理能力培养的方式模棱两可,有些家长认为小班幼儿年龄段孩子太小不着急培养幼儿的生活自理能力;有些家长认为幼儿自理能力表现容易出现两面性,在家与幼儿园的表现截然不同,等等。

　　因此,我们在家园共育培养小班幼儿生活自理能力的方法上寻求突破口,也希望通过有效多元的形式帮助家长培养小班幼儿生活自理能力提高(图1)。

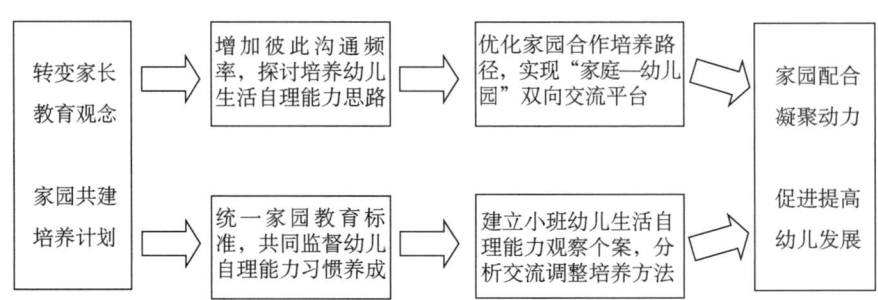

图1　家园共育培养小班幼儿生活自理能力的路径与方法

1. 转变家长教育观念,家园共建幼儿自理能力培养的教育计划

在家园共育培养幼儿发展中,家长的教育观念是至关重要的。我们要重视家长的教育理念与想法。首先,教师是家园共育中的桥梁,在家庭教育方面教师要充分发挥自己的专业优势,在了解每个孩子的基础上利用一切资源,宣传和介绍小班幼儿生活自理能力培养的重要性,给予家长合理的建议与指导;同时主动提供有效的信息与资源,让家长清晰了解在培养小班幼儿生活自理能力需要关注哪些、如何操作等,逐渐转变家长教育观念,提高家长参与教育的积极性。

其次,在制定小班幼儿生活自理能力的培养计划时,不要忽视家长的作用,要主动邀请家长与幼儿园共同制定幼儿自理能力教育培养的内容、计划等,这样才能让家园培养更具有操作性和针对性。在共同制定的过程中我们也能够清楚了解到家长的需求与困惑,也能使家长更多地参与幼儿的培养,更好地服务于家园。

2. 注重家园沟通交流,共同参与形成幼儿园和家庭联动机制

家园合作关系有序进行的关键就在于家园双方的有效沟通,而有效的沟通则能使双方更清楚地认识小班幼儿在生活自理方面所存在的问题表现,从而更有效地培养幼儿的发展。

(1) 开展家长开放日活动,了解幼儿生活自理能力水平

家长开放日活动是幼儿园定期邀请家长来幼儿园参加教育活动,在活动中家长可以直观地了解孩子在幼儿园的生活自理能力培养的情况,学习教师在幼儿园如何提高孩子的自理能力。

(2) 开展家长资源介入活动,帮助家长积累实践经验

家长除了参与幼儿园的指导活动和分层培训,更需要在实践中提高自己实践经验与幼儿的互动能力。定期组织家长介入幼儿园生活活动是一种操作性强、互动全面的家园互动方式。在家长介入活动前,我们就家长介入的要点(即家长介入本次活动发挥的作用和可能出现的困难)和活动的主要内容与家长进行沟通和交流。活动的内容可以由教师提供、家长与教师共同完成或由家长提供疑问或素材,活动开展时邀请其他家长一起观摩。活动进行时,教师除了观察幼儿,更需要观察家长参与活动、组织活动的情况并进行相应记录。活动后,通过录像回放和分析的形式组织家长共同交流、讨论本次活动,鼓励家长提出疑问或看法,并由介入家长介绍活动后的感想和经验。最后由教师对本次家长介入活动进行反馈,同时邀请其他家长下次活动时再次介入这一内容,提高家长的介入能力和组织能力。

(3) 利用网络模式创新培养策略,优化家园合作培养途径

家园合作的模式多种多样,但如何更有效地体现在幼儿自理能力的培养上,需要与时俱进。我们通过萌宝家园平台,教师可以通过图片、视频、文字等形式展现幼儿在幼儿园生活自理能力表现。为了更好地做到家园有效互动,我们在萌宝家园中设置了观察记录表格,及时体现每个幼儿的自理能力发展水平家长也可以根据自己幼儿在家的表现进行点评

和发表,从而相互对照幼儿在园和在家的表现。如果家长有困惑或者疑问,也可以直接在网络平台上与教师沟通,教师也会给予指导意见与看法,更好地促进家园互动交流,优化了教育模式以及幼儿自理行为习惯等方面培养(图2)。

图2　网络平台上幼儿表现观察记录

3. 建立幼儿个案观察,家园携手动态跟踪幼儿的发展

幼儿的生活大多数是在家里发生的,幼儿在家庭中生活自理能力的情况以及家长指导表现等等,这些都是我们幼儿园和老师所了解不到的。因此,建立幼儿的个案观察是非常有必要的,我们可以通过一系列的观察,直观了解家长在家中是如何开展自我能力培养的,同时也便于家长与教师进行互动,帮助家长解决在家中引导幼儿生活自理能力锻炼时出现的问题以及困惑。

同时,我们也可以很好地利用这些资源,在家长会、家长指导活动中邀请家长为我们介绍案例,同时也邀请各位家长表达自己的看法,在这个过程中家长之间也能激发出许多新的教育理念的火花,从而梳理、分析、调整家长指导小班幼儿生活自理能力方面的方法与观念。为幼儿建立个案也是家园共同携手动态性可持续性地跟踪幼儿的发展,达成家园互通,形成双向互动,共同提高小班幼儿生活自理能力的发展。

五、结语

由于小班幼儿生活依赖性强,缺乏足够的生活认知和自我意识,小班幼儿生活自理能力都往往比较薄弱,有些幼儿甚至很难适应新的环境。同时现在部分家长过于宠溺孩子,总是认为小班幼儿年龄太小,往往出现包办行为,从而剥夺幼儿自我能力锻炼的机会。幼儿的生活大部分是在家庭里,家庭教育对幼儿起到了不可忽视的作用。我们也了解到,家长对于小班幼儿生活自理能力的培养内容与形式上比较模糊的,通过幼儿园与家长相互交流沟通携手并肩,这样才能使家庭教育起到一些改变,也让幼儿的培养有了一致性。因此,通过家园共育来培养小班幼儿生活自理能力就显得非常必要。

在研究中,虽然我们已经涉及了小班家长开展幼儿生活自理能力培养指导并提升了家长对小班生活自理能力培养的重视,但是由于时间的紧凑和自己研究经验的不足,对研究内容还不够深入,并且不能够系统化地进行实践与梳理经验。

与此同时,作为一名一线教师,需要深思的是如何更加长期性、可持续性地将家园合作促进小班幼儿生活自理能力的培养。此外,如何更加凸显小班幼儿年龄特点,探索有效的幼儿自理能力培养的方式和方法,更有针对性帮助家长参与教育与实践过程,这些都是需要下个阶段进行研究与实践的。

当然,小班幼儿生活自理能力的培养并不是一朝一夕的,而是一个漫长而曲折的过程。幼儿园要携手家长提供一个良好锻炼的空间,共同努力与坚持,相信自己的孩子,在今后的未来幼儿生活自理能力将会不断提高。

参考文献

[1] 崔灵菲.3~6岁儿童学习与发展指南[M].北京:首都师范大学出版社,2012.
[2] 陈鹤琴.家庭教育[M].北京:中国青年出版社,2012.
[3] 上海市教育委员会.上海市学前教育课程指南[M].上海:上海教育出版社,2004.
[4] 朱家雄.学前教育教师参考用书(试用本)生活活动[M].上海:上海教育出版社,2009.

小班角色游戏主题的形成与推进策略
——以"极乐汤"游戏为例

◎ 张 琪

> **摘 要** 本文从小班角色游戏其中的一个主题——"极乐汤"游戏出发,对角色游戏主题的形成与推进策略进行了研究。首先,通过与幼儿谈话,在幼儿已有生活经验的基础上,生成了符合幼儿兴趣的"极乐汤"这一游戏主题。然后,截取了游戏过程中的三个片段,分析了幼儿行为,并对实际采取的游戏推进策略进行了小结。在此基础上,从拓展游戏内容、满足幼儿需求、提升幼儿经验、创新游戏形式、提高游戏水平、深化游戏内涵等方面总结出幼儿角色游戏的推进策略。
>
> **关键词** 小班 角色游戏 策略

一、游戏主题来源

在小班上学期开展"不怕冷"主题活动时,教师和幼儿一起探讨能使身体暖和起来的方法。有的说:"可以吹空调。"有的说:"可以吃火锅。"……出乎意料的是有个幼儿说:"上次爸爸妈妈带我去极乐汤了,那里很暖和。"教师便和幼儿们用谈话的方式了解他们对极乐汤的熟悉程度。

经了解,大多数幼儿都去过类似的温泉,即使是没去过的幼儿也对那里有着浓厚的兴趣,他们纷纷表示很希望能去极乐汤。教师立即抓住幼儿的兴趣点进行讨论:"你们为什么喜欢极乐汤呢?"妍妍说:"因为极乐汤可以泡汤,让身体变暖和!"晨晨说:"我喜欢洗澡。"乐乐说:"那里有很多玩的东西。"其他幼儿也兴奋地参与了谈话。教师又询问:"极乐汤里有些什么你们知道吗?"小宝说:"有洗澡的地方。"欣欣说:"有温泉。"

通过与幼儿的谈话,方便了教师布置场景以及进行区域划分。教师认为可以根据幼儿

作者简介 张琪,上海市浦东新区博山幼儿园,教师;同济大学教育硕士在读,教育管理方向。

的兴趣开展一些相关的活动,便答应他们之后可以开展极乐汤的游戏。另外,通过师幼之间的谈话,教师引导幼儿回忆关于极乐汤的已有经验,这也是教师在了解幼儿已有生活经验的基础上,方可决定自己后续应该为幼儿提供何种支持。

在征得幼儿们的意见后,教师把三处娃娃家其中一处改成"极乐汤"。之后,两名教师便一起用饭勺、彩带、纸箱做了坐浴区,用彩带、即时贴卷心、饭勺、纸箱做成了淋浴区。在洗浴区教师还投放了毛巾、浴巾等用品增添游戏的情趣性。另外,冲淋区对面的空地铺设垫子,放上一些卡通树木、花朵布置成室外温泉场景。

在开始正式游戏前,教师通过播放卡通动画,引导幼儿观察洗澡的具体步骤。并且通过谈话的方法与幼儿交流"极乐汤"中服务人员具体需要负责哪些工作。幼儿们认为服务员可以负责收取浴资。我们的"极乐汤"游戏主题,在幼儿的兴奋与期待中生成了。

二、游戏实录与分析

(一)游戏实录片段一

游戏一开始,雨雨牵着楷楷来到了"极乐汤"。"服务员"佳佳看到他们马上热情地说:"欢迎光临!"随后又指了指洗浴区说:"你们可以先去洗澡。"两个人一个选择了坐浴区,一个选择了冲淋区。楷楷看着手里的"手机"犯了难"这个怎么办?"雨雨指了指纸柜说:"放这。"两个人对纸柜上摆放着的洗浴用品很感兴趣,雨雨指着洗浴用品对楷楷说:"你看有洗发水、沐浴露。"说完雨雨伸手按了一些洗发水,涂抹在头发上,并用手抓挠头发,然后低下头用"花洒"轻轻冲洗。楷楷看了看雨雨,也伸手按取了一些沐浴乳,然后用浴球在身上擦拭,一边洗一边说道:"真香啊,我洗得好干净。"教师走过去轻轻问:"你这是在干什么呀?"楷楷笑着回答:"我在洗澡。""哦,你是极乐汤的顾客!那极乐汤除了泡汤还可以做些什么?""泡温泉。"说完,两个人便走到"室外温泉"那坐了下来。"但是两个人也不知道该做什么,几分钟后,两个人都离开了。

1. **幼儿行为分析**

今天的游戏有了初步的情节,"服务员"佳佳有较强的角色意识,能主动和顾客打招呼,并且能引导第一次来"极乐汤"的顾客。游戏中幼儿形成了小群体,但仍然由个别角色意识较强的幼儿引领。在雨雨的带动下,楷楷追随模仿。游戏情节也比较单一。虽说有两个人一起玩,但还是以平行游戏为主。在游戏中来到极乐汤的顾客只是用洗浴用品沐浴,然后坐着泡汤。并且在泡汤过程中幼儿可以说是无所事事,兴趣度不高。另外,幼儿对角色的情节联想单一,个别幼儿在游戏过程中处于独自游戏的状态。由于小班的年龄特点及游戏时间过长,幼儿的主题游戏意识持续不长。

2. **游戏推进策略**

(1)在今天的游戏讲评环节中,教师针对是否合适把"手机"带进洗浴的地方进行探讨,幼儿们发现并不合适。随即教师引导幼儿共同探讨服务员的具体职责，大家认为服务员既可以负责收费，又可以帮忙保管大家的"手机"。

(2) 教师根据幼儿的想法，准备并提供"极乐汤服务员"服装，让幼儿更加明确角色。

(3) 在游戏中教师发现幼儿对极乐汤的"室外温泉"，兴趣度不高，坐在"温泉"里没有什么事做。对于幼儿来说这个区域没有什么乐趣。针对这种情况，教师对游戏进行调整。将"温泉"区的卡通树木、花朵背景撤走，地垫上放上一些坐垫，旁边放上书架，改为"极乐汤"的幼儿阅读区。以此拓展"极乐汤"游戏内容，且能帮助不能合群游戏的幼儿找到"根据地"，再慢慢融入游戏。

(4) 提供经验支持。教师引导幼儿观看极乐汤卡通宣传片以及相关节目，希望能帮助幼儿更好地了解极乐汤里有哪些活动，提高幼儿的游戏兴趣，丰富幼儿的认知经验，为下一阶段的游戏推进做些经验铺垫，增强幼儿的角色意识。

(二) 游戏实录片段二

游戏一开始，杰杰便和好朋友桢桢来到了"极乐汤温泉"。杰杰说："你好，我们要洗澡。""服务员"大宝指着桌上的二维码牌对他们说："请扫二维码。"杰杰他们便用手机扫了一下，说道："好了。""服务员"又提示他们："手机要放在我的盒子里，等洗好澡再给你们。"杰杰二人来到沐浴区冲冲洗洗，接着便坐在阅读区看书。杰杰拿了一本自制图书《小兔乖乖》，桢桢选了一本绘本《一颗纽扣》，两人认真地看着。这时，桢桢对杰杰说道："好想吃冰淇淋啊。"杰杰听了马上说："我也想吃，我们去问服务员买吧。"二人把手里的书放在垫子上，走到"服务员"那说："我们想吃冰淇淋。""服务员"摇了摇头说："我们这没有冰淇淋。"桢桢马上说："不是的，我妈妈上次带我去极乐汤，那里有冰淇淋的。"说完，桢桢和杰杰便回到阅读区看书。

1. 幼儿行为分析

本次"极乐汤"的游戏中，可以看到幼儿对于"极乐汤"游戏的玩法已经比较熟悉。对于上次调整的区域——阅读区，幼儿也都很喜欢。幼儿不再像之前那样无所事事。游戏中杰杰和桢桢在阅读区都能挑选到自己喜欢的图书。在这次的游戏中也产生了新的问题，杰杰想到了在"极乐汤"里要吃冰淇淋。由此可见，像杰杰这样聪明、有想法的幼儿，已能联系自己的生活经验，生成与游戏相关的情节。游戏情节进一步拓展，幼儿已经不满足于简单的洗澡、阅读等平行游戏，他们渴望和小伙伴进行互动。针对杰杰想吃"冰淇淋"的要求，大宝显得很无奈。这都是因为生活经验的缺乏，在交流分享时教师应提供幼儿一些经验支持。

2. 游戏推进策略

(1) 教师用手机记录下观察到的这个片段，在分享、交流环节进行播放。请幼儿一起来探讨："杰杰在极乐汤想吃冰淇淋，有什么办法？需要准备些什么东西？"启发幼儿将"极乐汤"游戏与相关"冰淇淋店"游戏联系起来，丰富幼儿的游戏经验，推进游戏主题之间的互动。

（2）投放合适的材料。教师决定在"极乐汤"内增添一些现成的游戏材料，如"冰淇淋""果汁饮料"，并在材料库内提供一些手工纸、彩泥、纸杯、纸盘画笔、泡沫球、雪糕棒等，引导幼儿自己尝试做"冰淇淋""饮料"等，满足不同层次幼儿的需要。

（3）提供经验支持。教师和幼儿交流，询问他们对于"极乐汤"的感受："喜欢极乐汤吗？里面都有什么好玩的？"使幼儿了解"极乐汤"是悠闲、娱乐的场所，引导他们在"极乐汤"内开展丰富多样的活动，如益智游戏、餐饮等。

（4）引导更多幼儿参与游戏中。通过观察，教师发现个别内向的孩子，还没有尝试新的游戏。教师请游戏中表现得较活跃的幼儿，带动天成成、墨墨等几个观望的幼儿慢慢融入小群体的游戏中，让他们相互学习、共同参与。

（三）游戏实录片段三

游戏开始了，萱萱、墨墨、豪豪来到了"极乐汤"。洗完澡后，三人坐在"阅读区"看书，"服务员"小雅热情的招呼他们："我们这有好吃的冰淇淋哦，你们想吃吗？""要的，我要巧克力的。"萱萱说。墨墨点了点头："我要草莓的。"豪豪说："我要香草的。"小雅将"巧克力冰淇淋"递给萱萱，又拿起一个递给豪豪说："这是草莓的"。这时她发现杯子里现成的冰淇淋都卖完了。墨墨说："我的冰淇淋呢？"小雅想了一下，便跑到材料库，她拿了一个小纸杯和彩泥。她将彩泥搓了一下放到纸杯里便递给墨墨说："巧克力的（冰淇淋）好了。"萱萱、墨墨、豪豪三个人坐在垫子上，边吃"冰淇淋"便看图书，脸上露出了笑容。看了一会书，豪豪说："我想玩其他的了。那里有个桌子，我们可以玩别的东西。""我上次和妈妈去极乐汤，我看到别人在那里打牌的。"萱萱说。豪豪摇了摇头："打牌，我可不会，我们可以去材料库看看。"说完，便跑到后面的材料库，只见架子上放着各种大小、材质的物品。豪豪翻看了一会，拿出一盒动物翻翻牌，笑着说："我们可以玩这个。"

1. 幼儿行为分析

在活动中"服务员"小雅具有较强的角色意识，当看到顾客时会主动招揽生意，向大家推销好吃的"冰淇淋"。当"极乐汤"现成的"冰淇淋"都卖完时，小雅想到了找替代物的方法。她在材料库里找到纸杯、彩泥。其实，使用替代物对小班的孩子来说已经算是游戏水平比较高了，和孩子积累的生活经验与游戏经验非常相关。一般我们在材料库中提供的材料有盒子、各种类别的积木、布、纸等，让孩子能使用替代的空间变得大一些。

在"极乐汤"游戏中，我们有一块区域是留白的，豪豪就注意到了这张空桌子。由于这段时间幼儿对于"极乐汤"都有了一定的了解，萱萱想到了可以打牌。但这对于小班的孩子来说太难了，豪豪也表示自己不会。他在材料库找到了适合自己的动物翻翻牌。在今天的游戏中还有可喜的一点就是，个别内向的孩子也能在其他幼儿的带领下参与活动，这就是角色游戏的魅力。

2. 游戏推进策略

（1）丰富主题经验。在分享、交流环节，针对今天观察到的情况，教师可以有针对地提问："你们今天在极乐汤都玩了些什么？除了翻翻牌以后游戏中还可以做些什么？"

（2）增添与"极乐汤"主题相关的层次性材料。教师在材料库中还应提供丰富多样的游戏材料，如简单的棋类、益智玩具等。使游戏的情节更加丰富，游戏情节得到拓展。

（3）家园共育。教师请家长平时为幼儿介绍"极乐汤"相关内容，有条件的可以带幼儿前去体验，并且将相关娱乐活动如看影片、吃饭等拍照留存，在平时可以与全班一起分享。

三、角色游戏的一般推进策略总结

角色游戏是幼儿以模仿和想象，通过扮演角色，创造性地反映现实生活的一种游戏。[1]这是小班幼儿普遍感兴趣的游戏形式。通过角色游戏扮演，最大限度地满足幼儿参与社会生活、丰富成长体验的欲望，并且不同角色游戏具有不同的教育意义。在角色游戏中需要老师及时、有效地随机引导游戏继续。

1. 丰富幼儿的生活经验，拓展游戏的内容

《幼儿园教育指导纲要》指出："重视幼儿生活经验的积累，尊重幼儿游戏的意愿，让幼儿能自主地选择游戏，决定游戏的玩法、材料。"[2]角色游戏是幼儿对现实生活的反映，游戏的开展离不开想象和模仿，而幼儿想象和模仿的素材来自幼儿的生活经验，因此，教师应注重启发幼儿联系日常生活。引导幼儿通过观察及实践积累生活经验，并将此经验主动运用到角色游戏中，从而丰富角色游戏的内容，拓宽游戏的知识面，使得角色游戏更加生动活泼，相应游戏的内容就会更充实，游戏水平也就越高。

在开展"极乐汤"游戏中，教师一直为幼儿提供经验支持。例如通过谈话，加深幼儿对"极乐汤"的了解，提供"极乐汤"相关视频等。教师还采取家园共育的形式，请有条件的家长带幼儿前往"极乐汤"进行体验。

2. 开放留白区域，满足幼儿的需求

角色游戏是幼儿最喜欢的游戏，带有很大的自发性。幼儿天生就是游戏的高手，他们有着自己独特的想法，留白正好给孩子提供了这样一个可以自己实现想法的区域。至于室内还是户外就要因班级所处位置而定，如果有充分的资源，室内加户外的公共开放区域更能满足孩子的游戏需求。

"极乐汤"游戏进行到一个阶段时，教师在游戏中开放了留白区域。针对小班幼儿的年龄特点，教师投放的材料以低结构为主，高结构材料为辅，满足他们的不同需求。幼儿可以利用留白的区域进行自己喜欢的休闲活动。留白是教师支持幼儿自主游戏、自主发展的策略。允许幼儿、鼓励幼儿、支持幼儿推进幼儿在已有经验基础上自由选择、自由展开、自发交流，使幼儿能玩他们所想玩的。

3. 适时观察指导，提升幼儿的经验

角色游戏进行阶段主要涉及游戏情节的发展，游戏的创新，同伴间的相互交往、合作、分享以及矛盾的解决等。在游戏进行阶段，通常采用定点式的观察方法，了解幼儿在游戏中使用材料的情况、幼儿交往情况、游戏情节的发展等。比较全面地了解某一个主题的开展情况，了解幼儿已有的经验，以及在游戏中的种种表现。

对于游戏中新增设的区域，教师在游戏中的观察与指导很重要。教师要善于捕捉幼儿游戏时的闪光点，尤其是一些新生成的游戏情节，可以以照片、摄像的形式及时地捕捉下来，作为讲评的内容，进一步提升幼儿经验。

4. 材料暗示，创新游戏形式

游戏材料在角色游戏的进行过程中对幼儿思维能力和想象力的发展起着重要的作用。幼儿通过与游戏材料的互动更准确地感受和体验角色的特点和生活中的事物，产生参与游戏的兴趣并在游戏中获得发展。[3]小班幼儿的游戏行为往往都是由物而起，从摆弄某一物品逐渐生发出具体的游戏情节。他们虽然也会有许多想法，但这些情节一般都在游戏过程中，或在某一偶发场景、材料暗示下产生，缺乏目的性。这就要求教师要善于捕捉游戏中的偶发情景，预测幼儿能力和游戏发展的可能。所以，教师要多用材料暗示引发孩子新的游戏行为，同时大胆鼓励幼儿在开放的环境中找寻替代物品。

在班级材料库内，教师准备了丰富多样的材料，并且会根据幼儿游戏开展情况进行调整。针对小班幼儿，教师提供的半成品、成品会相对多一些，为突出层次性，材料库中也投放了一部分可用于制作的材料。当幼儿交流分享提到可以在"极乐汤"里开冰淇淋店时，教师在材料库里就提供了一些可以用于制作"冰淇淋"的材料，如：圆形手工纸、纸杯、纸盘、彩泥、泡沫圆球、雪糕棒等。游戏开展到后面一阶段，有了留白的桌子时，教师又在材料库内增添了各种益智游戏材料，如简单的棋类、翻翻牌、走迷宫等。

5. 重视交流分享，提高幼儿游戏水平

幼儿在自选角色游戏的过程中，必然会充分暴露各自能力与水平上的差异，教师应协同幼儿进行评议，评议应注意针对性与科学性相结合。角色游戏讲评的方法有多种，无论运用哪种方式，都应把讲评的着眼点放在促进幼儿发展上。应做到重视过程而不注重结果。即重点评议幼儿在游戏过程中积极性、创造性的发挥，对幼儿每一点有价值的创新都要予以肯定，而不应注重幼儿做了多少事情，卖了多少东西等方面。[4]教师在引导幼儿交流分享时要注意以幼儿为主，帮助幼儿将外在经验内化为自身的经验，多问几个"为什么""怎么办"，而不是直接将答案及解决问题的方法教给幼儿。

在"极乐汤"游戏开展过程中也会遇到一些问题，如幼儿想吃冰淇淋而店里却没有。这时教师没有直接把自己的经验告知幼儿，而是采取集体讨论的方式。让幼儿们一起来想办法，一起来说说有什么办法？可以准备些什么材料？在游戏推进过程中，教师在交流分享中也一直请幼儿说说他们在外面感受的"极乐汤"，让幼儿说说那里都有些什么。在这一过

程中,幼儿的游戏水平就在不断提升。

6. 加强家园互动,深化游戏的内涵

角色游戏是幼儿对现实生活的一种积极主动的再现活动,游戏主题、角色、材料的使用均与幼儿的社会生活经验有关。如果幼儿不具备担任某种角色的经验,那么游戏将会变得枯燥无味以致不能持续了。幼儿生活经验越丰富,角色游戏的水平就越高。所以要让幼儿多接触生活,多观察生活,他们就会拥有丰富的生活经验,从而能更好地融入角色游戏。为了提高幼儿的游戏水平,我们请家长配合丰富幼儿的生活经验。

在游戏开展初期,一部分幼儿由于没去过"极乐汤",因而在游戏中显得不知所措。观察到这一情况后,教师寻求家长的支持与配合,告知他们目前正在开展的游戏主题。希望家长平时和孩子谈话时能介绍与"极乐汤"相关的常识,有条件的家长还可以带幼儿去"极乐汤"体验。家长可以引导幼儿观察顾客沐浴的步骤、"极乐汤"的娱乐设施、服务员具体负责的工作等,并且帮助幼儿复述服务员与顾客的常见对话。这样在"极乐汤"游戏中,幼儿就会自然地加以运用,以专业的角色语言进行交往,游戏就更有趣了。

四、结语

角色游戏是幼儿非常喜欢的游戏形式,在幼儿游戏活动中占有重要地位。在进行角色游戏的过程中,教师应当进一步强化对幼儿的角色认知,从幼儿的生活经验出发,引导幼儿在角色游戏中做中学,学中思,解放幼儿的思想与双手,并随时将幼儿在角色游戏中的表现进行记录,更加有效地引导幼儿。只有这样,角色游戏才能发挥它应有的价值,并丰富幼儿的生活经验。

参考文献

[1] 黄娟珍,丁昀.幼儿角色游戏的主题内容及其指导[J].学前教育研究,1998(6):24-25.

[2] 幼儿园教育指导纲要[EB/OL]. http://www.shuyang.gov.cn/zgsy/003/20180410/003001001007_9bfd954c-e77a-462f-8b9a-9bd71e0b2d4c.htm.

[3] 陈莉.角色游戏环境材料创设理念与行动的比较研究[J].上海教育科研,2019(5):05.

[4] 李琳婕.浅谈幼儿园角色游戏的指导[J].学前教育研究,2000(4):60.

我国小学音乐教育中应用奥尔夫法研究综述

◎ 李雪莹

摘　要　通过梳理应用奥尔夫音乐教学法的相关研究，从小学教学的课内应用和课外拓展两大方面进行了总结，并讨论了奥尔夫教学法融合民族乐器和民间音乐形式的本土化案例。研究发现，大多数学校在开展奥尔夫教学法时面临不少的限制与瓶颈，一是部分音乐教师由于过去的培养背景和教学习惯形成了路径依赖，一些地区的教育投入不足和疲劳教学影响了教师对新教法的参与性；二是传统内敛文化影响下的学生群体在教学过程中主动性不足、创造性不高限制了奥尔夫法的功效发挥；三是中西部地区存在场地教具等资源限制，而个性化和即兴发挥式的新教学方式与传统的教学评价体系之间有着不小的张力。最后，从加强教师和学生的主动性，加强本土化的多元融合教学，发展中国特色的现代音乐教学体系等方面进行了对策思考和讨论。

关键词　奥尔夫教学法　中小学　音乐教育

奥尔夫教学法是由德国作曲家卡尔·奥尔夫创立，并大力倡导的一种针对儿童的音乐教学方法。奥尔夫教学法的核心理念是"原本性音乐"，这一教学方法将教师语音、肢体动作、舞蹈元素、音乐旋律等融为一体，强调音乐教学的自然性，突出要充分调动儿童的"五感"，让他们的触觉、视觉、听觉、声音和大脑一起参与音乐教学的互动过程之中。奥尔夫教学法作为一种综合性的教学方法，特别注重采用各种游戏化的教学形式，使得音乐课堂充满了趣味，让学生们在游戏和玩耍的过程中掌握音乐乐理知识，接受音乐技能训练，自然而然地感受音乐的美。

经过近100年的发展，西方国家对这一音乐教学方法进行了深入的研究和广泛的实践，并普遍认为这一教学方法符合儿童的身心发展特点，非常契合儿童音乐教学。奥尔夫法既注重音乐教学中对律动、声势的联合运用，也擅长将舞蹈、戏剧等形式与音乐教学相结合，摆脱了传统的模式化的音乐教学形式，从而让学生更高效地掌握音乐知识和音乐技能。在

作者简介　李雪莹，上海市七宝实验小学二级教师，音乐学硕士，主要研究方向为音乐教育。

这种趣味化的教学过程中,学生一边"玩耍",一边不知不觉地将音乐听觉系统内化,自然地进入词曲歌唱和乐器演奏的状态,真正融入音乐之中去感受艺术的魅力。采用奥尔夫音乐教学法,极大地提高了学生的音乐感知能力与音乐表现能力,从而实现全人教育与学生综合涵养的提升。

一、奥尔夫教学法国内外研究现状

国外的相关研究关注了奥尔夫教学法的发展历史及实践应用。如埃米莉·斯皮茨(Emily Spitz)梳理了奥尔夫教学法从德国到美国的传播历史,并将其分为20世纪20年代从德国慕尼黑起源,40年代后期在巴伐利亚国家广播电台的回归,以及70年代传入美国后的制度化迭代。她指出,奥尔夫教学法是一种强调即兴、自然和运动的教育方法,伴随着从观念到制度的转化以及从音乐应用到音乐教育的转化,最终将元素音乐和即兴创作的概念整合到奥尔夫法课程体系中,完成了"美国化"的历程,成为一种新的经典[1]。

在国外大学开设的小学教育专业中,奥尔夫音乐教学法成为其中的核心课程之一。艾森·阿尔斯兰(Aysen Arslan)总结了土耳其马尔马拉大学的小学教育系开展的奥尔夫教学法在小学音乐课程中的跨学科应用问题,他指出,在教师引导下,学生通过即兴表演、节奏和舞蹈来表现自己,而教师则是这些创造性音乐游戏的创立者和观察者。通过对比分析,他认为奥尔夫教学法可以代替传统的小学音乐教育,让学生自信地表达自己,提高创造力[2]。在奥尔夫教学法的具体应用方面,塞尔坎(S. Serkan)和塞尔·布尔曼(Sermin Bilen)比较了在9~11岁的小学生中分别采用奥尔夫教学法和传统教学法开展小提琴教育的结果差异,他们发现,奥尔夫教学法显著地提升了小学生的乐器技能和自信心[3]。还有研究分析了美国小学采用奥尔夫音乐教学法对学生掌握儿童乐器技巧的作用,如根据费利西蒂·詹金斯(Felicity Jenkins)的研究,奥尔夫音乐教学法加速了学生在中学阶段的音乐学习和管弦乐队训练中取得更先进技能的速度,促进了不同年龄层和技能层之间的音乐合作,并在一个小学奥尔夫乐队与中学音乐会乐队之间的合作表演中取得巨大的成功[4]。

奥尔夫教学法除了可以显著提升学生的课堂表现和乐器技能,也对中小学音乐教师的合作学习和教学技能具有积极影响。塞尔·布尔曼(Sermin Bilen)以土耳其一所大学的26名音乐教育专业的大学生为样本,分析了奥尔夫教学法的具体影响。他指出,准教师们通过拼图和合作学习的奥尔夫教学法,有效地习得了教学技巧,并可以反过来将这些技巧转化到对儿童的教学活动之中[5]。

20世纪80年代,廖乃雄教授将奥尔夫教学法引入国内的音乐教学之中,也开启了国内教育工作者对奥尔夫教学法的研究历程。国内的研究侧重介绍奥尔夫法的教学理念和应用特点,并结合具体的教学过程来开展案例研究。如刘晶尧对奥尔夫教学法的特点做了总结,他指出,奥尔夫教学法注重在尊重各地区、各民族的民间音乐的前提下,通过因地制宜地采用多元化的音乐教学手段,来不断提升音乐教学的趣味性和针对性[6]。在国内开展的小学音乐教学实践中,奥尔夫教学法逐渐推广,并表现出一些重要的特征,张国仲总结为一是以人为本,强调要以学生为中心,注意体现学生的主体性;二是突出实践,发动学生主动参与到教学环节中;三是鼓励创造,激发学生在课堂学习中发挥自身的创造力,而不是被动地接受[7]。李坦娜教授等人结合我国的传统音乐和民间音乐,对奥尔夫教学法进行了本土化的成功改良,并将其思想实践凝聚在《奥尔夫音乐教育思想与实践》一书中,成为融汇奥尔夫法思想精髓和民族传统音乐资源的集大成之作。近年来,各省市先后在小学音乐教学中引进奥尔夫教学法,加强这方面的师资培训,促进了这一方法的推广与实践。研究者们也从课内和课外两个角度开展了对这一教学法的研究,并结合不同的案例比较了奥尔夫教学法和传统教学法的差异,稍后将详细展开分析。

可以发现,经过100年左右的发展,西方国家大多从各方面研究和掌握了奥尔夫教学法的理念内涵和应用技巧,并开发出成熟的课程培训认证体系,极大地提升了中小学音乐教育的效能。此外,他们还积极探索和开发奥尔夫法在教师培训和音乐治疗方面的功用,并取得了成效。而国内引进奥尔夫教学法之后,前期由于条件限制,这一方法主要停留在理论研究方面,大规模的应用主要是21世纪开启之后。特别是近十几年来,上海、北京、广州等大城市不断邀请其他国家优秀的奥尔夫法培训教师来华开展师资培训,各大师范院校也积极开设奥尔夫教学法课程,极大地促进了这一方法在国内的应用和研究。

二、奥尔夫音乐教学法在小学教学中的应用研究

(一)奥尔夫音乐教学法在课内的应用研究

小学阶段,由于学生的音乐素养和音乐基础都处于入门阶段,对音乐的理解和韵律的掌握比较薄弱。因此,这一阶段的音乐教学,就必须突破一些传统教学方法的局限,采用更加活泼生动的教学手段和教学技巧,深化对小学生音乐素养的培养。奥尔夫教学法无疑是当前小学音乐教学中一种非常有效的方法,其思想精髓也非常契合我国当前教育改革的趋势特点。

首先,相关研究总结了当前小学音乐课堂应用奥尔夫教学法的特点及策略。如王涛讨论了小学音乐教学中教材、乐器、节奏等方面的特点,他指出,奥尔夫教学法中使用的教材以童谣和民谣为主,节奏简洁,旋律转换有利于小学生即兴创作和识记;乐器以三角铁、铝片琴等突出节奏感的打击乐器为主,演奏简单容易上手,有利于小学生快速掌握开展创编;节奏特点是节奏强于旋律,要根据学生的特点有针对性地培养他们的节奏感[8]。突出了奥尔夫教学法的参与性、创造性、节奏型等特点。对于奥尔夫教学法的具体应用策略,花维总结到,一方面,奥尔夫教学法的理念要求教学过程中的多元化元素和教师创意的应用,通过

歌和舞的统一,让学生在放松的同时即兴创编;另一方面,要注意发掘学生的音乐天赋,通过划分创编组别,铺垫音乐元素,更好地发挥学生的艺术天分[9]。奥尔夫教学法的理念内核就喻示着要设置有趣味的教学情境,因此,音乐教学中要通过设置情境和穿插游戏,结合学生的日常生活来开展互动,加深学生对音乐的理解[10]。此外,还要有效运用音画结合与故事教学策略,不断优化奥尔夫教学法的实际效果。通过借助音画教学的多媒体工具,极大地提升学生的学习效果;通过在歌曲学习前引入与歌曲相关的背景故事,介绍相关人物的有趣经历,加深学生对歌曲感情的理解[11]。

在具体的教学环节上,有研究者分别从声乐教学和器乐教学的不同环节来展开探讨。此外,如王郁婕提出,用音乐游戏的方式来开展声乐活动,开展多声部轮诵感受不同音准的节奏感,通过手掌打拍和嘴里念词的口手互动来熟悉曲调,进行变换分组来感受多声部的层次感[12]。蒋丽媛从游戏性、渐进性、综合性、即兴性四个方面演示了小学竖笛教学中如何运用奥尔夫教学法的具体步骤,并强调在低年级教学中要适当降低教学难度,首先吸引孩子们的音乐兴趣[13]。王文涛探讨了手风琴教学中对奥尔夫法的运用策略,通过分组比较研究,发现首先筛选出最适合奥尔夫教学理念的儿童群体,再采用这一教学方法效果最好[14]。

相关研究从课前的教案设置、课中的过程分配及不同的教学环节等方面开展了分析,展示了应用奥尔夫教学法的各种成功案例,具有重要的借鉴意义和经验价值。但除了奥尔夫教学法的常规应用和借鉴之外,因地制宜,融合中国传统音乐文化和地方民间音乐的本土化教学实践也在如火如荼地开展。由于奥尔夫教学法的理念内核,其本身就包含了"多元性"和"本土化"的宗旨,所以这一教学方法能迅速传播到世界各地,受到音乐教育工作者的欢迎。因此,在小学教学中开展奥尔夫教学法的本土化实践,就成为建设具有中国特色的音乐课程体系的题中应有之义,同时也是广大音乐教育工作者们的重要命题。

在当前的小学音乐教学实践中,一般通过两种方式来开展奥尔夫教学法的本土化工作,一是与本土的民族音乐文化的融合,如在教学中穿插本民族的经典乐曲,地方小调等;二是与本土音乐教学法的融合,如通过观摩当地乐师演奏民间乐器,进而学习双铃和响盏的使用技巧,传承闽南特色的南音音乐文化[15]。在与民族音乐文化的融合实践中,傅晔讨论了竹笛教学中如何运用奥尔夫教学法的问题。他指出,要特别重视竹笛教学中的即兴发挥,鼓励学生大胆探索竹笛不同孔位的发声组合,在增强民族乐器的参与感的同时,提升创新能力[16]。李慧聪分析了古筝教学中奥尔夫教学法的应用策略,她指出,即兴创造和开放性为古筝教学带来了新的活力,可以通过培养古筝兴趣、重视节奏训练、鼓励创造性编曲等方式来灵活性地应用奥尔夫教学法[17]。王鹏以《嘎达梅林》为例,研究了奥尔夫教学法与蒙古族民族音乐的融合问题,他指出,通过分析歌曲背景和长短调分布,让学生在理解歌曲整体节奏的基础上,辅以安代舞和筷子舞与歌曲的互动,编排出适合小学生的载歌载舞的音乐学习方式[18]。在与其他音乐教学法的融合方面,呼啸宇比较了奥尔夫教学法、达尔克罗兹教学法在儿童二胡学习中的不同实践,指出奥尔夫教学法的灵活性和趣味性更能激发小学生的学习动机,而达尔克罗兹教学法借助的内心听觉和体态律动手段,能更好地规范小学生的音乐学习过程[19]。

综合以上研究可知,我国有着丰富的多民族音乐文化,以及各具特色的民间音乐形式,各地的音乐教育工作者灵活借用本地的民族音乐和传统音乐资源,积极开展奥尔夫教学法的本土化实践,既传承了民族传统音乐文化,又极大地调动了学生的学习积极性,在融合教学中取得了良好的效果。

(二)奥尔夫音乐教学法在课外的拓展实践

在小学音乐的课外实践中,合唱团、戏剧社、舞蹈队等已经成为拓展学生音乐兴趣,深化音乐教学成果的重要手段。很多社团指导教师开始采用奥尔夫教学法来开展音乐类社团和兴趣小组的培养工作,取得了较好的成效。这些踏实的实践工作,也不断被纳入理论思考和教学升华的讨论范围中。

在奥尔夫教学法在合唱活动的应用方面,曹馨丹对比了小学合唱教学中采取传统教学法和应用柯达伊教学法和奥尔夫教学法的不同效果,指出结合奥尔夫教学法和柯达伊教学法的新教法更受学生欢迎,奥尔夫教学法在节奏训练方面效果明显,柯达伊教学法则有助于提升学生的音准[20]。钟欣沛指出,小学合唱团的传统训练方法使学生对乐理理解不够,容易产生畏难情绪和跟不上整体节奏。同时,由于合唱队员的选择范围较窄,存在部分节奏感较差的队员,现实的局限与合唱的专业要求之间存在差距,降低了合唱训练效果。因此,引入奥尔夫教学法就成为一个可行的选项,通过稳定节奏训练、平衡强弱表现力、强化内心听觉和完善气息音色等途径来不断改善合唱训练成效[21]。这些成功的经验探索,也说明了合唱团成为小学音乐社团活动中推广奥尔夫教学法范围最广,取得成效最为显著的活动形式的原因。

在奥尔夫教学法在音乐戏剧的应用方面,邹燕妃探索了开展小学生戏剧活动时如何创新应用奥尔夫法的方法与过程,她指出,其重点在于引导学生自然地表现音乐,代入角色去感受音乐,并创编戏剧积极地去参与音乐[22]。孙梅娟则基于一场具体的音乐戏剧的编排案例,展示了奥尔夫教学法如何应用于小学生音乐戏剧的剧本设计、角色分析、人物分工、排练过程等整个流程[23]。这些探索工作,树立了细节丰富、便于移植的标本范式,为我们示范了如何在小学生音乐戏剧活动中开展奥尔夫教学法的全流程,值得我们学习与借鉴。

在奥尔夫教学法在舞蹈活动的应用方面,刘丹强调,舞蹈教学中采用奥尔夫法,要做到与舞蹈主题的契合,并通过动态调整舞蹈的排练进度来积极培养学生对舞蹈的想象空间[24]。孙福媛指出,不应该将舞蹈视为只是有天分的孩子的个别爱好,而应该将其看作全人理念和艺术美的教育载体。她发展了形象仿生法、暗示联想法、语言节奏法、音乐节奏法及自我表现法等多种方法来进行奥尔夫法的舞蹈训练,取得了很好的效果[25]。孙于婷系统研究了奥尔夫法中的声势教学法用于指导儿童拉丁舞蹈的实践问题,通过开展 16 周的分组试验,比较了传统舞蹈训练方式和奥尔夫教学法的不同训练效果,指出奥尔夫教学法在儿童舞蹈训练中具有显著的优势,对于学生的舞蹈兴趣和学习态度均有显著的提升效应[26]。

综合上述研究可以发现,奥尔夫教学法已经在各地的音乐课堂和课外拓展中有了较大的推广,并因地制宜地开展了多元化的实践工作,取得了较好的教学效果,值得进一步研究和学习。

三、当前小学教学中应用奥尔夫法受到的制约与阻碍

从廖乃雄教授和李妲娜教授在国内推广奥尔夫教学法以来,经过四十年的发展,许多城市已经开始采用这一方法来开展音乐教学,也加大了对奥尔夫教学法师资班的投入力度。但是,相对于全国的大部分地区而言,学习和采用了奥尔夫教学法的学校毕竟还是占少数,大量中小学依然采用传统的教唱方式来开展课堂教学。究其根本,主要还是我国的大多数中小学在开展奥尔夫教学法时面临不少的限制与阻碍。

一方面,从教师角度来看,现有的音乐教师大多是在以教师为中心的理念指导下培养和成长起来的,长期的学习经历和教学习惯,已经让他们对传统的音乐教学方式形成了某种程度上的路径依赖。要让他们马上转换到以学生为主体、以即兴表演和思维发散为主导的新的教学思路,面临着不小的困难。同时,在目前的基层实践中,一些地区的音乐教师每周课时量达到18节左右,另外还要担任音乐社团和兴趣小组的指导教师,担任班级的副班主任,繁重的工作量导致他们经常处于疲劳教学的状态,没有时间和心力去践行新的教学理念。此外,一些地区因为财政困难,对音乐教师的进修经费支持不足,教学资料与交流平台缺少,也不利于教师掌握新的教学理念与方法。

另一方面,从学生角度来看,在传统文化的熏陶下,大多数学生的性格比较内敛,在课堂教学和课外社团活动中,学习被动性较强,大多是等待着老师的命令和指引。能真正做到与老师积极互动,能响应老师的提示主动参与教学环节的学生极为少见。这就意味着,要发挥奥尔夫教学法的全部功效,就必须打通学生在主动性和创造性方面的"任督二脉",而这是短时间内难以迅速改变的。

此外,在奥尔夫教学法的本土化融合方面,也存在一些因素限制了这一方法的推广与应用。一是东西部的地域差异,内地的一些民族地区经济文化发展缓慢,对于奥尔夫教学法接受程度不高;二是教学评价体制的容差,即现有的体系化和应试性的教学评价体系,如何容纳个性化和即兴发挥式的新教学方法;三是场地环境限制,奥尔夫教学法对教学场地和教具设备等具有一定的要求,而不少的学校在这方面都资源有限[27]。同时,奥尔夫教学法对音乐教师素质和能力的要求更高,需要对教师进行专门的培训。并且其以学生为主体的教学理念与传统文化中以教师为中心的尊师重道思想相冲突,当学生的自由发展与教师的秩序责任两者产生张力时,就很难达到音乐教学的理想效果[28]。

四、对策与思考

面对这些限制与瓶颈,就需要我们既要大力加强奥尔夫教学法的师资培训,给予中小学音乐教师以时间和资金支持;也需要合理化工作量,参考北京、广东等地的小学音乐课程体系,将音乐教师每周的工作量控制在14节左右,避免小学音乐教师的人员队伍流失与内卷化趋势,调动音乐教师的积极性和创造性。同时,还要积极研究儿童教育心理,探索激发小学生的主动性和想象力的各种教学技巧,穿插各种背景故事和情节设置,来最大化的发挥奥尔夫教学法的功效。

在奥尔夫教学法的本土化实践方面,则需要我们不断创新教学思维,探索新的教学融合之路。一是需要在教学过程中注意发掘民族音乐元素,穿插独特的民族乐器、音乐曲调和歌唱形式,如彝族的葫芦笙、蒙古族的呼麦和壮族的对歌,充分体现音乐的"原本性";二是与各地区的民间音乐充分融合,如河北的吹歌、福建的南音、四川的川江号子等,将乡土中国的文化气息融入小学教学的音乐实践中,把民间音乐文化的文脉留住;三是改革教学评价机制,给予学生一定的灵活性,让他们选择民族民间乐器和歌舞方式作为自己音乐成绩的组成部分,激发学生的创造性参与;四是在设备和资金资源有限的情况下,因地制宜,通过教具设备的本土化,优化音乐教学的场地环境[29]。最终实现奥尔夫教学法与中国民族音乐文化的完美融合,不断完善具有中国特色的音乐教育课程体系建设。只有这样,才能真正做到中西音乐教学方式的有机融合,才能在继承中华传统音乐文化的基础上,探索出一条既蕴含民族特色,又具有世界眼光的多元音乐教学范式。

参考文献

[1] EMILY SPITZ. From idea to institution: the development and dissemination of the orff-schulwerk from germany to the united states[J]. Current Musicology,2019(104):7-44.

[2] AYSEN ARSLAN. Orff schulwerk elementary music applications in interdisciplinary education in chair of primary school education [J]. Social and Behavioral Sciences,2009(1): 2546-2551.

[3] SEKER S. SERKAN, BiLEN SERMIN. Among the children aged between 9-11 effect of violin education supporting orff schulwerk on self-efficacy[J]. DergiPark Akademik, 2010(2):112-124.

[4] FELICITY JENKINS. Developing foundations of instrumental music and collaboration through the orff-schulwerk approach to music education[D]. Lynchburg:Liberty University,2019:3.

[5] BILEN SERMIN. The effect of cooperative learning on the ability of prospect of music teachers to apply Orff-Schulwerk activities[J]. Social and Behavioral Sciences,2010(2): 4872-4877.

[6] 刘晶尧.奥尔夫教学法在小学音乐课堂的本土化应用研究[D].天水:天水师范学院,2019:1.

[7] 张国仲.我国中小学音乐教学与奥尔夫教学法的融合[J].中国教育学刊,2019(10):132.

[8] 王涛.奥尔夫音乐教学法在幼儿歌唱教学中的应用[J].吕梁教育学院学报,2018(4):119.

[9] 花维.奥尔夫教学法在音乐教学中的应用[J].江西教育,2019(6):88.

[10] 王小慧.奥尔夫教学法在小学音乐教学中的运用[J].宁夏教育,2019(9):60-61.

[11] 马灵.奥尔夫音乐教学法在小学音乐教学中的应用研究[D].烟台:鲁东大学,2018.

[12] 王郁婕.奥尔夫教学法在多声部音乐教学中的运用[J].音乐天地,2019(8):15.

[13] 蒋丽媛.借鉴奥尔夫音乐教学法,探索低年级竖笛教学[J].中小学音乐教育,2014(7):32.

[14] 王文涛.奥尔夫音乐教育体系在手风琴教学中的运用[D].西安:西安音乐学院,2016:1.

[15] 林琼云.奥尔夫音乐教学法在地化教学探索研究[D].泉州:泉州师范学院,2018.

[16] 傅晔.奥尔夫音乐教学法对竹笛教学的启示[J].大众文艺,2017(22):193-194.

[17] 李慧聪.奥尔夫音乐教学法在古筝教学中的应用[J].音乐时空,2016(1):164-165.

[18] 王鹏.论奥尔夫音乐教学法与少数民族音乐教学的融合[J].内蒙古师范大学学报(教育科学版),2012,25(05):145-147.

[19] 呼啸宇.奥尔夫、达尔克罗兹教学法对我国儿童二胡教学的供鉴价值[D].天津:天津音乐学院,2017:17-21.

[20] 曹馨丹.柯达伊与奥尔夫教学法合唱应用研究[D].曲阜:曲阜师范大学,2017:1.

[21] 钟欣沛.浅谈奥尔夫教学法在小学童声合唱训练中的应用[D].大连:辽宁师范大学,2017:1.

[22] 邹燕妃.奥尔夫教学法在儿童戏剧教学中的运用[J].北方音乐,2019(19):37-38.

[23] 孙梅娟.基于奥尔夫音乐教育的戏剧主题课程理论与实践[J].戏剧之家,2018(09):205.

[24] 刘丹.奥尔夫音乐教育理念对舞蹈课教学的启示[J].天水师范学院学报,2012(02):122-125.

[25] 孙福媛.奥尔夫音乐教学原则在中国儿童基础舞蹈教育中的应用[J].舞蹈,1995(05):47-48.

[26] 孙于婷.奥尔夫声势教学法对少儿恰恰恰节奏的教学的应用研究[D].武汉:武汉体育学院,2019:1.

[27] 师小静.农村中小学奥尔夫音乐教学法的实施策略[J].当代音乐,2018(08):54-55.

[28] 吴一波.奥尔夫教学法对小学音乐教育问题的突破[J].中国教育学刊,2016(05):85-88.

[29] 张韧洁.奥尔夫音乐教学法在民族音乐教育中的本土化研究[J].艺术研究,2019(03):36-37.

同济大学本科生院
"课程思政与立德树人"专题征文选

课程思政的思考与探索

"三圈层"课程思政模式的构建与实践

◎ 凌建明 吴 兵 邹晓磊 赵鸿铎 刘胜乾 肖军华 王 映

> **摘 要** 交通运输工程学院设计了由"专业课程构成的核心圈、创新实践驱动的拓展圈、文化建设为内涵的浸润圈"组成的三圈层课程思政模式;在此基础上,构建了与专业认证融合的交通运输类人才培养的课程思政内涵体系与知识体系,形成了创新实践、社会实践、红色实践立体交融的实践育人新模式,创建了文化和制度相结合的课程思政和"三全育人"保障体系,初步形成"可借鉴、可复制、可推广"的示范效应。
>
> **关键词** "三圈层"课程思政模式 专业认证 实践育人 保障体系

同济大学交通运输工程学院立足"交通强国"战略,结合学科特色开展"课程思政"建设,设计了由"专业课程构成的核心圈、创新实践驱动的拓展圈、文化建设为内涵的浸润圈"组成的三圈层课程思政模式[1];构建了以思政理论课为核心、综合素养课程为拓展、专业课程为辐射的三位一体的课程体系,实现由传统的"思政课程"主渠道育人向"课程思政"立体化育人转变。入选"上海高校课程思政领航计划"领航学院、上海高校课程思政教育教学改革试点示范专业,编写了上海市"交通运输工程"学科课程思政指南编制[2]。

一、构建与专业认证融合的交通运输类人才培养的课程思政内涵体系与知识体系

以坚持"六个下功夫"和培养德智体美劳全面发展的社会主义建设者和接班人的要求

作者简介 凌建明,同济大学交通运输工程学院教授,院长。
吴兵,同济大学交通运输工程学院教授,党委书记。
邹晓磊,同济大学交通运输工程学院副研究员,党委副书记。
赵鸿铎,同济大学交通运输工程学院教授,研究生院副院长。
刘胜乾,同济大学交通运输工程学院讲师,党委副书记。
肖军华,同济大学交通运输工程学院教授,副院长。
王映,同济大学交通运输工程学院副研究员,思政教育研究中心主任。

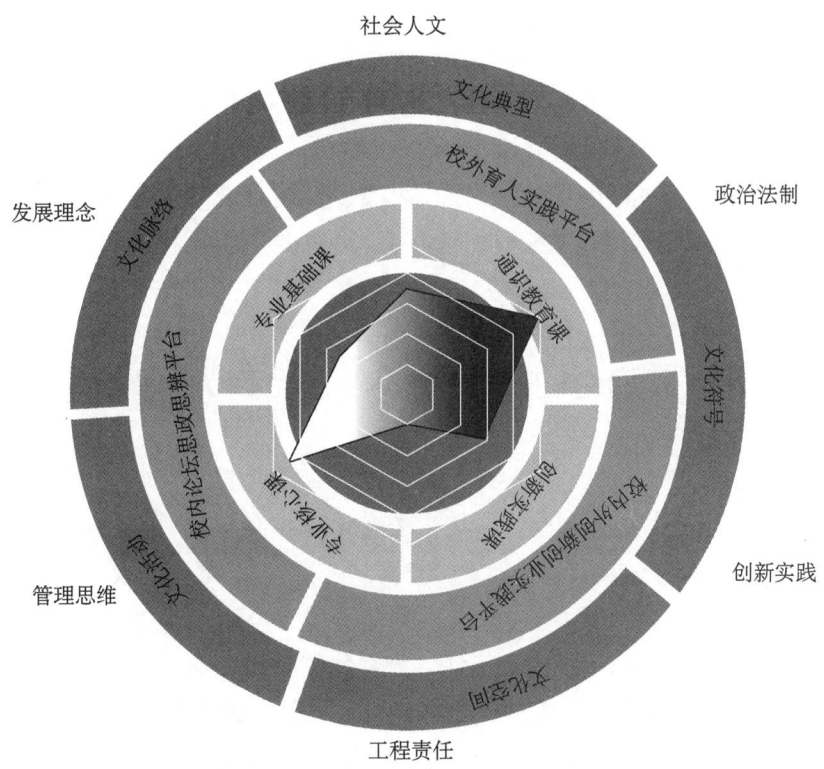

图1　同济大学交通运输工程学院"三圈层"课程思政模式

为指导,结合专业认证的德育标准、价值引领和职业规范,并梳理交通运输系统的"社会—时间—空间"复杂性及交通运输类人才的知识体系,在专业课程中挖掘社会人文、政策法制、发展理念、管理思维、责任担当、创新实践等六方面的思政元素。在2020年人才培养方案中,将思政教育要点融合专业毕业要求。3个课程团队获批"上海高校课程思政领航计划"领航团队建设,26门课程获批"领航课程"建设。

在新冠肺炎疫情防控期间,开展专业教学的同时,深挖课程思政育人元素。学院本科生平台课"运筹学"教学团队在课前进行充分讨论,结合疫情防控现状设置案例,挖掘课程的德育内涵,提出了"如何构筑防疫物资运输网络模型""怎样为管理层提供防控措施决策依据和科学支持"等问题,达到在培养学生专业素养的同时,激发报国情怀和责任担当的育人目标[3]。

二、构建创新实践、社会实践、红色实践立体交融的实践育人新模式

开设"'同路人'论坛""交通科技创新竞赛"等实践课程,搭建交互思政—思辨—创新平台,邀请原港珠澳大桥管理局局长朱永灵校友等主讲论坛435场,使论坛不仅聚焦前沿、开

拓视野、启迪智慧、激发创新,还成为特色思政课。"交通科技创新竞赛"课程引导学生将校内创新实践与"交通强国"战略紧密联系,培养家国情怀,在2020年的竞赛活动中还开设"疫情防控"专题赛道,引导学子们为疫情防控中交通应急保障建言献策。

围绕服务雄安新区、港珠澳大桥、北京大兴国际机场等大国工程,构筑"二三三"校外实践育人模式:建立校友导师和行业专家导师二支队伍,建设理想信念、社会实践、工程教育三类实践基地,开展当代重大交通工程体考察、历史重要交通工程寻访和学院历史传统寻根溯源三维活动。

三、构建文化和制度结合的课程思政和"三全育人"保障体系

开设面向全校学生的通识选修课与特色思政课"交通运输与人类文明",传播交通强国战略思想和交通人文价值观。梳理学科发展文化脉络和典型,编撰学科前辈人物传记、学科发展史,完成学科发展史展示馆建设及社交型学术文化空间系统改造,凝练师生校友科教济世优秀事迹和典型工程案例。打造学科文化符号,构建以开学和毕业典礼、新教师宣誓和老教师荣休、学科纪念和系科庆典等活动为载体的仪式教育体系。

成立"交通学科思想政治教育研究中心",组织开展课程思政师资培训,推广应用课程思政研究成果。建立健全教学与思政融合的人才培养管理体制、校内外育人互补协同机制、学生发展全过程追踪评估机制、协同育人管理考核和师德师风评价制度等。培育出以荣获上海市教书育人楷模、上海市教育卫生工作党委"双带头人"党支部书记工作室、上海市育才奖、上海市十佳好人好事等荣誉称号为代表的一批立德树人优秀教师。

四、形成"可借鉴、可复制、可推广"的示范效应

(1) 编制了上海市交通运输工程课程思政教学指南[2],涵盖课程思政指导思想、课程体系以及评价保障制度,形成示范。

(2) 获《中国交通报》《解放日报》《新华网》"学习强国"等平台报道70余次。《同路人:孙立军》微视频获中组部第十四届全国党员教育电视片三等奖,被教育部教师司推荐至"学习强国"平台。中国交通报刊登《专业融通实践实现"三全育人"》[4],贵州日报刊登《同舟共济赤水情——同济大学师生义务支教延续15年》[5],高度评价学院15年来在贵州坚持开展"专业实践—社会实践—青年红色专题实践"的活动,荣获"知行杯"上海市大学生社会实践项目大赛一等奖。中国交通报刊登《不同的课程,同样的精彩》[2],报道了学院坚持"三全育人"的优良传统及新冠肺炎疫情防控期间深挖"课程思政"育人新元素的做法。

(3) 学院的课程思政做到了三个辐射,即立足学科思政特色向行业学校辐射,运用红色思政资源向边远地区辐射,推进"德育一体化"向中小学辐射。"同路人"论坛、"交通运输与

人类文明"课程,面向重庆交通大学等西部高校同步直播;学院与"一大"会址纪念馆共同将优质红色教育资源送到西藏农牧学院,举办"不忘初心——'伟大开端'中国共产党创建历史图片展";学院与上海嘉定区、徐汇区多个中小学开展德育、交通文明的一体化培育,播种交通运输未来的希望。

参考文献

[1] 邹晓磊,王映,孙海燕,等.面向工科专业的"三圈层"学科课程思政方法与模式探索与实践[J].教育发展研究,2019,(专刊):103-106.
[2] 赵鸿铎.交通运输类课程思政教学指南[M].上海:同济大学出版社,2020.
[3] 肖军华.不同的课程,同样的精彩[N].中国交通报,2020-04-08(003).
[4] 王同宇.专业融通实践,实现"三全育人"[N].中国交通报,2019-07-25(07).
[5] 黄军,张弘弢,冯晨阳.同舟共济赤水情——同济大学师生义务支教延续15年[N].贵州日报,2019-07-15.

以专业教育与思政教育的结合点推进课程思政教学进程

◎ 范圣玺　樊　中　王红莉　李　华　吴皇丽　沈　秋

> **摘　要**　本课程在介绍设计行为学与认知学基本理论、方法的基础上，从人类行为和认知的视角，通过设计案例，讲析生活与设计的关系。强调设计要建立在对人的认识之上，重视对生活的观察和理解；结合非物质文化遗产活态传承，探讨如何让传统文化走进现代生活；同时，强调生活者作为创新主体的意义，基于生活发现人的需求和潜在需求，提高对设计思维本质的认识，培养设计创新思维能力。结合专业教育的重点，课程重点讲述设计与国家的经济发展和社会进步的关系，增强社会责任感和担当意识；通过设计与生活的关系，认识中国社会的主要矛盾，强调设计的终极目标是创造更美好的生活，认识和理解党和国家的方针政策；课程以生活文化为线索，贯穿了中华优秀传统文化的学习，特别是非物质文化遗产的传承与创新发展。
>
> **关键词**　设计　生活　创新　思想政治教育　课程建设

一、疫情下的设计观察与思考

本学期的课程是在疫情期间开始的，针对开课的特殊背景和网络授课的变化，该课程在内容和授课方式上做了及时调整，增加了疫情相关的课程内容，通过疫情这一新的结合点，导入专业教学和思想政治教育，启发学生认识和理解设计与现实生活的密切关系，提高对重大社会现象和问题的认识能力，增强与国家和人民同呼吸、共命运的责任感和使命感。

作者简介　同济大学设计创意学院，教授，党委书记。
　　　　　　同济大学设计创意学院，讲师。
　　　　　　同济大学外国语学院，副教授。
　　　　　　同济大学设计创意学院，教务科长。
　　　　　　同济大学设计创意学院，组织员。
　　　　　　同济大学设计创意学院，教务员。

该课程为通识教育课程,学生来自不同学科的不同专业,针对学生教育背景的不同,以及疫情期间居家生活的实际情况,第一节课在介绍设计概念以及设计的领域时,以口罩的类型与功能和造型的案例导入产品设计概述,以疫情期间的城市环境现状,介绍环境设计与人类行为的关系,以疫情期间新出现的各类信息传达现象,介绍媒体与传达设计专业(图1)。在教学过程中,还增加了互动和实践环节,以疫情下的设计观察与思考为题,启发学生利用居家生活的特殊经历,进行生活观察与思考,学习如何从日常生活现象中发现问题,提出问题,并创造性地解决问题。同学们通过视频共享做了讨论和交流互动。

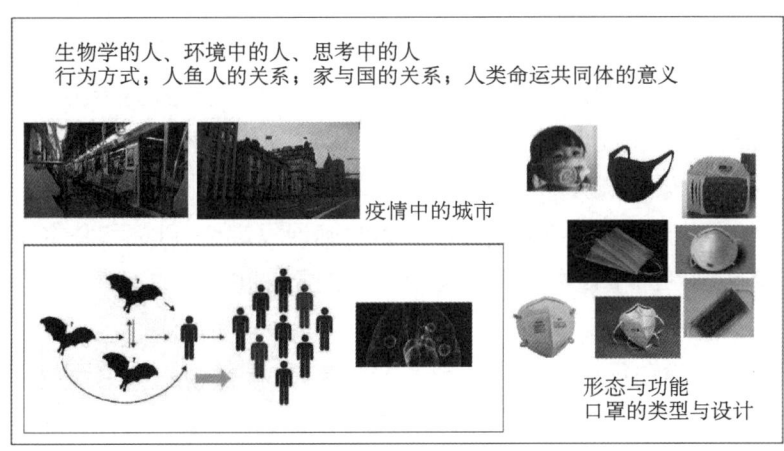

图1　线上教学PPT案例

二、将设计置于社会生活中加以分析和思考

生活是设计的出发点,也是设计的终极目标;设计源于生活,生活离不开设计;生活的智慧让我们看到人类对美好生活的追求,以及设计创新的原动力。课程以人类生活为主线,以创造人类更美好的生活为目标,通过设计的发展史,加深同学对中华民族优秀传统文化的认知,增强对中国共产党领导中国人民实现中华民族伟大复兴的自信和自豪,提高对创新驱动转型发展的深刻理解。

该课程的关键词是:设计、生活、创新。在教授过程中,我们紧紧抓住中国社会主要矛盾这一专业教育与思想政治教育的结合点,通过设计案例加以展开和分析。2017年10月18日,习近平同志在党的十九大报告中强调,中国特色社会主义进入新时代,我国社会主要矛盾已经转化为人民日益增长的美好生活需要和不平衡不充分的发展之间的矛盾。设计创造美好生活,就是要投身到贡献中华民族伟大复兴的事业中去,不能只是从狭隘的美化产品的角度理解设计,而是要建立大设计的概念,投身社会转型发展,思考设计如何贡献解决中国社会的主要矛盾。在此基础上,我们导入了创新的部分,在大设计的前提下,讲授设计行为的创新特质,阐述创新的交叉跨界特质,以问题为导向教授创新思维的原理,启发不同专业的同学通过对社会问题的关注,结合生活中发现的问题,实现跨学科的协同创新。

三、课程建设的思路与目标

本案例要解决的关键问题是如何有效地实现专业教育与思想政治教育的融合。思路和目标是:将设计置于社会发展史和国家战略的高度,归纳专业教育内容与思想政治理论的结合点,通过对专业理论的拓展学习,达到思想政治教育的目标。重点是发掘专业课程所蕴含的思想政治教育元素和承载的思想政治教育功能,发挥设计专业课程的特质与魅力,进行"课程思政"的隐性教育,通过专业熏陶和认知启发学生的自觉认同,产生共鸣与升华,达到潜移默化的效果。

建设思路是:①以立德树人为根本目标;②明确课程定位、目标和基本要求;③梳理在专业内容和高校思政目标和基本任务的结合项;④提炼重点育人元素;⑤创新教学模式;⑥建立评价体系(图2)。

从专业教学的内容和思想政治教育的内容交集看,概括为三条主线:一是设计与中华优秀传统文化,融合了社会主义核心价值观与文化自信、优良思想品质和健康心理教育;二是设计与社会发展,融合了中国特色社会主义建设、爱国主义情怀教育;三是创新设计思维,融合了中国社会主要矛盾、美丽中国与美好生活、民族复兴中国梦教育。围绕立德树人根本任务,教育引导学生掌握科学理论知识,坚定理想信念,坚定"四个自信",树立正确的世界观、人生观和价值观,厚植爱国主义情怀,养成优良的思想品德和健康心理,贡献培养担当民族复兴大任时代新人的使命。

四、课程设计与实施

本课程在教学过程中,重视课程重点内容的视觉化呈现和教学案例的生活化,以图示的方式加以归纳总结,强调逻辑关系的梳理。案例教学以日常生活中的创新设计为对象,引导学生参与讨论和分析;课题训练发挥学生的专业特长,从不同角度发现和分析问题,完成设计方案,并进行讲评和讨论。在以专业教育与思想政治教育的结合点推进教学进程上做了深入思考,提出了"专业知识+专业理论+专业理论的思政拓展+生活案例教学+社会问题导向+讨论与实践"的模式,从思想政治教育思想性的高度和广度以及专业教育的知识性和延展性两个维度提高课程的质量和效果。主要做法是:教学过程中密切联系实际,将专业教育内容置于社会发展、全球视野和国家战略的大背景下分析和思考。

以专业教育与思政教育的结合点推进课程思政教学进程

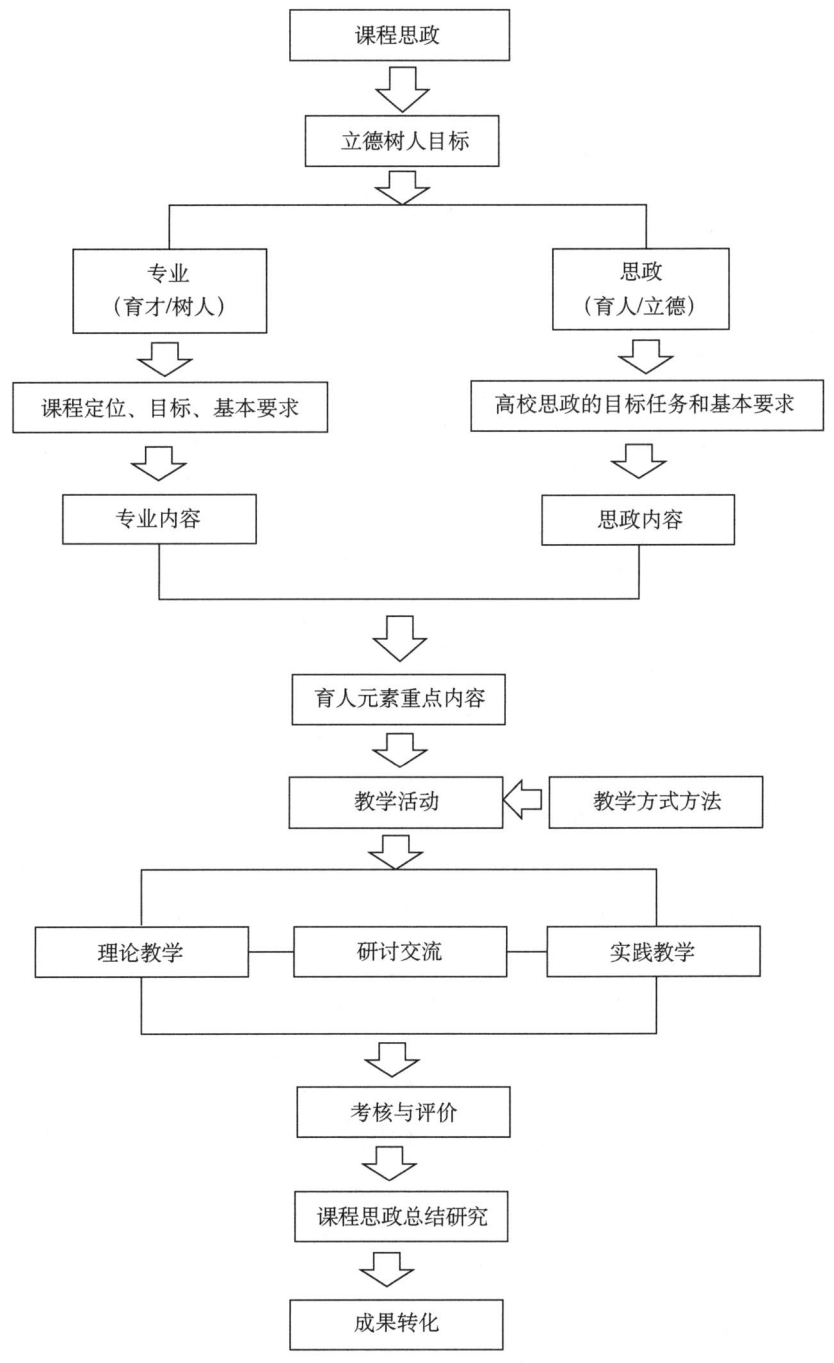

图 2　课程建设框架结构

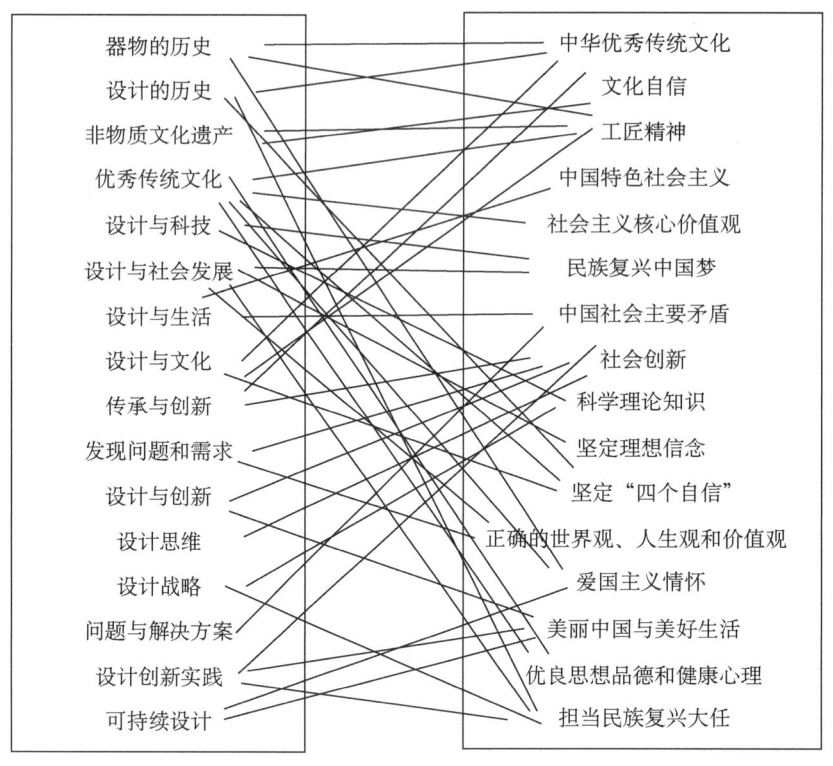

图3 育人要素分析

依据课程的教学计划和大纲,课程主要包括:设计历史,设计领域,设计与行为,设计与认知,设计与文化,设计思维等专业知识和专业理论教育内容。在上述内容的专业理论阐释时,有计划地从社会政治、经济、文化、国家战略的角度加以阐释和讨论。如,从"非物质文化遗产"看设计的生活属性,导入了优秀传统文化的传承与发展;在行为理论的阐释中,从目标、动力、能力的关系,导入理想、信念教育;在创新思维原理的讲授时,以社会问题为导向进入创新设计实践;通过设计流程原理的内容,导入中国社会主要矛盾的论述,启发学生提高服务人民美好生活,贡献中华民族伟大复兴的意识(图3)。

本课程以考查的方式进行评价,成绩评价包括过程评价(40%)和结果评价(60%)两部分。过程评价包括学生参与调研、讨论、交流合作的情况,课程阶段性考核和总结报告的题目紧密联合实际,如本学期的题目是"疫情下的设计观察与思考"。结果评价是指提交的课程学习报告或设计文本,重点考评学生对课程总体的学习情况。

五、课程建设的特色与创新点

本课程在教学过程中,重视课程重点内容的视觉化和教学案例的生活化呈现,探索以专业教育与思想政治教育的结合点来推进教学进程的思路,总结了"专业知识+专业理论＋专业理论的思政拓展＋生活案例教学＋社会问题导向＋讨论与实践"的教学模式,提高思想政治教育思想性的高度和广度以及专业教育的知识性和延展性(图4)。教学过程中密切联系实际,将专业教育内容置于社会发展、全球视野和国家战略的大背景下分析和思考。

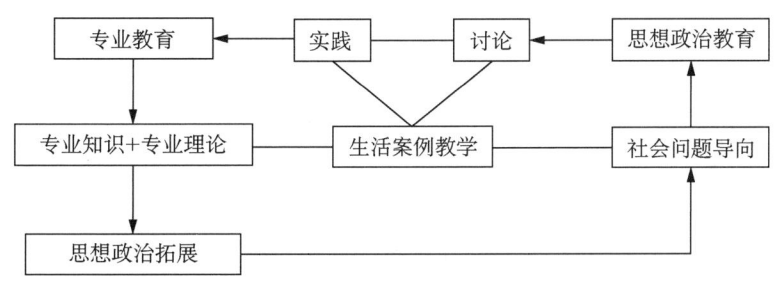

图4 专业教学与思想政治教育相融合的教学模式

六、反思与分析

本课程的实践,为今后如何更好地实现专业教育与思想政治教育的有机融合提供了经验与思考。从同学的报告和交流中也看到了取得的初步成效,学生们能够将设计置于国家和社会发展的大背景下来认识和理解,实现了对设计认识和理解的教学目标,同时也达到了思想政治教育的成效。同时,我们也感受到"课程思政"如何避免内容的两层皮?如何在课时上合理把握?如何在专业内容的教学中增强思想政治教育的教学力度?都还有很大的提升空间。"专业知识＋专业理论＋专业理论的思政拓展＋生活案例教学＋社会问题导向＋讨论与实践"的教学模式,对解决专业教育与思想政治教育有机融合的问题做了有益的探索,需要在今后的教学实践中不断加以研究和深化。

课程与思政

物理实验教学中科学精神的培养
——以波尔共振仪研究受迫振动实验为例

◎ 方　恺　张志华　倪　晨

摘　要　物理学的基本理论、经典实验和发展历程都蕴含着唯物辩证法原理。在物理实验课程中,通过理论和实践教学向学生讲授和传播唯物主义的哲学思想,研究课程思政教育的教学内容、课程设计和教学方法,是培养学生的科学精神,使学生树立正确世界观的有效途径。本文以波尔共振仪实验教学案例探究将课程思政教育融入实践教学环节,补充和完善物理实验课程的教学内容。

关键词　物理实验　虚拟仿真实验　波尔共振仪

一、思想政治教育与专业教育的融合

2020年6月,教育部发布的"高等学校课程思政建设指导纲要"指出,要明确以立德树人为根本任务,注重价值塑造、知识传授和能力培养的统一,提高学生的政治认同、家国情怀、文化素养和道德修养。教育部高等学校非物理类专业物理基础课程教学指导分委员会指定的《非物理类理工学科大学物理实验课程教学基本要求》指出,应在教学中提高学生的科学素养,培养学生理论联系实际和实事求是的科学作风,认真严谨的科学态度,积极主动的探索精神,遵守纪律,团结协作,爱护公共财产的优良品德[1]。

物理学的基本理论、经典实验和发展历程都蕴含着唯物辩证法原理。通过物理实验课程教学,可以培养学生辩证唯物主义思想,树立科学的世界观和方法论,深入理解实践是检验真理的唯一标准原则,培养学生科学精神、独立思考、格物穷理和明辨是非的能力,让学

课题来源:2020年同济大学课程思政教育教学改革项目"物理实验课程思政教育的线上线下混合式教学"。
作者简介　方恺,同济大学物理科学与工程学院教授级高级工程师,博士。
　　　　　　张志华,同济大学物理科学与工程学院副教授,博士。
　　　　　　倪晨,同济大学物理科学与工程学院高级工程师,硕士。

生成为德才兼备、全面发展的卓越人才。

物理实验是高等学校理工科大学生进行科学实验训练的一门公共基础课程,是后继专业实验课程的基础,是大学生从事科学实验工作的入门向导。课程教学内容结合大学物理课程,涵盖力学、热学、光学、电磁学和近代物理等领域的验证性、综合性、设计性和研究性的物理实验项目。实验内容涉及误差理论、基本物理仪器使用、基本实验技能训练以及科学素养的养成等。

用波尔共振仪研究受迫振动实验(简称为波尔共振仪实验)是"物理实验"课程的实验项目之一,实验内容包括:研究摆轮受迫振动的幅频特性和相频特性;不同阻尼力矩对受迫振动的影响,观察共振现象;学习用频闪法测定运动物体的相位差等[2]。

二、课程思政教学案例设计

在物理实验课程中,充分发挥课程中的德育学科思维,提炼专业课程中蕴含的文化基因和价值范式,将其转化为社会主义核心价值观具体化、生动化的有效教学载体,在"润物细无声"的知识学习中融入理想信念和科学精神的指引。挖掘梳理物理实验课程中的德育元素,完善思想政治教育的课程体系建设,充分发挥各门课程的育人功能,实现全程育人、全方位育人和全员育人。

1. 结合实验课程教学内容向学生传授辩证唯物主义原理

在实验课程教学中,教学内容和教学要求均应遵循实践是检验真理的唯一标准这一原则。毛泽东在《实践论》中强调,实践是辩证唯物论的认识论之第一的和基本的观点。马克思说,人的思维是否具有客观真理性,这不是一个理论问题,而是一个实践的问题。在科学研究和技术应用中,科学的假设和推理,应以一定的科学理论、实验现象和实验结果为基础和依据,并且是可以被重复和验证的。

振动是物理学中一种重要的运动现象,是自然界最普遍的运动形式之一。机械振动是指系统在某一平衡位置附近作的往复运动。机械运动是常见的物理现象,例如:人们听到的声音是由于耳内鼓膜的振动。关于振动的物理规律和研究成果在机械设计和建筑设计等工程领域被广泛应用。广义的振动也指物理量在某一定值附近随时间做周期性变化的过程,如电磁振荡等。

2. 学习科学家精神,树立勇攀科学高峰的理想信念

在实验教学中,通过讲授科学家们在坚定信念指引下科学探索的历程和成就,培养大学生树立勇攀科学高峰的理想信念,实事求是的科学作风和认真严谨的科学态度,提高学生的科学观察、实验操作和创新思维的能力。

"波尔共振仪"实验的主要教学内容是关于振动的现象观察和实验分析。早期的力学研究者们致力于解释自然现象中的机械振动现象,并建立数学模型对其进行描述和计算,从而发现普适性的动力学规律。伽利略(Galileo Galilei)是著名的意大利物理学家和天文学家,作为实验物理学的先驱者,他注重科学实验的设计与实验装置的研制。伽利略在研究摆的振动周期过程中,通过现象观察和实验分析,发现了摆的等时性运动规律。伽利略没有止步于此,经过进一步的试验,发明了称为"脉搏计"的装置,用于测定脉搏跳动的情况,很受医生欢迎[3,4]。伽利略在科学实验研究中通过观察、分析、推理、判断、归纳和综合等方法揭示了科学问题的本质。科学发现的过程往往正如毛泽东在《实践论》中指出的,通过实践而发现真理,又通过实践而证实真理和发展真理;这就是辩证唯物论的全部认识论,这就是辩证唯物论的知行统一观。

斯蒂芬·霍金(StephenHawking)评论伽利略,也许比任何一个人对现代科学的诞生做出的贡献都大。而伽利略在其著作《关于托勒密和哥白尼两大科学体系的对话》中谦逊地说,这部书已经开启了巨大而优秀的科学之门,我的工作只是一个开端,比我更出色的人将会探索其最遥远的角落。

在实验教学过程中,应鼓励学生学习科学家的孜孜不倦追求科学真理精神,树立勇攀科学高峰的信念,引导学生遵循现象观察、模型建立、实验测量、分析判断和归纳总结的探索过程,逐步发现物理现象的科学本质和内涵。

3. 讲解物理学史与现代物理学的中国贡献,培养学生文化自信和爱国精神

课程思政的教学设计中,可以从时间的角度出发,沿着纵向科学技术发展史与横向当前科技发展现状的两个相互交叉的维度开展,通过比较世界与中国的历次科技革命进程和科技发展趋势,让思政教育元素融入历史传承和时代特色。通过课程学习,让学生明白当代大学生的历史使命与社会责任,培养学生爱国主义教育,将自己的理想与祖国的命运,个人发展的志向与民族振兴的使命紧密相连。

在讲解"波尔共振仪"实验中的共振现象时,可以引入两千多年前战国时《庄子》中记录中国古代对乐器的共振现象的观察和研究(图1)。琴和瑟是中国古典音乐的乐器,早在三千多年前的《诗经》中就记载有"窈窕淑女,琴瑟友之"。宫、商、角、徵、羽是古代人使用的音阶的阶名。瑟有25根弦,不同弦长对应于不同音阶。当人们对瑟进行调音时发现,弹动一

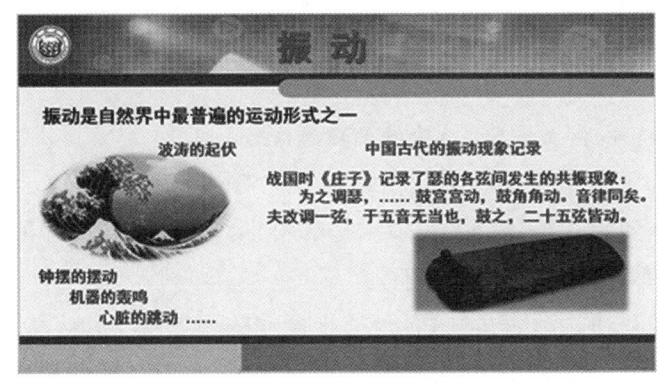

图 1 "波尔共振仪研究受迫振动实验"教学资料

弦的宫音,其他宫音弦也随之振动;而弹动一弦的角音,其他角音弦也会振动。这是它们的音相同的缘故,即我们现在所知的固有频率相同。若改调某一弦,使它发出的音和五音中的任何一声都不相同之后再弹这根弦,瑟上二十五弦都会振动。这条弦虽然弹不出一个准确的乐音,但它的很多泛音中总有一些音与瑟的二十五弦的音相当或成简单比例,即现在所知的基频和倍频的概念。《庄子》的这段文字是调瑟实验的历史记录,指出基音和泛音的共振现象[5]。关于共振的现象,在《周易》中也有"同声相应"的记载。这些现象的发现是中国古代在振动力学和声学史上取得的重要成就。

  4. 培养学生遵章守纪和团结协作的精神

  在物理实验课程中,首先向学生介绍和讲解《物理实验课程学生守则》和《实验安全教育》知识,培养学生遵守纪律,团结协作,爱护公共财产的优良品德,以正面引导、说服教育为主,实验教学的同时辅之以课堂教学的纪律约束,进行严格的教学管理,运用教学管理软件等方式加强实验教学全过程的管理(图 2),客观地进行学习成绩形成性评价,保证实验教学的严谨有序[6]。

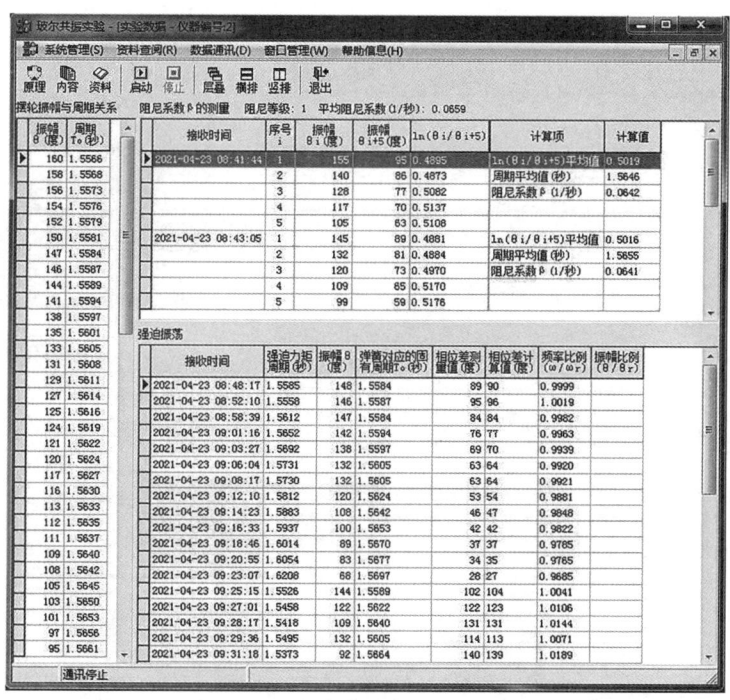

图 2 "波尔共振仪研究受迫振动实验"教学管理软件

三、线上线下混合式教学特色

  物理实验课程思政教育采用线上线下混合式教学模式,在实验项目中融入课程思政教育的电子教学资料和教学视频;在虚拟实验项目建设中,融入课程思政教育教学内容等。2019—2020学年第二学期的疫情防控期间,为保障物理实验课程的在线教学顺利实施,物理实验中心在Canvas、超星学习通、虚拟仿真实验教学、物理实验中心网站和"同济物理实验中心"微信公众号等在线教学平台,同步开设在线物理实验课程,实现多个教学平台的优势互补。教学过程中,通过微视频、虚拟实验和试题库等多形式结合的混合式教学方法,提高学生的学习兴趣,激发学习主动性。

"波尔共振仪"的虚拟实验项目教学通过虚拟仿真实验教学云平台系统向学生开放,本学期共有1 719名同学参加该虚拟仿真实验学习。物理实验课程的虚拟仿真实验平台与波尔共振仪虚拟实验链接和操作界面如图3所示。虚拟仿真实验项目的教学内容包括:实验原理、实验内容、在线演示视频和实验指导书等教学资料,学生可以打开实验系统和操作界面进行实验系统搭建、参数调节、现象观察和数据测量等实验步骤。虚拟仿真实验系统基于学生的实验操作和测量结果等给予客观的评分。由此,学生可以获得自己实验学习情况和成绩等信息的即时反馈,进一步培养学生实事求是的科学态度。

(a) 虚拟仿真实验平台

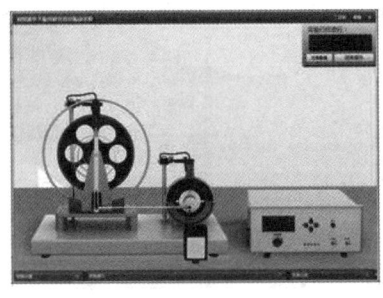

(b) 波尔共振仪虚拟实验链接与实验人数

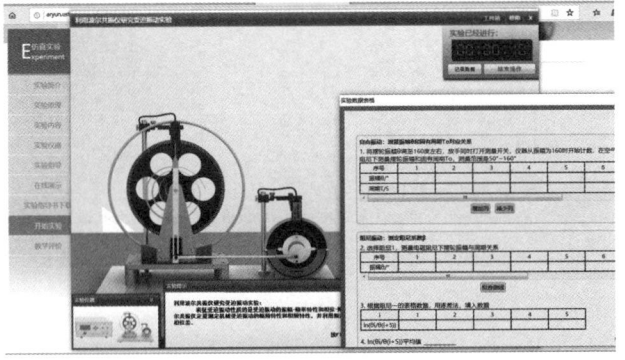

(c) 虚拟仿真实验界面

图3 虚拟仿真实验平台与波尔共振仪虚拟实验

四、结语

本文以"波尔共振仪"实验项目为例,探讨在物理实验课程中融入课程思政的教学设计的方法。通过"物理实验课程"的德育思政教育,激发学生的学习积极性,将课程学习与爱国主义教育结合起来,培养学生严谨的科学态度和艰苦奋斗的科学精神,使学生成为目光长远、抱负远大、有梦想、有信仰的新时代人才。

参考文献

[1] 教育部高等学校非物理类专业物理基础课程教学指导分委员会.非物理类理工学科大学物理实验课程教学基本要求(正式报告稿)[J].物理与工程,2006,16(06):1-3.
[2] 陆廷济,胡德敬,陈铭南.物理实验教程[M].上海:同济大学出版社,2000:66-71.
[3] 闵军.文艺复兴时代科学巨匠及其贡献[M].北京:中国青年出版社,2015:50.
[4] 伽利略.关于托勒密和哥白尼两大科学体系的对话[M].北京:北京大学出版社,2006:10.
[5] 刘延柱.趣味振动力学[M].北京:高等教育出版社,2008.
[6] 方恺,陈铭南.智能型波尔共振仪网络系统的设计[J].实验室研究与探索,2006,25(7):771-773,812.

"电子技术基础"：电动车着火案例

◎ 黄世泽

摘 要 电动车在生活中极易发生火灾，教师在课程中抛出这一案例，学生充分运用所学专业知识，结合案例的具体情况，总结出"电子技术基础"中直流电源故障的主要原因，从而提升工程实践和创新能力。教师再通过工程事故分析引导学生探讨预防事故发生的手段，从设计师、消费者、使用者等角度阐明事故预防措施，进而培养学生认真严谨的治学态度、追求真理的匠心精神和诚实守信的职业伦理；由职业素养上升到思政教育，从而逐步探索专业教学与思政教育的最大交集，实现全过程育人、全方位育人。

关键词 电动车着火　职业伦理　匠心精神

一、案例简介

（一）案例适用课程简介

课程名称：电子技术基础

授课对象：交通运输工程学院二年级学生

教学章节：直流电源

使用教材：童诗白、华成英主编，《模拟电子技术基础》第四版，高等教育出版社

阎石主编，《数字电子技术基础》第五版，高等教育出版社

教学课时：3课时

案例以工程事故为突破口进行学生的责任担当教育。案例目前在"电子技术基础"课程中采用，同样适用于"电工学""模拟电子技术基础"等相关课程。

"电子技术基础"课程是一门具有工程应用背景的技术基础课，也是工科涉信息各专业中一门实用性很强的专业技术基础课程。课程的内容涵盖了半导体分立元件、基本放大电

作者简介　黄世泽，同济大学交通运输工程学院副教授。

路、集成运算放大器及其应用、数字电子基础、组合逻辑电路、触发器以及时序逻辑电路的基本内容。课程是一门基础理论和工程应用紧密结合的课程,具有实践性、工程性、系统性很强的特点。"直流电源"是"电子技术基础"课程中较为基础且核心的教学章节,目的在于培养学生掌握直流电源基本概念,培养学生的工程观念和工程思维习惯,引导学生建立工程分析方法与应用能力,并在分析和解决问题的过程中培养良好的思政观念和价值取向。

(二)课程案例简介

电动车具有价格便宜、操作简单、清洁无污染等特点,正在成为人们出行的主要交通工具之一。我国电动车产业发展极为迅速,从 1995 年中国第一台电动自行车问世至今,中国成为全球最大的电动车生产国。据统计,2012 年中国电动车的社会保有量接近 1.5 亿辆,并且以每年 2 500 多万辆的速度增长。随着电动车保有量的逐年上升,电动车火灾数量也在快速增加。而同时,2009 年—2016 年全国电动车火灾以年均 50% 的速度递增。由于电动车生产厂家为了追求利益最大化及缺乏法治意识等原因,电动车充电器合格率仅为 70%~90%,一旦发生故障极易发生火灾。据统计 80% 以上的电动车火灾发生在充电过程中,有 66.7% 的电动车火灾发生在 20 时至次日凌晨 5 时。电动车广泛适用于广大的城镇及农村,广大百姓习惯于将电动车放置于一楼充电而在二楼休息。一旦在半夜发生火宅,由于电动车装饰有大量的易燃品,火势发展异常迅速(图 1),瞬间形成上千度的高温。楼上居民发现火灾以后,楼梯已经被火势封锁,无法逃生,极易酿成重大火灾,造成重大人员伤亡。

图 1　电动车充电火灾现场

二、思路与目标

在"电子技术基础"课程上,利用电动车着火案例进行课程思政的主要思路如下。

学生首先通过线上MOOC自主学习本课的基本知识点,掌握相关基础知识,并完成线上自测。线下课堂中,教师利用电动汽车火灾事故等案例引发学生的关注和思考。带着对事故原因探究的渴望,学生学习单向整流电路、直流电源的滤波电路和稳压电路的相关工作原理。学生充分运用所学专业知识,结合案例的具体情况,分小组进行讨论分析,总结出直流电源故障的主要原因,从而提升工程实践和创新能力。教师再通过工程事故分析引导学生探讨预防事故发生的手段,从设计师、消费者、使用者等角度阐明事故预防措施,进而培养学生认真严谨的治学态度、追求真理的匠心精神和诚实守信的职业伦理。课程思政的思路如图2所示。

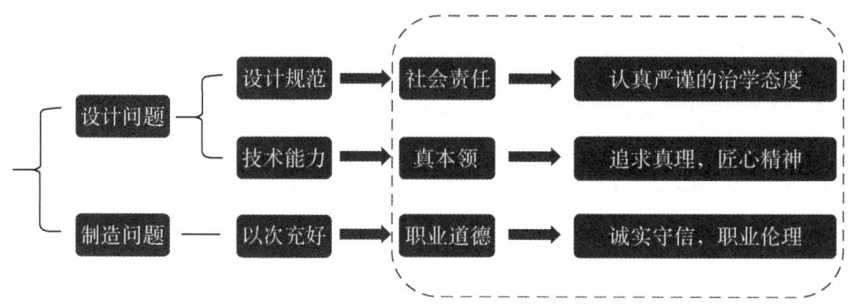

图2 课程思政的思路逻辑图

课程思政的主要目标包括:
(1) 认真严谨的治学态度;
(2) 追求真理的匠心精神;
(3) 诚实守信的职业伦理。

三、设计与实施

(一)教学过程的设计与实施

1. 课前准备

课前准备阶段,教师应充分分析和把握学情,遵循学生的思政认知发展规律。教师在分析学情的基础上,充分备课,深挖专业课程中蕴含的思政教育元素,将培养学生的良好思政观念纳入课堂教学的情感目标范畴,并以此为依据,选取合适的工程事故案例。在现实生活中,直流电源故障引发的事故比比皆是,为了引起学生的触动,选取生活中常见的真实的电动汽车火灾事故作为本课的教学案例。

线下课堂开课前,教师提前完成"直流电源"线上学习资源的建设,组织学生进行线上慕课自主学习,通过平台查看学生学习的课程进度、做题情况,根据学生的学习情况,灵活调整课程内容。

2. 课堂实施

在线下课程的教学中，教师首先对直流电源的定义和作用等基本知识进行串讲，通过提出"直流电源在工作中会出现哪些故障"的问题，进而抛出提前准备的相关案例引发学生思考：2009—2016年全国电动车火灾以年均50%的速度递增，80%以上的电动车火灾发生在充电过程中，而有人伤亡的火灾全部发生在车辆停放或充电时。这些触目惊心的案例都引起了学生对如何有效避免直流电源事故的思考。

教师继而引导学生思考为何有这些故障：什么情况下会发生火灾？带着这些问题，学生继续学习直流电源的工作原理。教师通过图文并茂的方式深入剖析单向整流电路的结构和原理、直流电源的滤波电路和稳压电路的工作原理。

学生在掌握了相关原理的基础上，以小组讨论的方式探讨直流电源的故障原因：电流过大会引起火灾。具体到电动车充电引发火灾事故的主要原因，学生在教师的引导下从无保护电路、桥堆电路和电容短路等多角度进行分析。

了解了事故发生的原因，又该如何预防？教师提出思考题：作为未来的工程师你有何感想？学生分别从设计师、消费者和使用者的角度提出建议：设计师要确保电路可靠性，保护电路完备，还要确保元器件质量，保证供货渠道并加强检验；消费者要选用正规厂家直流电源产品，不改装或随意匹配直流电源和负载；使用者则不能随意加大电路负载，要科学合理安全用电。

通过以问题导向的探究式教学，本课的教学培养了学生作为一个工程师的社会责任感。工程师心中必须要有用户，有人民，要对自己的设计负责任，否则会酿成大的事故。同时要践行社会主义核心价值观，做到诚信，要有工程师的职业道德素养，在未来的工作中，不偷工减料，不以次充好。

3. 拓展提升

学生的学习不应局限于课堂，课后环节是学生知识巩固、学习提升的重要阶段。在"直流电源"的教学过程中，教师精心筛选，选取创新项目"电动车充电引起火灾机理研究"作为学生的拓展学习资源，并设计有启发意义的题目供学生课后讨论，在设计课程作业过程渗透思政教育。

（二）教学方法

本案例采用"线上 MOOC+线下课堂"的混合式教学模式，以学生为中心，通过课前学生线上自主学习发现问题。课堂上，教师采用基于问题导向的探究式教学方法，先对教学的重难点进行知识梳理和深入剖析，再抛出与知识点相关的工程案例，学生通过自主探究、合作讨论等方式解决问题，在此过程中渗透思想道德、价值观念、责任意识等方面的思政教育。

（三）考核评价方式

改革传统考试成绩"一刀切"考核评价方式，借助网络平台、人机结合的方式，由单一的教师评价变为学生自评、生生互评和师生共评等多元化过程性评价方式。考评的内容不仅包括课程知识的掌握，还包括学生探究精神、实践能力、自主学习能力以及思想道德品质、价值观念的考查。同时学生也可以借助网络评价平台向教师提出教学建议，促进教学相长。

四、特色与创新

通过事故案例这一抓手，打开了专业课堂思政教育的缺口：由事故原因引出背后人为责任，由人为责任引出工程师的职业素养，由职业素养上升到思政教育，从而逐步探索专业教学与思政教育的最大交集。通过工程事故分析与原因探讨，使专业课程与思政课程相融合，理论与实践相结合，从而将各自为营的"专业课程"和"思政课程"逐步转变为融会贯通的"课程思政"，将社会主义核心价值观和马克思主义理念真正融入大学的每一门课程，实现全过程育人、全方位育人。

五、反思与分析

本案例成功探索出工科教学进行课程思政的方法和路径。坚持以立德树人导向，在具体实施过程中，借助信息化的手段，在课程中真实再现工程事故的案例，注重培养学生的社会责任感和工程师的专业素养，取得了良好的育人效果。

在具体的实践过程中，教师选取合适的工程案例是一大难点，这不仅考验教师的专业知识和科研能力，也对教师的教学研究水平提出了要求。教师需在分析学情的基础上，进行充分备课，深挖专业课程中蕴含的思政教育元素，将培养学生的良好思政观念纳入课堂教学的情感目标范畴，并以此为依据，选取合适的工程事故案例。除此之外，工科课堂的思政教育也不能光以负面例子来鞭策，教师在选取案例时，也可考虑工程成就、科学家的探索过程、前辈攻坚克难的事迹等的激励效应，以此来培养学生的思辨能力、匠心精神和爱国情怀，无缝式的融入达到课程思政效果。

树立文化自信、讲好中国故事[*]

——"翻译理论与技巧"课程思政教学案例

◎ 董 琇

摘 要 中国文化的对外传播依靠的是中国人自己,本文拟通过将英语专业学生的专业教学与思政教育相结合,深入挖掘专业课程的德育内涵和元素,培养学生英语专业能力和语言能力,更重要的是提高学生对于中西文化差异的认识,训练学生的思维方式,强化学生的思辨能力,增强学生的民族自豪感,树立文化自信,使得学生掌握有效的中国文化传播策略和方法。本文详细分析了该思政教学案例的选用意义、育人思路与目标、教学环节设计、特色与创新之处等,以期辐射更多不同语种的专业课程,形成课程群,扩大学生受益面,最终实现中国文化走出去的目标,树立文化自信。

关键词 课程思政 教学案例 德育内涵 文化自信 文化传播

一、案例简介

(一)课程案例基本情况

1. 课程名称、课程号、教学对象和年级

翻译理论与技巧(下)(112039)是为外国语学院英语专业本科三年级全体学生开设的专业基础课程。

2. 课程内容简介

课程从汉英翻译的基本理论和汉英异同对比出发,按照循序渐进的原则,讲授汉英词语、句子、语篇及各种文体的翻译方法和技巧,通过分析汉英翻译中的常见错误,使学生学会如何纯化英语译文,提高学生的翻译实践能力,摆脱汉语思维的影响,提高学生用英文讲

---

* 2020 年"同济大学课程思政教育教学改革"项目:"翻译理论与技巧"示范课程。
作者简介 董琇,同济大学外国语学院,教授,博导,副院长。

述中国故事、介绍中国文化的对外传播和跨文化交际能力。

(二)思政教育与专业教育融合情况

将专业教学与思政教育结合,深入挖掘专业课程的德育内涵和元素。思维决定语言,该课程注重的不仅是对学生英语专业能力、语言能力的训练,更重要的是提高学生对于中西文化差异的认识,训练学生的思维方式,强化学生的思辨能力,增强学生的民族自豪感,树立文化自信,使得学生掌握有效的中国文化传播策略和方法。中国文化的对外传播依靠的是中国人自己,中国对外形象的建立取决于我们如何用英文介绍自己的文化、国情、经济等各个方面,这也是此门课程不同于一般语言类专业课之处,具有思政教育与专业教育融合的内在属性。

(三)课程思政教学改革实践情况

项目负责人长期从事翻译和文化形象传播研究,教授该课程之初就有了思政教育的意识,所以思政教学的素材积累丰富,包括两会新闻发布会总理讲话的翻译,中国四大名著、现当代小说的翻译,张艺谋电影的翻译等。语言文字的表达、转化是关注的一方面,翻译背后的国际关系、文化交流的背景是另一方面。这些案例与中国文化的对外传播和文化自信的建立有着直接的关系。另外,在教学中,教师与学生保持着开放、顺畅的沟通渠道,对于教学方法和教学计划的实施,课后充分听取了学生的建议、意见。学生良好反馈机制的保障,促进了良性循环,不断提升该门课程的授课效果。课程开设时间很长,历届学生反响很好,学生评教分数接近满分。学生纷纷表示该课让他们喜欢上了翻译,在文化、语言的对比中增强了自己的民族自豪感。这样的课程开展课程思政建设,就能真正实现我们课程改革的理想目标。

(四)案例选用意义

(1)在翻译方法的讲解中,首先引导学生学会欣赏汉语原文的精华,其次让学生在思辨、讨论中掌握有效的翻译策略,对外传播中国文化的原貌和精髓。中国文化对外传播将直接促进文化自信的建立和"中国海外形象"的树立。例如在翻译"不爱红妆爱武装"时,指出其中运用的押韵手法使该句朗朗上口,易于记忆,引导学生讨论如何在英译时体现出中文原文的音韵美,最后给出许渊冲和马红军两个版本的译文:To face the powder and not to powder the face.(许)/ To get dressed to drill, but not dressed to kill.(马),让同学们欣赏与比较,从中体会汉语之美。

(2)在汉英翻译的练习过程中培养学生建立中国对外话语体系的意识,同时顾及外国受众的文化接受心理,最终掌握有效的语言转换策略,避免以前产生中式英语吓跑外国读者、曲解中国形象的情况。例如在"词语翻译"模块,举例"一带一路"的翻译,指出最初的翻译"One Belt and One Road Strategy",由于采用了字对字的机械翻译,"strategy"这个表示"策略"的词语令美国等国家感到了"严重的威胁";后来改为"The Belt and Road Initiative",其中的"Initiative"(倡议),就较为准确表达了中国政府使用该表达的真实含义。这样的翻译课程同时能提高学生运用英文进行商务活动介绍、科技产品介绍等的宣讲能力,改变单一的汉语思维方式,服务于创新创业教育。

(3) 通过课件、教材内的中国传统文学经典作品外译方法的讲授、讨论,使得学生掌握中国特色的翻译理论,感受到中国文化的博大精深,培养青年学生的民族自豪感,树立文化自信。例如在分析《红楼梦》的英译时,霍克斯将黛玉住的"潇湘馆"译成"Naiad's house","Naiad"指西方神话中的水泉女神,而潇湘馆的象征意义是重在竹之美,以竹喻人,暗指黛玉。另一译者杨宪益将"潇湘馆"译为"Bamboo Lodge",很符合潇湘馆翠竹掩映、浓荫匝地的幽雅环境。

(4) 除了提升民族、文化自信,该课程还积极增强学生作为同济人的自豪感和使命感,增进学生对同济历史的了解,激发学生争做优秀的"同济人",服务学校的"双一流"建设。例如选取"同济校庆"校长致辞中的排比句作为翻译练习语料:"我们奉献给社会的人才,一定会有深深的同济印痕:坚定的信念,开阔的胸怀;深厚的基础,国际的视野;严谨的学风,创新的精神"。用英语的对称和平衡结构表达了原文的语气和内涵,同时激励同济学生成为优秀人才,激发学生爱家、爱校、爱国。

5. 以授课教师本人的职业奉献精神、专业投入态度,感染学生热爱生活、热爱专业和将来的工作,充分传递正能量,树立良好的职业观和道德观。在整个授课过程中,教师以自己认真的态度、高昂的激情、友善的精神,让学生看到了教师对于专业的热爱,让学生感受到翻译研究的魅力和深藏在中国人骨子里的民族风韵,引导学生努力研究中英思维方式和风格的异同,吸引更多优秀的同学投身到中国文化对外传播的事业中来。

6. 本课程思政教育与专业教育、创新创业教育相融合的思路、步骤和操作方法具有创新性、示范性和可推广性,可以打破语言的界限,举一反三,推广至德语、日语等语言的翻译和文化类课程的教学中,不仅适用于专业课,还可用于公共课,这也是开展本课程思政建设项目的意义之一。

二、思路与目标

(一) 拟解决的主要问题

在翻译理论与实践的教学过程中,定位到中英两种语言转换过程中所存在的语言差异、文化差异、意识形态差异,捕捉有利于学生成长为优秀人才的育人内涵,使专业教学与思政教学有机结合。

(二)课程思政教学改革的理念与思路

"立德树人、教书育人"贯穿该课程的教学目标设计、翻译案例选取、翻译方法讲授、课后作业布置的各个环节,自然融入每个知识点的教学实践中。遵循"学生为中心"的理念,使得学生正确认识中国特色和国际比较,正确认识时代责任和历史使命,具有家国情怀、远大抱负和脚踏实地的态度。使学生在认识层面树立符合时代发展的翻译观,真正实现思政元素"进教材、进课堂、进头脑"。

(三)育人目标与教学目标

1. 育人目标

(1)通过在翻译演练中对汉语原文本的赏析,展现中华文化对外的魅力,增强学生的民族自豪感,树立文化自信。

(2)通过翻译语篇案例的具体分析,提高学生对于中西文化异同的认识,提高学生的思辨能力和构建中国特色话语体系的能力。

(3)通过对搜集到的真实语料的翻译讨论,使得学生掌握"对外讲好中国文化、中国文学"的翻译策略和翻译技巧,培养国际视野。

(4)通过专业课程的教学,树立学生的家国情怀和正确的人生观、价值观、世界观,增强学生的道德情操、服务意识和仁爱之心,深入贯彻全国教育大会精神、全国高校思想政治工作会议精神,立德树人,实现习近平总书记在教育大会上提到的"全员、全程、全课程育人"。

2. 教学目标

突破传统的语言类课程只注重语言技能的单维化目标的缺陷,充分发挥"全面育人"的内涵,在专业教育中融合了社会主义核心价值观、文化自信和爱国主义情怀的教育。

三、设计与实施

(一)教学环节设计

每一模块,都以一个翻译热点事件导入,每一讲开始之前,都以一个具体的翻译练习实例切入,从感性到理性,通过活生生的人、事讲授翻译方法,增强学生的文化自信,树立中国文化对外传播的正确立场,有机融合,充分激发学生学习的兴趣。以案例作为问题导入,启发学生思考,自我解决问题,寻找答案,而翻译问题的解决过程,也涉及国际政治、世界历史、中外关系、全球治理等诸多热点,将进一步加强学生的逻辑思维能力。

(二)教学方式方法

在语言层面的"汉英差异、词语模块、句子模块和篇章模块"模块背后,贯穿了育人模块,分别从文化观、文学观、翻译观、人生观四个模块有重点地进行教学安排,深入浅出,融会贯通,循序渐进。

(三) 考核评价方式

在讲授完各个模块的知识点后,期末考试采用多译文比较评析的方式,以开放式的小文章撰写,激发学生独立思考,增强他们的思辨能力,考试既是检验知识掌握的手段,也是延展性学习的一个环节。在对比具体某个中文原本的多译本孰优孰劣的过程中,启发学生从中国文化形象传播、中国对话话语体系建立的角度进行思考,提高青年人的文化分析和学术思辨能力。

(四) 教学过程组织与实施

该课程的授课过程始终本着"面对面、心连心"的原则,教师通过言传身教,以语言形式和非语言形式的多维表达充分传达该课程的知识内容与育人精神,师生之间无障碍沟通,尤其在疫情期间,师生通过直播上课的形式参与课程学习与讨论,打破了时空客观条件的限制,以摄像头全程全部开放的形式实现"面对面、心连心",通过分组讨论使学生充分参与,授课高效,学生活跃,使课程不因疫情受影响,反而更具有现实教学意义,强化学生的使命感和责任感,充分保障思政教育与专业教育融合的育人教学目标。

四、特色与创新

(一) 课程思政教学改革的团队特色

目前的课程思政团队由专业教师、学工口教师构成,团队成员的专业特长明显,符合课程思政的定位和教学目标。专业教师从事一线翻译教学,授课经验丰富。学工口的辅导员老师本身是翻译专业毕业的硕士,又熟悉思政教育的方法,了解学生的心理,能够协助教学研究,将思政元素自然融入专业课程的教学中。

(二) 课程思政教学改革的创新点

1. 两维模块化的教学设计

该课程17周的教学安排分为四个模块,各个模块相对独立又具有渐进性,最重要的是呈现出语言技能与思政教育两维模块共存的教学设计形式。

2. 真实语料式的教学内容

所用的翻译原文语料取自中国政府工作报告、《文汇报》文章、同济校庆校长讲话、广州亚运会会歌、中国城市宣传材料等真实语篇材料,也包括《孙子兵法》篇章、"郑和下西洋"的历史故事、寓言故事、唐诗宋词等中国文学、文化经典,取材视野广泛,贴合社会发展实际,课件、教材互为补充,充分挖掘思政教育内涵。每一个案例的选取背后都有着精心设计和构思。例如翻译"新冠肺炎"的汉语新闻时,采取平行语料库对比法,以语料库中美国媒体的相关报道文章作为参照,对比由汉语翻译为英文的新闻和美国报纸的英语新闻的差异之处,教师引导学生思考差异的原因,不仅是语言表达问题,还有文化、意识形态的因素等。

3. 思辨讨论式的教学活动

课堂上针对各个模块和主题,让学生课前或课中上网搜集热点翻译事件的背景信息,观看如"孙杨听证会"现场翻译的视频,针对每一个模块展开辩论、分析,通过翻译学、形象学和传播学的跨学科融合,增强课程的趣味性,打破学生的思维定势,拓宽视野,提升他们的综合素养,也培养学生的冲突解决能力和人际沟通能力。

4. 名家座谈式的教学形式

邀请著名翻译工作者特别是校友来课堂教学,现身说法,树立学生的家国情怀和国际视野,真正实现教学的言传和身教相统一,潜心问道与关注社会相统一,学术自由和学术规范相统一。邀请联合国日内瓦办事处中文翻译科的资深译员来讲述联合国译员的日常工作,笔译口译原则,翻译在政治活动、文化交流中所起的作用等,吸引更多的语言专业学生到联合国实习并工作,鼓励学生将自己所学的知识运用到国际交流的实战中,更好地为国家、为世界服务。

五、反思与分析

(一)实施效果及成果

(1) 树立学生的核心价值观、正确的世界观,在提升英语表达水平、掌握翻译技能的同时,提高了学生的综合素养,增强了民族的自豪感,树立文化自信,为学生今后成为翻译工作者、外交官,致力于中国文化的对外传播,也奠定了基础。目前的效果较好。要将这种思政内涵在每一节课都以"润物细无声"的方式体现出来,每一节课后进行回顾和改进。目前恰逢线上教学的良好时机,可以现场录播,回看录像,进行反思、总结。

(2) 充分利用现代化的多模态教学手段,借助互联网,以充足的语料为支撑,灵活的教学形式为载体,将思政内涵体现在专业教学的教学方法、教材课件等各方面,将该课程建设成为一流专业建设的核心课程,长期教授两个班级,学生的普及面较广。今后在条件允许的情况下,在专业课的基础上,开设通识课程,面向全校学生开放。

(二)改进思路

(1) 对于课程思政的教学大纲需要进一步完善,按照预定的模块,清晰地体现思政的教育点,并需要与时俱进,充实教学案例,为教材的编写做准备。

(2) 建立良好的课程反馈机制:采取定期线上无记名问卷,学生个别访谈等方式,并进行知识技能、理念思维、价值导向的多维测评。

(3) 以该门课程为核心,将思政教育、立德树人内涵融入到更多英语专业课程的建设中。

(4) 总结课程授课的经验和不足,思考不断更新、发展的空间,将操作方案、课程实施路径提炼,完成课程思政的研究,发表教改论文,形成成果。

总之,希望以"翻译理论与技巧"课程为核心,辐射更多不同语种的专业课程,形成课程群,扩大学生受益面,使得语言专业和非语言专业的学生都能通过该课程提高自己使用英文进行表述的跨文化交际能力,最终实现中国文化走出去的目标,树立文化自信。

参与 互动 共创
——景观管理政策与法规教学

◎ 刘悦来

> **摘 要** 作为风景园林学科基础课程的景观管理教学,以当下同学们有直接生活经验的社区景观为研究对象,深入调研并理解景观管理的多元复杂性、政策制定的针对性和法规执行的普适性,以共治的景观品牌工作坊的形式,探讨景观生产运维过程中带动基层社区治理的意义和途径,希冀以师生共创社会多元合作机会,实现景观管理的理想状态:即基于基层自治的共治格局。
>
> **关键词** 景观管理 工作坊 参与式 互动教学

一、案例简介

景观管理政策与法规课程始于2006年,课程一开始教学团队就非常重视社会参与课堂的互动以及如何用社会共创的方式来进行,在整体的这个课程设置当中非常强调现场性,让学生们到一线到现场,也会特别邀请相关的专业者进课堂进行相关的互动,在总体的这个教学当中特别注重当下政策的贯彻,对政策的理解长期采取一线教学法,鼓励学生积极参与社会调研,并引进社会学、政治学、管理学理论教授与景观设计运维现场实操实践者进课堂授课并进行讨论式教学,学生反馈良好。课程品牌项目"共治的景观"多方联合工作坊教学法(图1),强调社区参与,把景观管理基础知识和国家相关的大政方针政策法规融入角色扮演或是辩论之中,同时利用教学基地进行现场营造和运维的实践,引入企业和社会组织力量参与教学,广泛深入地调动学生的课程参与积极性,取得了良好的教学效果。

作者简介 刘悦来,同济大学建筑与城市规划学院景观学系教师,社区花园与社区营造分实验中心主任。

图 1　课程组织重要的形式：共治的景观工作坊

二、思路与目标

拟解决的主要问题是政策与法规类课题，通常比较枯燥，学生很难完全融入当中，所以教学团队从一开始就一直想能够有一些更加有趣的学生更加感兴趣的这种方式和方法来进行，而不是一味地灌输。课程坚持弘扬社会主义核心价值观，深入挖掘专业课程的育人内涵和元素，明确课程思政教育教学目标——新时代背景下的景观管理与社区参与。课程以当下景观管理社会实践为基准，牢固树立可持续公共参与为人民服务的基本原则，育人元素包括对景观管理大趋势的把握、对当下景观管理形势的理解、对管理内容基本信息的掌握、对景观相关法规的了解，对景观管理实操的调研和讨论，通过社区互动使同学们更好的理解当下及未来社区发展的动态等。

课程育人目标要求学生掌握景观规划设计相关课程训练的基础和底线，培养学生对良好景观规划设计的价值判断。应对毕业后进行专业实践的需求，需要学生了解相关政策法规的产生原理、机制和逻辑秩序。注重培养同学们积极参与、团队协作能力；做好思政教育与专业教育有机融合，完善课程教学大纲的"立德树人"内涵设计，创新教学方式方法，积极推动习近平新时代中国特色社会主义思想进教材、进课堂、进头脑；开展深入社区的社会服务和服务学习多次，积极推进大学和专业的社会责任。

三、设计与实施

景观管理政策与法规课程教学对象为风景园林、城乡规划专业、建筑学、历史建筑保护本科生,是风景园林学科核心课程之一,与国际上景观管理(Landscape Management)、景观法规(Landscape Ordinance)等专业领域的实践和教学相对应。本课程旨在培养学生对于景观空间生产现象背后的生产关系和形成、运维机制的探索,景观政策以及景观相关法律规范设置之原理的掌握,以及从景观空间生产到社会空间运维中多元利益相关者如何共治的方法探讨。课程在本科阶段开设具有作为景观规划设计相关课程训练的基础和底线,以及应对学生毕业后进行专业实践需求的直接意义。

课程主讲教师自 2002 年开始研究景观管理并在政府机关挂职一年,积累了一定的行政管理和社会实践经验。主讲教师身兼社会组织理事长以及多个区的社区规划师之职,其进行的上海参与式景观空间更新与社会治理结合之基地已经超过 90 个,从公园绿地到附属绿地,类型全面,其中以创智农园为代表的城市空间微更新微治理项目先后获得上海市以及长三角最佳社会治理创新奖,其进行社会培训,已经输出到长三角和广州、深圳、北京、成都等 30 多个大中城市,已然成为全国景观空间设计运维的创新高地,这系列变化充分体现了新时代景观空间生产方式转变的巨大意义,这些基地为教学提供了全方位的承载。

图 2　主讲教师现场讲解

本课程已经具有较为广泛的社会推广价值,主讲人刘悦来老师在 2017 年受邀参加"一席"演讲,以"共治的景观"为题的视频即是主讲人团队进行景观多元管治研究的成果(图 2),该视频点击量短短一周 10 万多,面向社会招募的"共治的景观"工作坊已经成为一个品牌,吸引了广大的年轻学生参与,这些都是本课程前期已经取得的成果。2019 年更是成为社区花园与社区营造实验中心,这是更广泛的社会拓展,思政不仅仅面对学生,同时更大范围地影响社会。2020年的教学受疫情影响较大,教学团队充分考虑到同学们宅家在社区的情况,开展社区调研,把工作坊转为各自的社区调研,并邀请张宇星、茅明睿等业界知名专家进课堂,在线与大家交流启发,最后组织同学们对社会现场进行剖析,结合当下社会热点,特别是总书记在上海提出的"人民城市人民建,人民城市为人民",同学们普遍反馈很受教。

图3　课程讲座海报(设计:刘诗楠)

四、特色与创新

以当下社区景观为研究对象,深入调研并理解景观管理的多元复杂性、政策制定的针对性和法规执行的普适性,以"共治的景观"品牌工作坊的形式,探讨景观生产运维过程中带动基层社区治理的意义和途径。对土地和人尊重,友善协同人地关系和人与人友好的社区关系,以讲师及特邀讲师讲解、同学们形成学习小组研讨以及深入社区工作坊的形式,力图使课程讲授更接地气,与选课的同学们一起共创社会多元合作机会,实现景观管理的理想状态,即基于基层自治的共治格局。

五、反思与分析

目前整体课程思政改革实施取得了一定的效果,获选上海市思政改革示范课程建设,有机会更深入地进行相关的研究和教学实验。项目实施这段时间特别是在新冠肺炎疫情期间，课程建设通过在线的学习，让更多的学生有机会参与各自所在社区的社会实践，大家开展了相关的调研，除了调研之外，有一部分学生还参加了我们组织的社区花园邻里守望互助 SEEDING 的行动，也有部分学生参与了社会创新的计划。通过这样的一种尝试，不断来推动学生根据国家大政方针进行切身参与行动。在疫情期间，笔者参加了同济大学党委宣传部组织的"听 TA 说"网络直播思政活动，通过在哔哩哔哩、新浪微博、抖音、快手等各大平台同步直播，不断来传播我们的景观共治概念、景观管理的政策法规，同学们也在线参与了互动，这种方式新颖高效，也取得了相当的成效。

课程目前存在的问题主要在于我们能否更好地更深入地把握当前国家发展的动态，更好地让学生有实践的机会。事实上学生的时间非常有限，仅仅利用课程的时间是不够的，所以教学团队希望能够利用更多的业余时间，包括结合暑假、寒假等。

以建筑结构抗震安全为己任
——"建筑结构抗震"课程思政建设

◎ 同济大学"建筑结构抗震"教学团队

摘 要 "建筑结构抗震"是土木工程的核心专业课程,作为土木工程课程思政链中的重要课程之一,课程思政建设确立了"以建筑结构抗震安全为己任"为主题,"地震—地震作用—结构反应—结构抗震—结构减隔震"为主线,细化教学大纲,深化思政要素,结合各章节知识点,沿主线层层递进,将育人目标融入教学全过程,强调教师立德树人、育人为先的职责,强调"润物细无声"的课程思政教学方法,强调优秀案例库建设,强调质量管理和全过程全方位管控,以实现课程思政目标,培养学生"同心同德同舟楫,济人济世济天下"的道德情操、科学精神和工程素质。

关键词 本科教学 课程思政 建筑结构抗震 教学案例

教育是国之大计、党之大计,承担着立德树人的根本任务[1]。课程思政是立德树人和教师职责的必然要求[2]。"师者,传道授业解惑也",传道是第一位的,优秀的教师在专业课教学中不仅授业解惑,更注重在授业解惑中传道。课程思政是一个新的名词,其根本要素是指在专业课程(非思政课)的讲授中融入思政元素,强调理想、目标、精神,注重培养学生的道德情操、科学精神和工程素养。

同济大学土木工程专业的核心专业课程"建筑结构抗震"由朱伯龙先生创建于1978年,即1976年唐山大地震后的两年。40多年来,一代代课程建设者力行教书育人的天职,将结构抗震研究与教书育人紧密结合,将科学知识、工程技术的"授业"与培养国家栋梁之才的"传道"紧密结合,在吕西林院士的带领下,该课程建设成为国家级精品课程和第一批国家资源共享课程。2018年起,在上海市教委的支持和指导下,教学团队在吕西林院士的指导和关心下,开展新一轮的课程建设,重点梳理专业核心课知识体系中已经形成的成功经验,

---

作者简介 熊海贝,同济大学土木工程学院结构防灾工程系教授,博士;首批国家级本科一流课程,上海市课程思政引领课程"建筑结构抗震"负责人。

并以新时期新目标为导向,开展课程思政建设,提出"以建筑结构抗震安全为己"的课程思政目标,展开深入系统的课程思政建设。

一、课程知识体系和基本要求

"建筑结构抗震"为土木工程专业学生的限选专业课,在大学第四年第一学期授课。为更好地理解课程思政的设计,这里对该课程的理论知识体系、学习目标和能力基本[3]做简要介绍。

(一) 理论知识内容

课程以"地震—地震作用—结构反应—结构抗震—结构减隔震"为主线,涵盖地震工程的基本知识、融汇建筑结构的基本理论,开展建筑结构抗震设计的基本知识和技能的学习。第一章介绍地震基本知识、地震灾害与中国地震特点和我国工程结构抗震设防目标和要求。第二章介绍建筑场地、地基液化判别和加固措施,以及基础抗震验算要求等。第三章介绍我国地震作用的计算原理和计算方法。第四章介绍抗震概念设计的重要性,指出结构在地震下的安全等级的确定方法、地震作用对结构的影响,结构的抗震验算基本要求等。第五章到第八章分别介绍多钢筋混凝土结构房屋、多层砌体结构房屋、钢结构房屋,以及非结构构件的抗震设计方法和构造要求,最后简单介绍建筑结构减震和隔震的基本概念。

(二) 知识学习目标

"建筑结构抗震"课程要求学生通过专业知识的学习,掌握建筑结构抗震的基本理论、设计方法;掌握从事一般工程抗震设计的基本技能,了解建筑结构抗震的前沿发展趋势和最新技术。具体目标是:①掌握地震学基本知识,建立工程抗震设防的基本概念;②掌握地基、基础场地土分类、液化地基的判定和处理方法;③掌握单、多自由度体系的结构地震反应的基本分析方法;④掌握反应谱理论及地震作用计算方法;⑤掌握抗震概念设计方法和要点;⑥掌握钢筋混凝土结构、砌体结构和钢结构房屋的抗震设计方法,并进行简单的抗震设计验算;⑦掌握非结构构件的抗震设计方法,并进行简单的抗震设计验算;⑧了解建筑结构减震和隔震的基本概念和方法及抗震研究和技术最新研究动态。

(三) 专业能力要求

学生通过课堂学习、课后练习,国内外相关资料查阅等方式提高获取知识的能力,了解近期地震动态以及国际上对结构抗震的研究进展;通过参观模拟地震振动台实验提高知识的理解和综合应用能力;通过小组项目研究(模型设计和小型振动台实验)观察分析结构的动力性能和振动反应、地震特性和震害分析、设计要求与工程实际情况等复杂问题和场景,学习和理解系统思维和创新思维的重要性,提高学习的主动性、观察问题的敏锐性、以及解决问题的创新思维和实际能力。

二、课程思政目标与核心要素

人才培养首先是人的良好道德的培养,知识学习是为了有能力去建设美好家园,创建美好生活,实现美好梦想。为此,课程思政围绕社会主义核心价值观,以国家发展为目标,以同济大学校训"同心同德同舟楫,济人济世济天下"为准绳,以建筑结构抗震安全为己任,建立课程思政的育人目标和核心要素。

(一) 课程思政目标

"建筑结构抗震"课程的思政目标是:充分发挥专业教师立德树人的主观能动性,在传授专业知识的同时,培养学生发现问题和解决问题的思维能力,培养严谨求实的工匠精神,树立"以建筑结构抗震安全为己任"的专业责任感和社会使命感,实现专业能力、科学精神与道德情操的协调发展,成为新时代社会主义栋梁之才和土木工程专业领袖。

(二) 课程思政核心要素

1. 同心同德同舟楫

知识学习是技能培养的基本要素,思政育人是培养什么样的人,为谁服务的根本,是技能得以真正为国家发展为社会发展服务的基础。

"建筑结构抗震"课程专业学习的核心目标是学习和掌握设计安全经济的抗震(或减隔震)的房屋的专业知识和基本技能。结合思政教育,强调知识学习的目标是为社会发展服务,个体只有融入集体,与国家和社会发展一致,才能取得个体的成功,从而带动集体的成功,通过为集体做贡献,体现个体的社会价值。

在教学中,教师通过对专业知识的教学设计,阐述知识点的工程背景和社会背景,阐述知识与社会发展的关联,与建筑物安全的关联,与个人成长中知识体系的关联。将育人目标春风化雨般融入知识传输中,将素质培养和目标树立与知识学习三个层面紧密结合,将同济大学校训"同心同德同舟楫,济人济世济天下"作为贯穿课程思政的核心要素。

2. 济人济世济天下

要实现"济人济世济天下"的鸿鹄之志,必须有扎实的专业知识和技能,严谨的工匠素质和求实的科学精神。

教师在课堂上、课堂外以教师和工程师专业素质为准绳,在教学过程中潜移默化地渗入职业道德的熏陶;通过对地震与建筑物震害的剖析,细致深入地讲述其中的工程问题、科学问题,教授解决问题的方法以及这些方法背后的感人故事。培养学生"以建筑结构抗震安全为己任"的强烈专业自觉性和社会责任心。并以开放的姿态,鼓励学生关心社会、关心民生、关注可持续发展、关注最新技术发展,培养学生主动学习、多元学习的兴趣和能力,以及精益求精、追求卓越的工匠精神。

在专业知识的讲授中,让学生切身体会和感受到,只有牢固掌握所学知识并融会贯通,才有可能面对复杂的问题提出有效的解决方案,才能实现用知识造福社会的初心,才能在为国家创造财富的同时,感受到自身价值的提升和成功的喜悦,才能实现"济人济世济天下"的鸿鹄之志。

(三)课程思政设计

课程以"建筑结构抗震安全为己任"为主题贯穿整个教学环节,结合同济大学的校训"同心同德同舟楫,济人济事济天下",强化学生关注民生、关注社会,关注土木工程可持续发展,强调专业知识学习与工程师责任心培养缺一不可的重要性,强化专业教师队伍教学水平与课程思政能力的双提高。

课程以实际工程案例、科学研究成果与人物贡献相结合,通过鲜活的故事激发学生学习的兴趣以及学习的积极性和主动性。鼓励学生利用网上资源探索和思考;鼓励学生将问题带到教室讨论。通过专业教师的引导,为学生把握学习目标。

课程思政的基本要求是专业教学与思政育人齐头并进,方式方法上强调"润物无声"。主要内容如下:

(1)挖掘建筑结构抗震中蕴含的育人要素,编制相关课程思政教学指南。

(2)加强课堂思政要素,结合专业知识的讲授,以案例分析培养学生以抗震减灾为己任的主人翁思想,提高自身业务水平,树立济人济世的远大理想。

(3)加强师资队伍培训,提升教师育德意识和育德能力。不仅传授知识,还要关注学生成长,帮助学生树立远大目标,激励学生将个人理想与国家发展紧密结合。

(4)建立融入课程思政要素的专业课程质量评价体系。

三、课程思政实施与成效

在吕西林院士言传身教和土木学院课程思政链的顶层设计下,课程团队以国家思政教育方针和上海市课程思政建设指导意见,围绕本课程思政目标,踏踏实实逐项开展,主要包括以下内容。

(一)思政融入,细化教学大纲

以课堂育人为主渠道,加强专业课与思政教育的深度结合,以综合素养培养为目标,以专业知识点为载体,在学习专业知识的同时,培养学生济人济事济天下的社会责任心和远大理想。同时在线上课程教学中,传播"建筑结构抗震安全为己任"的课程建设思想,培养有理想有文化有知识的后备人才。

课程为第7学期的专业课程,学时27小时,学分1.5,面向土木工程专业建筑结构课群方向和防灾减灾课群方向的本科四年级学生(含留学生)。要求学生通过课程学习,掌握建筑结构抗震的基本知识和从事一般工程抗震设计的基本技能,胸怀国家战略发展,树立"建筑结构抗震安全为己任"的社会责任心。在原有专业课程大纲中,建立课程思政要点:齐头并进,相辅相成,双管齐下,共同提高,见表1。

表1 课程教学内容和课程思政要点

序号	专业内容	思政要点
1	了解地震基本知识,建立工程抗震设防基本概念	了解地震产生的主要原因,以及地震灾害对生命和财产的影响,建立关注民生,用所学知识解决工程问题的使命感
2	掌握单、多自由度体系的结构地震反应的基本分析计算方法	了解专业基础知识与专业解决方案之间的关系,培养严谨的科学精神,训练扎实的理论基础;并通过振型叠加和振型参与,用动力学知识阐述核心价值观的科学性和普适性
3	掌握地震作用的基本计算方法——反应谱理论和工程抗震的设计要点	了解地震作用计算的准确性与设计安全建筑之间的重要关系,培养工程责任感和专业能力;并通过地震灾害分析和抗震(减隔震)优秀案例和优秀个人事迹,阐述工程实际方法的建立与发展
4	掌握钢筋混凝土结构抗震设计方法,并进行简单的抗震设计验算	掌握钢筋混凝土结构的特点,剖析震害产生的原因,深度思考结构延性、结构耗能的重要性和解决方法,扎实专业知识,提高专业技能
5	掌握砌体结构房屋的抗震设计方法,并进行简单的抗震设计验算	掌握砌体结构的特点及造成大量震害的原因,深度思考提高结构整体性的方法,扎实专业知识,提高专业素质,并思考面对量大面广的老旧砖砌体房屋的加固改造的创新解决方案,深化建筑安全为己任的主题教育
6	掌握钢结构房屋的抗震设计方法,并进行简单的抗震设计验算	掌握钢结构的特点及构件屈曲造成的经济损失,结合最新案例和事故,深度思考提高构件抗屈曲能力,减少结构整体变形能力的方法,扎实专业知识,提高专业素质,培养学生从结构安全和成本经济的多维度思考设计的合理性和优化方法
7	掌握非结构构件/部件/设备抗震设计原理及设计要点	掌握非结构构件/部件/设备是产生震害的主要原因之一,重视建筑物整体抗震设计,培养建筑整体抗震安全为己任的思想,培养工匠精神和全面思考融会贯通的专业技能,提高工程素质
8	了解建筑结构减震和隔震的基本概念和方法及抗震研究和技术最新研究动态	了解建筑结构抗震前沿发展方向和关键技术,融会贯通专业知识,树立提高建筑物抗震安全为己任的理想抱负,思考未来抗震发展的问题,以主人翁精神、工程师素养要求自己,积累专业知识,成就远大目标,以自己的所学为国家创造财富

(二)润物无声,提高教学方法

在课堂上和课堂外,以未来卓越工程师专业素质为准绳,在教学过程中潜移默化地渗入职业道德的熏陶;通过对建筑物结构在地震作用下的案例分析,潜移默化地指出设计的重要性,设计者应具有的理想抱负,以及设计者应具有的能力。不仅培养学生关心社会、关心民生、关注可持续发展、关注最新技术发展学习的专业素质,也要求学生踏踏实实,认认真真掌握每一个知识点和技能。在课堂是专业教学中融入能力的培养和思想的塑造。

教师在自身素质和精神提高的同时,提升授课能力,让学生在知识学习的同时感受到教师的人格魅力。育人如春雨润物,如冬日暖阳。

组织教师探讨学习方法,重温老一辈教授的教学方法、科研精神以及培养学生的事迹和案例,主动与学生沟通交流,了解学生的诉求和期望,了解学生的学习目的,通过案例讨论,激励学生思考人生目标,教学相长,互相促进。

以"认识灾害—预防灾害—救治灾害—灾后重建—减轻灾害"为课程知识学习主线,通过认识灾害的种类、成因、危害,自觉把个人的理想追求融入国家和民族的事业中。教师不失时机地引导学生珍惜韶华、脚踏实地,把远大抱负落实到实际行动中;通过学生参与教师的科研活动或教师分享科研感悟,实现教学与科研结合,教书与育人结合,言传与身教结合;通过抗灾救灾、灾后重建案例的分析,引导学生正确认识土木工程师的社会责任与担当;引入结构抗震和减震的创新成果及其工程应用,激发学生的专业自豪感和创新能力,提升学生发现问题、分析问题并解决问题的工程素养,培养学生树立家国天下的远大抱负,将个体发展与国家发展紧密结合,以负责任的态度实现和推进知识的创新和国家的发展。

(三)归纳梳理,丰富抗震育人案例

讲故事,讲好故事,育人更是如此。为此,在课程思政实施过程中,建立案例库成为重要环节。主要包含三个方面的案例库建立。

第一,房屋震害机理分析。收集全球,特别是我国房屋在地震中的损坏和倒塌案例,深度分析房屋损坏的机理,将专业知识用于实例分析,加深学生对知识的巩固,培养学生分析问题的能力,同时将关注民生、关注社会的责任心培养融入案例。

第二,抗震救灾动人事迹。收集抗震领域的模范人物的案例,通过生动的故事,讲述专业能力与远大理想的关系,阐述只有树立远大理想,确立人生目标,才能激发自身潜力,实现"济人济世济天下"的目标。如:朱伯龙先生在唐山大地震后感悟到建筑结构抗震的重要性并创立了该课程;吕西林院士深入汶川地震一线,提出未来的建筑要具有抗震韧性的新目标;任晓崧教授、卢文胜教授第一时间奔赴汶川地震现场检测;熊海贝教授灾后重建等具体的人物和生动故事。并结合抗震案例分析,弘扬专业精神、专业自豪感,激发学生学习热情和社会责任心。

第三,抗震减震减灾技术案例库。收集优秀科研成果,积累最新设计方法和科学发现,为学生提升专业能力提供充足的养分,搭建高层次的平台,激发学生的自主学习能力和探索发现精神。如介绍周颖教授提出的未来自复位结构的抗震研究、鲁正教授对多种新型减

隔震体系的研究和发现等等案例,不仅局限在课程团队中,还包括全球范围的最新研究进展。以此鼓励学习开拓进取,挑战极限,追求卓越。

(四) 循序渐进,加强质量管控

质量管理从三方面着手。

一是注重课堂教学。"建筑结构抗震"采用小班化教学,平行开课,一共有6个班级,3个班级中文教学,3个班级全英文教学。教学团队每学期开2～3次教学讨论课,讨论学习中的质量控制,强调全英语课程与中文课程同进度、同难度、同要求。英语教学只是语言不同,知识点和课程思政一样也不能少。鉴于英语并非母语,在备课中更需要教师花精力去梳理和准备,课后给学生的作业和推送的链接也更多,需要学生花时间去理解和掌握。

二是注重过程评价。每次课后作业,课堂讨论都计入总评成绩;同时,期末的闭卷考试再一次督促学生系统整理所学知识,融会贯通加以理解和掌握。平时和期末成绩各占50%。虽然该课程只有1.5学分,27学时,但教师和学生都愿意增加学时时间听国际著名专家的相关讲座,参观实验室,与老师学生一起做课程大作业等。

三是利用碎片时间推送知识点、重点工程、震害或感人故事,通过线上和爱课程网、微信群和Zoom线上课堂,分享优秀动人事迹,优秀案例的巧妙方法,并与学生线上互动,强调只有用心才能出优秀作品;只有合作,才能造就安全工程;只有学好知识,才能济人济世;只有方向正确,才能获得个体和集体的双赢,才能共同进步和发展。

四、总结与思考

1. 在培养学生家国天下的抱负的同时,培养学生脚踏实地的定力和解决问题的能力

以"认识灾害—预防灾害—救治灾害—灾后重建—减轻灾害"为主线,通过认识灾害的种类、成因、危害,激励学生自觉把个人的理想追求融入国家和民族的事业中,引导学生珍惜韶华、脚踏实地,把远大抱负落实到实际行动中;通过教学与科研结合,教书与育人结合,言传与身教结合,引入土木工程抗震减灾的创新成果及其工程应用,激发学生的专业自豪感和求知欲,树立献身土木工程事业的信念,通过抗震减灾、灾后重建案例的分析,引导学生正确认识土木工程师的社会责任与担当,以建筑抗震安全为己任。

2. 挖掘"建筑结构抗震"课程的思政教育元素,理论知识点相关联,层层递进

教师加强自身学习,立德树人,以德服人。通过知识的系统化讲授,以及融入知识点的思政要素的传授,在授业解惑中传输社会主义核心价值观,培养学生严谨求实的科学态度和扎实的基本功,通过科学计算和综合分析,设计安全且经济的房屋建筑,提升学生发现问题、分析问题并解决问题的能力,培养和引领学生关心社会、关心民生、关注可持续发展、关注最新技术发展学习的专业素质,并培养学生自觉学习,多元化学习的能力以及精益求精、

追求卓越的精神;树立为国家、为社会、为民众奉献的精神和掌握建造安全经济的抗震建筑的扎实本领,进而提高工程设计和建造的创新能力。

3. **教与育,育为重;志存高远,方能激发潜力**

以德感人,以事实说话,以模范为准绳,教师自身德才兼备,才能激发学生的向上和向心能力。润物细无声,靠的是春雨的及时和绵密,狂风暴雨只会适得其反。每个人都期待成功,无论是教师还是学生。土木工程中的每一个专业知识都与人民生命财产息息相关,与社会可持续发展不可分割。每一门专业课程都有独立的教学内容和关联的知识体系,也都有各自课程思政的核心目标和要素。"建筑结构抗震"培养学生"以建筑抗震安全为己任",学习知识,掌握技能,端正目标,不仅做到"同心同德同舟楫",还要培养学生严谨的科学精神、扎实的专业知识和优秀的工程素质,以实现教师和学生共同的目标——"济人济世济天下"。

参考文献

[1] 中共中央办公厅,国务院办公厅.关于深化新时代学校思想政治理论课改革创新的若干意见[R].新华社,2019-08-14.

[2] 李焦明.如何实施"课程思政"[N].中国科学报,2019-09-04(4).

[3] 同济大学本科教学大纲.建筑结构抗震.同济大学本科培养方案.

透视瑞幸咖啡财务造假风波
——从商业模式到商业伦理与会计职业道德

◎ 杨　柳

摘　要　为了落实立德树人为教育目标,为国家培养和造就真正具备高素质的高层次会计人才,本文结合瑞幸咖啡造假案,对思想政治教育引入会计学课程教学中的教学目标、教学内容、教学方法设计以及考核评价体系等进行了一定的探索,希望能够充分结合会计学课程的学科特点,挖掘整合课程的育人元素,以会计文化育人,实现知识传授与价值引领紧密融合。

关键词　知识传授　价值引领　职业道德　同向同行

一、案例适用课程简介

"会计学"课程(图1)是通识课程和专业基础课,在课程体系中处于重要地位,经济的快速发展和需求使得会计在经济管理中也变得愈发更加重要。然而,纵观国际上许多大公司在管理中出现的问题,往往都牵涉财务造假,这些问题不是缘于会计人员专业化程度不高,而是说明我国目前会计价值观发展存在严重短视与"功利主义"倾向。因此,本课程的任务不仅是介绍会计的基本方法和原理,让学生在掌握会计基础专业知识的同时,完善自己的

> 课程名称:会计学
> 授课对象:经济与管理学院一年级学生
> 教学章节:会计信息质量要求,商业伦理与会计职业道德。教学章节以瑞幸咖啡财务造假为例,展开教学。
> 使用教材:杨柳等主编,会计学,清华大学出版社
> 教学课时:2课时

图1　"会计学"课程简介

作者简介　杨柳,同济大学经济与管理学院,讲师,管理学博士。

人格修养,以会计文化育人,培育与重构有中国特色的共同会计价值观,重构会计行业的职业风气和职业意志,并且撬动中国社会主义核心价值观的普及与内生,为国家培养和造就真正具备高素质的高层次会计人才。

二、案例简介

(一) 案例背景介绍

瑞幸咖啡(luckin coffee)是中国最大的咖啡连锁品牌,2019 年 5 月在美国纳斯达克上市(股票代码,LK),成为世界范围内从公司成立到上市最快的公司。2020 年 4 月 2 日,瑞幸咖啡向美国证券交易委员会(SEC)提交公告,承认在 2019 年第二季度到第四季度期间存在伪造交易行为,涉及销售额大约 22 亿元人民币。受此消息影响,瑞幸咖啡股价暴跌,市值蒸发约 85%。4 月 3 日,中国证监会强烈谴责瑞幸咖啡财务造假行为,表示中国证监会将按照国际证券监管合作的有关安排,依法对相关情况进行核查,坚决打击证券欺诈行为,切实保护投资者权益。4 月 4 日人民日报发文"这是耻辱"。5 月 19 日,瑞幸咖啡被要求从纳斯达克退市。据悉,美国多家律师事务所已就证券欺诈行为对瑞幸咖啡公司和特定管理人员提起集体诉讼。美国在惩处财务造假方面一向注重严刑峻法,根据美国《证券法》《萨班斯法案》等相关法律,故意进行欺诈犯罪行为最高可判刑 25 年,对犯有欺诈罪行的个人和公司最高罚金为 500 万至 2 500 万美元。

瑞幸咖啡造假严重损害投资人利益,折损中国企业海外声誉。2020 年 5 月 20 日美国美国参议院一致通过了《外国公司问责法案》(Holding Foreign Companies Accountable Act,简称"HFCA 法案"),该法案的一些条文内容直接针对中国,或导致中国概念股(简称"中概股")退市风险加大,国内企业赴美融资亦将面临障碍。

(二) 案例选用意义

人无德不立,国无德不兴。诚信是市场经济运行的基础,也是资本市场的基石。瑞幸咖啡财务造假不仅严重损害投资者利益,而且破坏中国企业国际形象,带来了很多负面影响,尤其损害中概股集体信誉,导致中概股被不断做空,新股在美国上市困难。包括瑞幸咖啡在内的一系列财务造假案,说明了会计课程教学中思想政治教育存在严重的结构性缺失。此案例的讨论和分析,重点在于向学生强调"不做假账"是会计从业人员的基本职业道德和行为准则,所有会计人员必须以诚信为本,操守为重,遵循准则,不做假账,严格遵守相关市场法律和规则,真实、准确、完整地履行信息披露义务。通过本案例警示和帮助学生不忘初心,树立正确的价值观,提升学生对职业道德和契约精神的认识,增强对会计职业的敬畏意识和职业担当。

三、教学目标

（一）知识目标

（1）掌握会计信息质量要求。会计信息真实可靠，内容完整，是会计信息最重要的质量要求；会计核算必须以经济业务发生的合法凭证为依据；如实反映财务状况和经营成果。

（2）理解商业伦理与会计职业道德的内涵与要求。世界各国商业伦理核心准则无一例外地崇尚诚实守信、勤奋工作、节约朴素和承担社会责任等基本道德信念。会计职业道德指在会计职业活动中应遵循、体现会计职业特征、调整会计职业关系的职业行为准则和规范。会计职业道德的优劣将影响国家和社会公众利益，会计人员在职业活动中诚实守信、客观公正等是会计职业的普遍要求。

（二）思想政治教育目标

坚定践行"立德树人"的教育目标，以"诚信文化"教育为重点，重构具有中国特色的共同会计"价值观"与"荣辱观"——以维护市场经济秩序为荣、以扰乱市场为耻；以服务民众为荣、以损害民众为耻；以遵守准则为荣、以违法乱纪为耻；以坚持操守为荣、以舞弊操纵为耻；以秉公执业为荣、以损公肥私为耻[1]。

四、教学的设计与实施

（一）"以学为中心"的教学理念与教学方式

将传统"以教师为中心"的教学方式，向"以学为中心"的课堂教学理念转变，构建以"学习主动、问题驱动、教师导动、多元互动"为特征的教学方式，强调发挥学生在教学中的自主性、能动性和创造性，激发学生强烈的学习愿望、高昂的学习热情、认真的学习态度。通过问题驱动培养学生通过表面现象揭示事物本质特征的能力，引导学生在多元的政治、经济、文化中进行正确的价值判断与价值选择。

（二）教学过程

在教学中设置"课前自学""情景导入""课堂讨论""总结归纳""切入教材内容""布置课后作业"六个环节。教学过程中采用翻转课堂，典型案例分析，小组讨论，师生互动、课堂新媒体等教学方式。

1. 课前自学

在上课前几天将课程学习内容及瑞幸咖啡案例布置给学生，要求学生主动开展搜集资料、上网查询、小组讨论,完成导学方案等自主活动,对学习内容进行初步学习或"尝试"完成相应的学习任务,以达到对教学内容的初步了解,为课堂教学的进一步深入学习奠定先导性基础。

2. 情景导入

创设情境,以时事新闻热点进行课堂导入。课堂首先通过 CCTV 央视网视频课堂播放中央电视新闻联播中对瑞幸咖啡的报道,通过网址链接现场关注人民日报评论,以中国最权威官方媒体报道和评论带给学生更多视觉冲击和直观感受,唤起学生的情感,增强学生的荣辱感。

3. 课堂讨论

设置问题,组织学生参与讨论,引导学生既结合时事又用书本的理论知识来分析问题。讨论中充分利用新媒体采用微信、Zoom 在线聊天或发弹幕等形式,有效激发学生的参与热情,老师针对学生的问题和回答及时点评,显著地提高教育双向互动的水平。

瑞幸咖啡财务造假案的问题讨论:①瑞幸咖啡财务造假背后的深层次动机是什么?②瑞幸咖啡是一种什么样的商业模式?是否具备核心竞争力?③国外做空机构浑水如何做空?④中国和美国有那些对资本市场的监管法律?目前中国的法律与监管存在哪些问题?应该如何完善?⑤引出"企业应该具备什么样的使命和价值观?"⑥企业财务人员和管理人员应遵守那些职业道德和相关法律?等等。

4. 总结归纳

教师以"我们应该具备哪些理论和知识,应该如何避免类似财务造假"等问题发问,并进行归纳总结,并且提出讨论中学生未发现的解决问题方案。最后以人民日报评论总结告诫"诚信经营方能行稳致远",优秀的会计人才必须维护企业信息披露的真实性、可靠性、完整性、及时性,应当具有崇高的历史使命感、强烈的社会责任感和职业担当。

5. 切入教材内容

通过案例讨论和总结,在学生对会计信息质量和会计职业道德具备感性认识的基础上,对本章节的两个知识点进行理论讲授。

6. 布置课后作业

①要求学生对瑞幸咖啡财务造假案后续进展持续跟踪,为下一步深入讨论做准备。②要求学生课后阅读美国安然系列财务造假案,了解美国《萨班斯法案》和中国《企业内部控制基本规范》,并提交相应的书面读书报告。

(三)教学评价

强调形成性评价、"全景式"教学过程,将教学过程与评价过程整合。评价过程突出师生互动,学生之间合作,进行"以学论教"课堂教学评价,以学生的情绪状态、思维状态、互动状态和目标达成状态为依据,尊重学生差异。

1. 教学目标落实

会计信息质量要求和会计职业道德的知识点实质理解与形式理解。

2. 课堂学习氛围

课堂氛围是否活跃,学生学习是否积极主动?学生是否积极思考,敢于质疑,提出自己的观点和思想?

具体评价标准有三个:一是发言频率。发言频率代表了参与程度,反映的是态度。二是发言质量,即能否给其他同学带来启发、能否推动讨论进程、能否贡献新观点。发言质量反映的是学生思辨能力以及课前准备的充分程度。三是书面的案例PPT及word文档资料作业[2]。

3. 课程育人的效果评价

课堂讨论对中国特色会计价值观的影响程度:是否提升了学生对社会主义核心价值观的认同感,是否激发了学生的使命感和社会责任感。

五、特色与创新

1. 时事热点鲜活课程思政

结合时事热点问题,以典型鲜活案例,创造一个良好的课堂氛围,唤起学生的情感,激活学生的求知欲望,启迪学生的思维,提升学生对课程育人的兴趣,更能进一步引发学生对社会、对国家、对自身的思考,潜移默化地在学生心中深植家国情怀时代精神。

2. 新媒体教学方式

如利用视频播放时事新闻,实现时效性与系统性相结合;利用发弹幕,向老师提问和吐槽,增强互动,活跃课堂气氛,充分调动和激发学生在课程育人中的积极性。

3. 翻转课堂教学法

以学生为中心,要求学生在课前自学教材章节内容,网上查阅案例资料,将问题和思考带到课堂进行讨论,激发学生学习主动性。

4. 课程育人教材配套

2017年出版基于"立德树人"为教育目标的《会计学》教材,教材安排了强化"企业合规""会计诚信"的相关章节,同时课后穿插了大量案例素材,真正做到专业知识与思想政治教育紧密融合,同向同行,让学生没有违和感,用"软性"故事讲好思政课"硬核"理论,让青年学子爱上思政课。

六、反思与分析

(一)课程思政教学改革的实施效果及成果

通过典型热点案例讨论、课堂引导、师生互动,思政教育得到润物无声的效果,也使教师深刻认识到专业课程育人的重要性,改变了过去专业课只重视知识传授,实现知识传授与价值引领相结合,形成协同效应。

根据对学生的访谈以及学生上交的较高质量读书报告、案例资料等,可以看出学生对课程思政的教学内容和教学形式是比较认可的,同时通过这些作业也反映出课程思政对学生思想和行为产生了一定影响。如学生在小组案例分析和读书报告中写道:"道德常常能填补智慧的缺陷,而智慧却永远填补不了道德的缺陷","企业内部控制是否合规有效,与会计信息质量,资产安全性直接相关。内控不严格的企业就为员工甚至管理层提供了徇私舞弊的契机,会危害到整个企业的整体利益","这就要求我们在读书的同时,需要理论联系实际,广泛阅读搜集资料,将书本学厚,再学薄,真正地化为所学""我从心底尊敬王安石、邓小平这些伟大的改革家,我希望像他们一样,心怀梦想,努力实现自己的抱负,为国家贡献自己的力量"。从这些朴实的文字中可以看出,在"会计学"课程思政中同济学子拥有了更强的获得感,在这里筑梦起航。

(二)反思与注意事项

(1)掌控课堂节奏。课堂讨论是一个动态过程,具有鲜明开放性和多维性,但是这不意味着是随意和盲目的。教师必须在完成既定教学内容、不偏离教学目标基础上,适时适当引导展开课堂讨论,守护底线,明确方向,逐层推进。

(2)强化课前准备。翻转课堂要求学生课前必须做好充分准备。课前仔细阅读案例材料,并思考案例中提出的问题是对学生的基本要求。

(3)做好评价记录。教师需要对学生课堂讨论的发言次数和发言质量进行详细记录。书面作业上传 BB 系统或 canvas 系统,做好评分工作,保证可以追溯查询。只有做好这些基础工作,才能让平时成绩的评分有坚实的证据基础。

参考文献

[1] 王建新.培育与塑造有中国特色的共同会计价值观[J].会计研究,2008(7):32-33.
[2] 宋耘.哈佛商学院"案例教学"的教学设计与组织[J].高教探索,2018(7):450.

实践教学与思政

建筑类毕业设计课程线上教学尝试
——以同济大学建筑系为例

◎ 王 一 董 屹 叶 宇

摘 要 面对新冠肺炎疫情导致的线下授课困难,同济大学建筑系积极响应线上授课需求,立足设计课教学注重交互的特点,针对性地探索当前设计类课程线上教育所需的软、硬件设备与操作规程。立足新形势下的新需求,选择Zoom结合数绘板的搭配,保证设计类教学所需的交互式教学过程,并在评图中积极引入bilibili等新媒体平台,让原本局限于小规模的评图变成大规模的互动式学习,使得教学过程更具吸引力和传播性。这一探索有望助推线上教学摆脱单向传递的传统模式,实现更贴近设计教学需求、更具有交互式的教学途径。

关键词 线上教学 新冠肺炎疫情 设计教学 交互 新媒体

一、疫情背景下的新需求

2020年年初,新冠肺炎疫情暴发。随着疫情大面积的蔓延,各地陆续启动重大突发公共卫生事件一级响应。此次肺炎疫情有传染性强、潜伏期长的特点,开学引起的大规模的人员流动不利于疫情在短期内有效防控,故教育部研究决定2020年春季学期延期开学,并于2月6日发布疫情防控期间以信息化支持教育教学工作的通知,提倡在疫情期间,各地可以移动互联网或电话等形式为学生提供远程网络教学,"停课不停学"[1]。

面对师生教学时空、教学行为完全物理隔离的现实问题,同济大学建筑与城市规划学院迅速利用国家教育云课堂、各地教育资源公共服务平台、各大网络教学平台等网络资源,在短时间内快速提出了教师在线授课、学生居家学习的多种实施方案,利用互联网将延迟

作者简介 王一,博士,同济大学建筑与城市规划学院建筑系副系主任,副教授。
　　　　　董屹,同济大学建筑与城市规划学院建筑系,副教授。
　　　　　叶宇(通讯作者),博士,同济大学建筑与城市规划学院建筑系,副教授。

开学带来的影响降到最低。

以建筑系为例,传统校内教学有实体教室作为授课平台,便于管理,教案进度有序可控,老师可及时得到学生反馈并进行答疑解惑[2-3]。线上教学虽然带来了不便,但利用现代信息网络工具所特有的时空沟通、互动特点,可以打破时空限制,学生可最大程度地利用网络资源提高学习效率[4]。建筑系课程大致分为讲座类课程与设计类课程,讲座类课程本身更适宜于充分发挥网络平台优势,集中优秀的教师和课件,进行大范围授课且有较多的尝试经验;而设计类课程具有"实时沟通""评改方案""图纸绘制"等特殊需求,使得该类课堂内"师生实时多向互动"成为授课核心条件,在突然的线上授课需求下面临较大压力。针对这一情况,同济大学建筑系迅速响应新的需求,以毕业设计这一本科教学的核心节点的线上教学为案例,开展了针对性探索。

二、线上教学全流程组织尝试

为应对建筑系毕业设计课程的特殊需求,建筑与城市规划学院开展了线上教学全流程组织。

(1) 前期筹备:使用软件比选、操作设备推荐、操作指南制定

前期在软件选择方面,我们在诸多网络授课平台中选择了"Zoom"与"QQ"两款软件,进行了详细的比选,重点对比了两款软件的软件操作简明与否、授课相关功能支持程度、远程同步流畅度等方面。

QQ软件,通过添加好友、建立群聊、开启视频电话进行网络授课(图1)。视频过程中,"分享屏幕"功能可将自己的屏幕分享给群成员,老师可依托此功能进行PPT演示、模型演示、视频播放等授课内容,学生可分享屏幕讲解自己的方案和图纸。优点在于软件平台成熟稳定,满足基础授课功能,文件上传于群文件中能长期保存、供学生随时下载;缺点在于前期需要助教助管添加学生QQ好友并建群,对于参与人数多的大型讲座课程,前期准备较为繁琐。

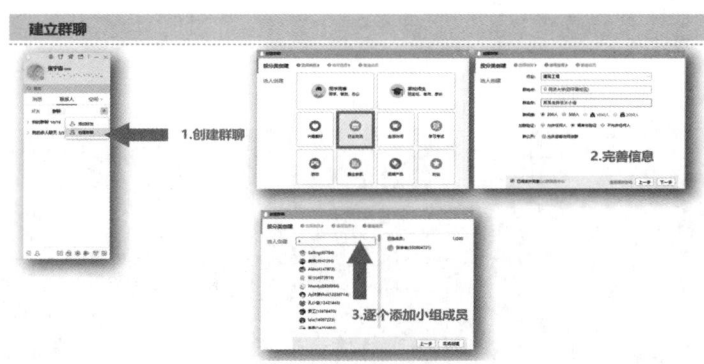

图1　课堂基础操作(QQ)

Zoom 软件,授课教师可预定固定时间的会议室,并将会议号、入会密码的提前发布给学生,学生自主进入课程。软件通过视频会议进行网络授课,会议过程中,"屏幕共享"功能与上述 QQ 软件的相似,特点在于 Zoom 软件可实现多人同时绘制同一屏幕(图2),设计类课程的教学对于师生绘制互动的要求极高,Zoom 软件在这一点上更有优势。Zoom 软件的优点在于无需前期加好友成组等步骤,操作简明;屏幕共享功能可多人共绘;内置录制功能可录制课程;授课教师在课程中可一键静音参会者,保持课堂秩序等。而缺点在于授课课件、学习资源等需通过其他软件群来分享,内置文件上传功能速度慢且无法长期存储。

经过最终对比后,选择 Zoom 平台作为主要授课软件。

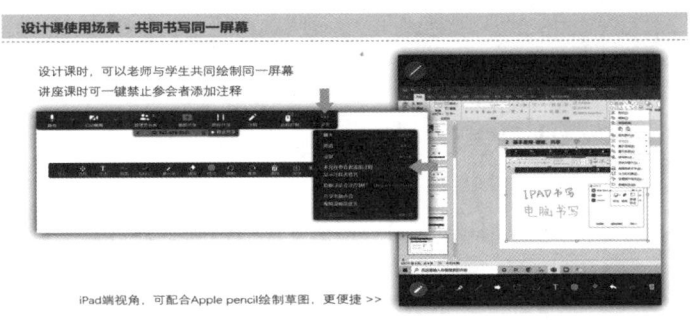

图 2　课堂基础操作(Zoom)

在辅助设备拓展方面,由于毕业设计课程需要师生频繁手绘进行方案交流,对设备的要求较高于一般讲座课程,尝试多种辅助设备配合后,汇总成《推荐设备清单》提前发予师生,对设计类课程的硬件设备推荐三种配置形式:iPad+触控笔(配合 Zoom-iPad 客户端)、Surface+触控笔(配合 Zoom-PC 客户端)、笔记本电脑+触控板(配合 Zoom-PC 客户端)(图3);清单结合学生常用课堂设备进行推荐,大大提升课堂交流的互动性,弥补电脑鼠标绘图速度慢的缺陷;配合 Zoom 客户端自带注释工具、PPT 注释工具、Windows 系统自带画板、iOS 系统自带备忘录等软件,提高软硬件结合效率,可供师生线上便捷地交流阶段设计成果。

图 3　辅助设备测试

正式授课开始前,部分师生在 Zoom 平台进行前期的互联尝试,对设计课常见互动场景"汇报方案""修改方案""小组提问"等环节进行了预演(图4),对预演过程中出现的设备连接、会议主持、录制课程等问题进行记录并整理解决方法成册,形成《在线课程操作指南》,提前发于会议主持教师和助教学生,提前熟悉平台操作,为正式授课的顺利展开做好铺垫。

图 4　师生互联模拟

(2) 注重交互的教学过程

传统线下的设计课教学往往是一名老师面对3～4组学生进行方案讲解修改,由于座位前后的原因,往往只有部分的学生能近距离围绕在老师身旁看清手绘讲解,信息只能有效传达给8～9个学生,授课效率低。

而线上课程的优点则在于每一名学生都可以清晰得看见老师屏幕的绘制内容(图5),随时可以截图保存笔记,以便后续回顾,提高授课效率;线上提问环节,学生亦可直接在屏幕上加绘注释,补充提问内容,较之于线下课堂更清晰明确,授课教师可精准回答。在部分讲座授课过程中学生可以通过软件的"举手"功能提问,会议主持者可随时给予语音权限交流,部分小组讨论环节同学打开视频交流,教师可更及时得到学生反馈并控制课堂进度。

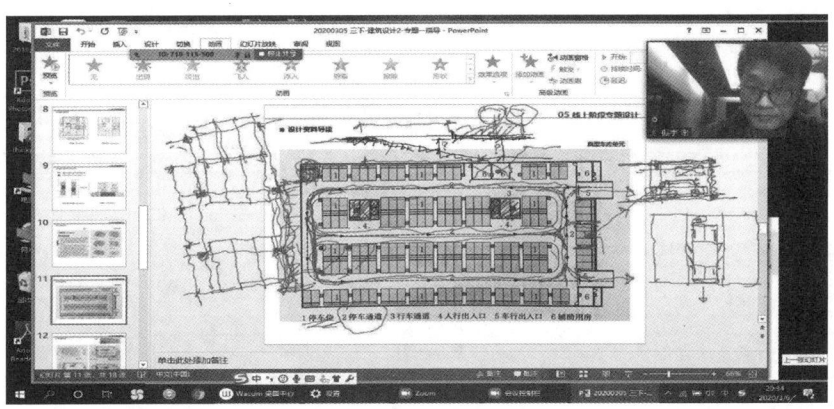

图 5　共享屏幕绘制

（3）强调互动性的评图过程

同济大学建筑系的毕业设计课程成绩由平时成绩、中期评图、终期评图三部分组成：中期评图阶段由非本课题组的导师进行打分评价，针对学生现阶段成果汇报给予修改建议。终期评图阶段分为两轮打分：第一轮评分是展板评图，另一组邀请嘉宾将给每一份毕业设计"贴条"评价打分；第二轮邀请资深专家、校内外教授等参与评图，由课题组内推举的优秀学生在现场汇报小组成果，针对嘉宾提出的问题现场答疑，嘉宾根据作品完成情况评分。

以上两阶段评图的传统线下组织形式对交互性要求高，受邀嘉宾的评价需要及时反馈给各组学生，并进行有效互动，故在线上授课期间如何保证评图阶段的交互性将是核心问题。对比多平台后，最终选取"同济大学建筑系毕业设计平台＋bilibili 网站"作为线上评图的辅助平台组合。

中期评图阶段在"同济大学建筑系毕业设计平台"进行，学生按时上传中期成果至毕业设计平台，各课题组导师将在系统中给毕设作品打分并点评，评价阶段结束后学生可在平台上查看导师反馈，根据评语进行后续方案调整。

终期评图第一阶段将在"同济大学建筑系毕业设计平台"进行，与中期评图阶段相似，受邀嘉宾将通过平台点评作品。同时在此阶段增加了投票环节，参与课程的学生可通过平台投票，进一步提高参与度，以学生视角对设计成果进行评价，并为最终成绩提供一定的参考。

终期评图第二阶段在 Zoom 会议室中远程连线学生与受邀嘉宾。在学校信息办的大力支持下，我们开设了 1 000 人的大型网上会议室且受到热烈欢迎。在为期 8 小时的毕设评图中，整个会议室实时在线人数达 970 人以上，利用率高达 97％。此外线上汇报与评委评价都同步直播在 bilibili 这一新媒体平台，直播房间人数不设上限，便于毕业设计课程的学生全程参与（图 6）。相关线上教学评图工作不受空间限制的特点，便于低年级学生参与学习，弥补线下汇报的报告厅空间不足的缺陷，将教育资源最大化利用。其次，所有学生都可以在直播中发表弹幕互动，新颖的评图方式有利于打破往期现场评图的拘束，所有学生得以在熟悉的平台相互交流、评价，线上直播的形式极大地增强了该环节的互动性，多个视频转播在线数过千人。

（4）细节优化：多轮次的师生访谈

在线上课程展开的过程中，学院对授课情况持续跟进，进行了多轮次的师生访谈，就课程展开过程中遇到的问题及时反馈并调整，主要针对教师提出的"设备支持""课程时间安排""人数上限""会议主持操作"等内容提供技术支持，针对学生提出的"课程质量""授课内容"等方面进行多轮次调整，为后续课程的继续展开做好铺垫。

三、特色创新

总的来说，相关尝试立足建筑类教学的自身特点，充分利用新涌现的技术平台和设备，

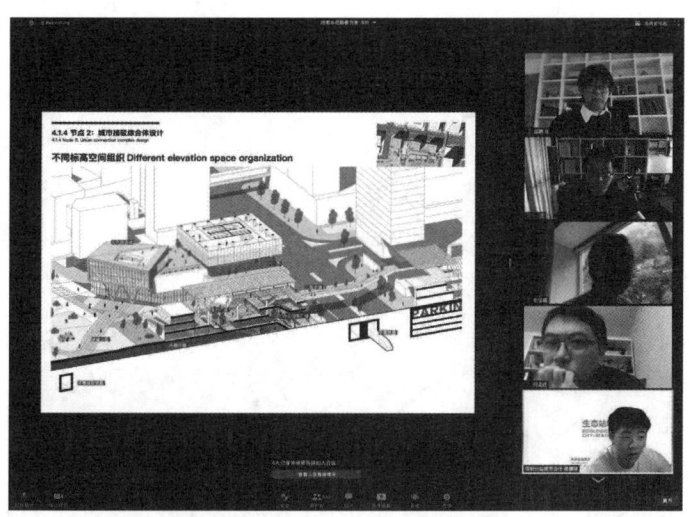

(a) 2020年年度建筑系毕业设计答辩场景——基于Zoom

(b) 同步在bilibili的直播

图 6　毕业设计答辩终期评图及在 blibli 平台的转播

打破空间界限,依托互联网开展高交互性远程教学的有益尝试,主要有如下两方面。

(1) 毕业设计类课程远程教学全流程组织创新。针对毕业设计过程长、设计要求高、互动频繁的过程开展详细预研,提出了软硬件一体化的解决方案,以"Zoom+触控板"为基础平台开展日常交互,以同济大学建筑系毕业设计平台开展大板设计图纸展示,将毕业设计的日常需求与新技术方法实现逐一对应,在全面满足毕设需求的基础上,利用"技术赋能",进一步提升教学效果。

(2) 注重交互的教学与评图创新。前期预研时发现,在线教学的一个不足在于师生交互性相对偏弱,难以产生有来有往的交流效果。针对毕业设计公开汇报轮次较多的特点,尝试性的结合 B 站等网络弹幕直播平台,鼓励同学们通过弹幕形式多方参与设计教学与反馈,提升公开答辩的交互性和设计性。

四、成效影响

相关设计教学已顺利完成。一开始由于教学习惯的差异,部分老师和同学感觉有些不适应,但在熟悉整体系统操作后,相关技术的高效性正在得到师生的普遍认可,相关调研中都普遍认识到这一套流程组织的高效性和便捷性。相当数量的老师在调研中还对未来在设计课中进一步推广线上教学模式表示了积极的态度。

首先是在线教学所带来的所有学生过程文档以及老师的随堂草图和讲解电子化、可记录。这一方面使得学生能更为方便地研讨、观摩其他同学所遇到的问题,进而同步改进自己的设计;另一方面也让教师的讲解更为有效,草图均能同步记录,便于学生们课下的复看、温习和进一步推进。

其次是在线教学提供了一个极具弹性的教室空间,让多元化、多方面的同学可以相互"串门"和"互动",这一点对于中期评图和最终公开答辩很有意义,可以让原本局限于小规模的评图变成大规模的互动式学习,相关弹幕网站的交互方式也更多元、丰富,便于提升同学们的积极性。

此外,本次大规模在线教学虽然因疫情而起,但相关组织形式并非只能在疫情期间发挥作用。考虑到我院国际交流频繁、每年有数十个国际联合设计。本次经受了大规模教学考验的在线教学模式可为后续国际联合设计发挥作用,更高效地促进联合设计中的设计交互,便于引入知名高校和设计师团队参与日常设计教学,提升整体教学的丰富度与多样性。

参考文献

[1] 张平松,鲁海峰,徐宏杰.防疫特殊时期高校线上教学工作的管理与规范策略[J].中国地质教育,2020(2):54-57.

[2] 李小娟."停课不停学"背景下线上教学的机遇与挑战[J].南方农机,2020,51(11):169-170.

[3] 于泉伟.疫情下建筑构造与识图课程空中课堂研究[J].山西建筑,2020,46(11):185-186.

[4] 耿大勇,朱延枫,闫芳,等.建筑电工学混合式教学模式的探索与实践[J].中国现代教育装备,2019(09):69-70+75.

"桥梁工程全过程课程设计"课程思政建设

◎ 阮 欣 管仲国 孙 斌 李 奇

摘 要 "桥梁工程全过程课程设计"作为土木工程专业桥梁工程课群组的必修实践环节课程,要求理论与实践并重,着力提升学生的专业综合素质。根据课程思政建设总体要求,本课程牢牢把握"立德树人"这一高效思政工作创新发展的中心环节,将其内涵确定为激发学生专业自豪感和民族自信心,培养良好的工作作风、职业素养和"工匠精神"。通过在整体教学理念、目标、体系、实施、评价、管理等方面进行有针对性的调整,突出因材施教、能力培养的教学理念,不断引导学生自主思考、持续改进,促进学生对自身能力的客观认识和主动提升,培养学生终身学习、严谨认真、一丝不苟的"工匠精神",最终达到课程思政的总体目标。实际教学效果表明,本课程有助于调动学生学习积极性,在提高学生解决复杂工程问题的能力、培养专业技术过硬的卓越工程师、践行教育事业立德树人的根本任务等方面具有现实意义和重要作用。

关键词 桥梁工程全过程课程设计 课程思政 能力培养 个性化指导

一、概述

"桥梁工程全过程课程设计"是土木工程专业桥梁工程课群组的必修的实践环节课程,是一门理论和实践并重的课程。本课程的教学目标是通过学习,熟悉桥梁工程设计全过程,掌握基于设计规范进行桥梁结构设计的基本计算理论和方法;能够运用桥梁工程专用设计计算软件进行桥梁结构分析;并具有桥梁结构设计的初步能力。

本课程的要求是学生从路线规划开始,完成线路确定、分孔布跨、桥型选定、引桥复核、

作者简介　阮欣,同济大学土木工程学院桥梁工程系教授,系副主任。
　　　　　管仲国,同济大学土木工程学院桥梁工程系教授。
　　　　　孙斌,同济大学土木工程学院桥梁工程系副教授。
　　　　　李奇,同济大学土木工程学院桥梁工程系副教授。

主桥设计计算、图纸绘制、施工和经济分析等内容。授课中将学期17周时间划分为总体设计阶段、引桥复核计算阶段、主桥设计及计算阶段、下部结构计算和成果汇总阶段四个阶段。课程采用的是"集中授课＋导师指导"的方式。其中,采用集中授课方式进行桥梁设计的基本理论知识和方法等内容的讲解,然后采用导师指导方式进行设计指导、问题答疑。最终通过理论知识的学习和导师指导学生设计的方法,完成一座桥梁的设计,并完成相应计算书的编写和指定图纸的绘制。

二、课程思政建设要点

根据课程思政建设的总体要求,本课程确定的"立德树人"内涵为:通过课程学习,客观认识当代中国土木工程的特色,激发学生的专业自豪感和民族自信心;通过接近实际的桥梁设计、计算、绘图等工作,以培养诚实守信、严谨求实、爱岗敬业的工作作风和职业素养,培养注重细节、一丝不苟、精益求精的"工匠精神"。为了达到课程思政的总体目标,课程在整体教学理念、目标、体系、实施、评价、管理、优化等方面进行了有针对性的调整,开展了大量有成效的工作。

在教学理念方面,变以往分散的单项课程设计为一个完整的设计过程,确定了以能力提升为主线、以复杂工程问题为导向的课程基本定位,以贴近工程实际的方式让学生更加全面地了解设计过程,以及对各种复杂工程问题处理的方法,全面了解桥梁工程建设的难度,重新认识我国工程建设取得的成绩,激发学生的职业认同感和自豪感。

在教学目标设置方面,突出能力培养,为每个学生给定不同的限定条件,做到一人一题,强调学生根据不同的限制因素形成有特色的设计,让不同层次的学生根据自身能力选择合适的难度开展各桥型的设计,引导学生建立认识问题、分析问题、解决问题的完整逻辑,引导学生认识局部和整体的关系,建立全局观念、大局意识。

在教学体系方面,混合采用"集中授课＋导师指导"的方式。将传统的课堂模式与针对性指导有机结合,形成完整的教学闭环。在导师指导过程中,多以讨论、建议的方式进行,重点培养学生的思辨精神和"精益求精、勇于探索、不怕困难"的专业素养。结合一些生动的工程师故事、工程建设实例的讲述,引导学生建立身份认同感、职业荣誉感和为行业、为国家建设贡献力量的奉献精神。

在教学评价方面,突出能力培养和持续改进。在课程设计中将设计整体上分为四个阶段,学生需在不同阶段完成不同的设计任务、提交设计成果,并进行汇报(图1)。与此相适应,结合四个阶段设计的特点,提出了面向能力提升的分阶段的考核方法(图2、表1)。多阶段考核不仅考察了学生的各项专业能力,也体现了对学生人文素质、职业道德、社会责任感、政治素养等方面的关注,有利于导师针对学生特点或不足进行更加深入的指导,更加符合新时代国家培养高素质人才的要求。

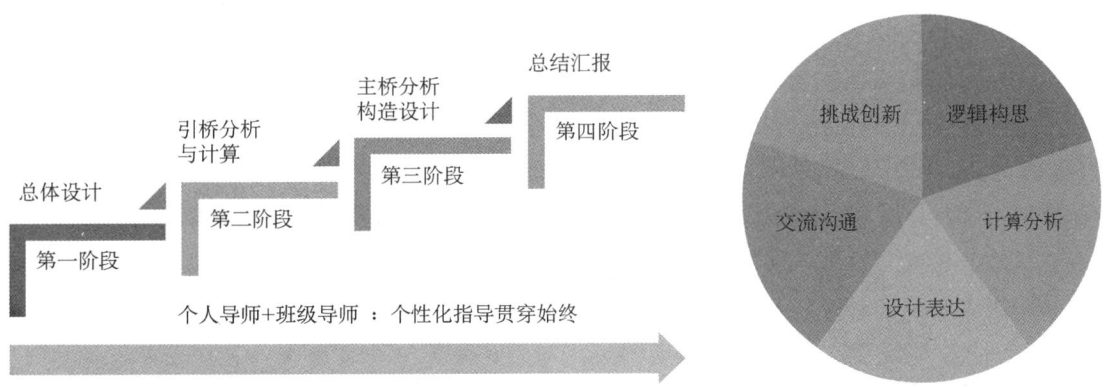

图1 桥梁工程全过程课程设计流程设置　　图2 课程考核中能力评价的五个方面

表1 不同阶段对各种能力项的考核标准

成果与能力考核指标		逻辑构思	计算分析	设计表达	交流沟通	挑战创新
		设计方案、计算简化和参数取值中考虑问题全面、依据充分、合理	计算模型适用、正确,计算数据翔实,对计算结果的分析完整、准确	设计说明、计算书和图纸规范、完整、清晰	能在规定的时间内准确、完整、清晰地表达设计意图,回答问题简明扼要	在桥型方案、结构构造、计算方法和表达方式等方面突破已授课程和本课程要求,或具有明显的新意和先进性
第一阶段(考核小组15%)	总体设计图纸与设计说明	30%	10%	30%	20%	10%
第二阶段(考核小组15%)	引桥结构分析模型与计算书	10%	40%	20%	20%	10%
第三阶段(考核小组20%)	主桥结构分析模型、计算书与构造图	25%	25%	30%	10%	10%
第四阶段(总评)(考核小组40%+指导教师10%)	包含主桥、引桥和下部结构的设计文本和代表性图纸	20%	20%	20%	30%	10%

在教学管理方面,结课作业要求学生一人一题,完成一座桥梁的设计、计算和绘图,提交作业为计算书一本和图册一册。完成作业的过程是对学生素质、能力、时间观念、责任意识等方面的全面考核,通过对设计规范的满足程度、计算准确性、图纸表达、提交作业的时

间等方面进行严格要求,培养学生在规定时间内高质量完成工作的专业素养,通过加强"职业规范"的引导,使学生意识到未来是要从事与人民生命财产安全相关的工作,必须树立牢固的安全意识和责任意识(图3)。

(a) 作业汇报　　　　　　　　　　　　　　(b) 老师提问

图3　桥梁工程全过程课程设计第四阶段——总结汇报

在课程优化方面,通过对课程实践情况进行总结分析,不断完善授课内容,使整个课程体系更加完备。此外,本课程还在中国大学 MOOC 课程平台上开设了慕课课程(课程名称:桥梁工程全过程课程设计;编号:0810TJU039),为在校学生和参加工作的设计人员提供了便捷的学习交流渠道,打开了课程的普及面,为专业知识的传播及其蕴含的价值观的传播提供了更好的平台,让土木专业知识与思政教育更好地结合,也让学生和广大从业者更加充分地了解该行业,树立积极探索、交流协作、终身学习的意识。

三、结语

本课程教学以桥梁的全过程设计为主线,对所有专业基础和专业课程的梳理和融会贯通,系统而又全面地进行桥梁设计、计算和绘图的授课和指导设计的教学内容。在课程体系设计、教学内容、教学方法、考核方法等方面全面融入思政元素,重视学生的个人特点和成长需求,提供个性化的培养方案,打破原有几门课程设计的界限,用创新的教学模式和管理方法调动师生参与课程的积极性。

实际教学效果表明,全过程课程设计取得了较好的教学效果,得到了教师和学生的高度好评,课程中出现了很多比以往更好的设计,甚至出现了多份达到或者超过毕业设计深度的课程设计作业,在本课程学习的基础上,学生的毕业设计的水平、效率、深度均得到了显著提升,体现了本课程对学生知识梳理、能力提升和素质培养方面具有显著作用。

在后续教学实践中,本课程将继续完善课程内容、考核形式,同时注重提升在学生能力、尤其是交流和合作能力培养方面的作用。同时还将开展教材编写,尽早将本课程建设成我校土木工程专业的特色课程之一,争取在提高学生解决复杂工程问题的能力、培养专业技术过硬的卓越工程师、立德树人等方面走出一条可供借鉴之路,在思政建设、教育教学改革方面形成更关键的成果,发挥更重要的作用。

课程思政在分子生物学实验技术的探索与实践*
——以"实时荧光定量 RT-PCR 实验"为例

◎ 张介平　史秀娟　高芙蓉　李姣　徐磊　李思光　吕立夏

摘　要　"实时荧光定量 RT-PCR 实验"是研究基因表达水平以及临床病原学检测的重要手段,同时,该实验教学项目也蕴含着丰富的思政元素。本文以该项目的实验教学设计为例探讨在新冠肺炎疫情背景下,探讨分子生物学实验课程思政内容的发掘的方法,专业内容与思政内容融合的方式,为专业课的课程思政提供个案支撑。

关键词　实时荧光定量 RT-PCR 实验　基因表达水平　病原学检测　新冠病毒　科学精神

一、案例简介

分子生物学是在分子水平上研究生命现象和生命本质的科学,分子生物学实验课程以基因研究为主线,围绕分子生物学和基因工程中目的基因克隆和特定基因的表达分析等内容展开。其中,"实时荧光定量逆转录—聚合酶链式反应(reverse transcriptional polymerase chain reaction, RT-PCR)"是研究基因表达水平的重要手段,同时,由于其特异、灵敏、简便等特点,也被广泛地用于病原微生物检测。

逆转录反应需要逆转录酶,逆转录酶来自逆转录病毒,逆转录病毒先后与三次诺贝尔奖相关,包括了逆转录病毒的发现、逆转录酶的发现以及逆转录病毒的致癌机理,其间的科研过程蕴含着深深的崇尚科学的精神和批判性思维,对分子生物学技术是一个很好的课程

---

* 课题资助:2019 年同济大学研究生核心课程建设项目(ZD1903052,ZD1903047)。
作者简介　张介平,同济大学医学院药学院(筹),讲师,博士。
　　　　　　史秀娟,同济大学医学院生物化学与分子生物学系,副教授,博士。
　　　　　　高芙蓉,同济大学医学院生物化学与分子生物学系,讲师,博士。
　　　　　　李姣,同济大学医学院生命科学与医学实验中心,高级工程师,博士。
　　　　　　徐磊,同济大学医学院生物化学与分子生物学系,教授,博士。
　　　　　　李思光,同济大学医学院细胞生物学系,教授,博士。
　　　　　　吕立夏,同济大学医学院生物化学与分子生物学系,教授,博士,通讯作者。

思政的教育素材。引发新冠肺炎的元凶是新冠病毒,这是一个 RNA 病毒,临床上采用"实时荧光定 RT-PCR"进行检测[1-2]。本实验设计以 COVID-19 这一社会关切为核心展开,教学围绕两条线索(图1),一是"新冠病毒病原学特点、新冠病毒病原学检测和新冠病毒感染新症状及防护",二是"实时荧光定量 RT-PCR 实验的原理及其在医学研究的应用"。在讲解专业知识的同时类比科研实践与临床实践体现出来的求真、求实、质疑、严谨等工作作风,引导学生领悟"科学精神"的本质,崇尚科学精神。最后,利用课堂内学习的专业知识,引导学生分析核酸检测出现假阴性的原因。

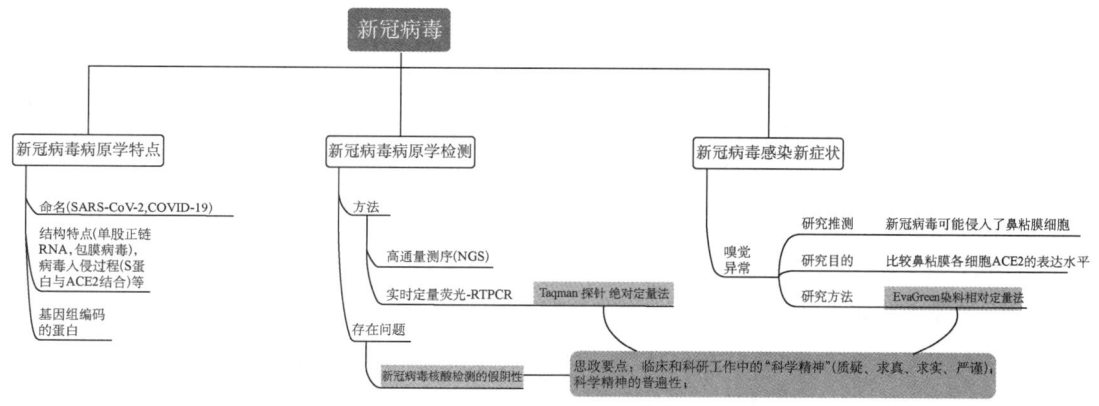

图1 "实时荧光定量 RT-PCR 实验"课堂内容组织图

本实验设计一方面可以评估学生对专业内容的掌握情况,另一方面可以使学生意识到病毒核酸检测方法的不足,激发学生建立新的更加敏感的检测方法。在本实验设计中,强调检测新冠病毒核酸分子是早发现、早诊断新冠肺炎患者的重要一步,不仅有助于确诊,更会影响后续的病例隔离、治疗,是防控新冠肺炎疫情的关键环节。在整个疫情防控过程中,在中国共产党的强力领导下,坚持人民至上、生命至上,采取最全面最严格最彻底的防控措施,实现"应收尽收、应治尽治、应检尽检、应隔尽隔",充分体现了我国强大的制度优势和体制优势,进一步增强学生爱国爱党,激发学生为中华民族伟大复兴而读书。

二、思路与目标

第一,简单介绍 COVID-19 命名、结构以及侵入宿主细胞的过程,既为后续讲解检测方法做铺垫,也是结合国际上新冠病毒命名的争论引导学生体会科学研究的社会和自然双重属性。通过更多地了解新冠病毒的结构特点,从而加强抗对疫常识的理解,提高依从性,保卫抗疫成果,强调我国的制度优势和体制优势在新冠肺炎疫情防护中发挥了不可替代的作用。

第二,介绍新冠病毒的检测方法,这部分是本次实验课的主体。结合新冠病毒检测流程,详细介绍实时荧光定量 RT-PCR 的原理和具体方法。在讲解逆转录实验部分时,结合逆转录病毒的发现、逆转录酶的发现历史,引导学生通过科学家 Bishop 的故事,思考什么是科学精神和批判性思维,在科研的道路上崇尚求真、求实,同时结合前线抗疫医生不轻易放走多次病毒核酸检测阴性的患者,坚持对其进一步观察的事例,引导学生体会临床工作中的"以人为本"的医者仁心。

第三,介绍新冠病毒感染后的新症状。从部分患者嗅觉异常的症状开始分析,引导学生思考可能原因,提出新冠病毒可能侵入了鼻黏膜细胞,但鼻黏膜内的细胞是否表达新冠病毒受体呢?目前还有争论。有科研人员通过实时荧光定量 RT-PCR 的方法比较 ACE2 受体在鼻黏膜中不同细胞上的表达水平。通过这个具体的科研案例,介绍实时荧光定量 RT-PCR 的另一重要应用——检测特定基因的表达水平。同时,结合该论文对同一个问题,用了测序、蛋白免疫印渍、免疫荧光、原位杂交、实时荧光定量 RT-PCR 方法来互相印证,体现了科学研究的严谨性,不轻易下结论。同时引导同学体会临床新冠病毒的核酸检测也是体现了严谨的作风,不轻易放走多次检测阴性的病人,而是结合流行病史,临床症状和影像学、血清学检查结果,反复推敲,才能确诊或者排除。

最后,回到最开始的问题,为什么核酸检测会出现假阴性,引导同学进行头脑风暴,结合刚才所学提出可能原因,理解核酸检测出现假阴性的情况。再抛出第二个问题,是不是只有我们中国的试剂盒有这个问题呢?结合一篇比较各国试剂盒的文献,来回答这个问题,引导同学思考,如果要发出中国的声音,拿出我们的中国方案,我们的工作需要更加扎实。

三、组织与实施

新冠肺炎疫情促进了学习革命,改变了教学的"教"与"学"。本课程实施采用混合性反转教学的模式,即 Zoom 直播+线上学习。线上提供前置思考题、录播的课件、操作视频和课后习题,Zoom 直播时对学生的难点和重点进行解答和必要的复习。

基于北京清华长庚医院呼吸与危重症医学科上传的"十次鼻咽拭子核酸检测阴性新冠病毒肺炎患者一例"[3],天津西青医院提供的"五次鼻咽拭子核酸检测阴性的新型冠状病毒肺炎确诊病例一例"[4],《南方周末》2020 年 2 月 6 日报道第 7 次才测出阳性的新冠肺炎患者等内容,我们的前置思考题为新冠病毒的核酸检测"假阴性"的原因有哪些?后果是什么?通过对其后果分析,能够使学生对政府英明决策的理解——应收尽收,应检尽检。

为更好地回答这个问题,也为更好做好疫情期间的防护,新冠病毒的基本知识成为实验内容的一部分,而实时定量 RT-PCR 的原理及应用得讲解这是本实验的重点。在介绍专业知识的过程中有机融入思政元素,具体如下。

(一)新冠病毒的病原学特点

1. 命名:在日内瓦时间 2020 年 2 月 11 日,世界卫生组织(WHO)发布了新冠病毒肺炎的疾病名字：COVID-19,其中 COVI 为冠状病毒（coronavirus）的英文缩写,D 为疾病（Disease）的首字母,中文可译为"2019 年冠状病毒病"[5]。同日,国际病毒分类委员会（International Committee on Taxonomy of Viruses, ICTV）基于种系分析、分类学和已有实践的基础上,将引发 COVID-19 的病毒命名为 SARS-CoV-2,是 SARS-CoV 的姐妹属,原病毒名字 2019-nCoV 不再使用[6]。（思政要点:为什么先介绍命名？引发学生对病毒污名化的鄙视；新型冠状病毒引起的肺炎名称应该与病毒名称及致病特征关联起来,像其他冠状病毒和相关疾病的命名一样,见图 2[7]；新冠病毒在国际上的命名和争论,SARS-CoV-2 还是 2019-nCoV？引导同学体会自然科学和社会科学的区别与联系。）

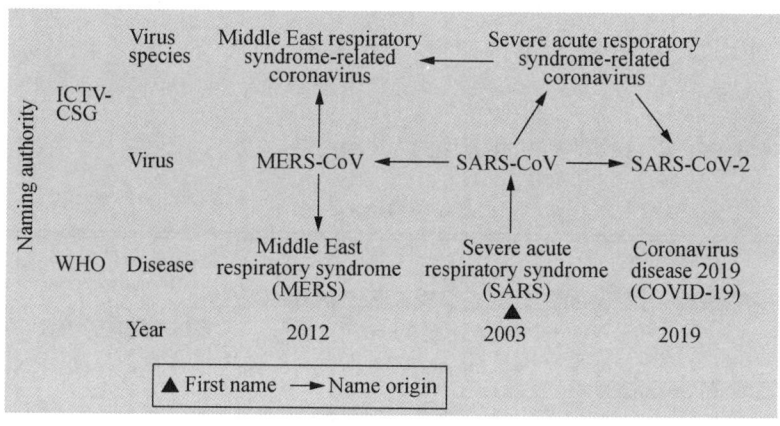

图 2　冠状病毒的命名与病毒分类及引发的疾病的关系

2. 结构特点:SARS-CoV-2 为单链正义 RNA,包膜病毒（思政要点:可通过讲解 RNA 病毒的复制过程,理解什么是包膜病毒,参考图 3[8]。在理解包膜病毒的含义的基础上,加深对防疫关键步骤,个人防护中的"肥皂加清水洗手"步骤的理解,同时给出相关参考文献[9-10],引导学生体会科学研究的社会性[11]。）基因组 RNA 长度不到30 000 个碱基,与 SARS-CoV 和 MERS-CoV 同属于 β 冠状病毒[12]。诺贝尔生理学或医学奖得主梅达沃（P. B. Medawar）曾说,病毒"只是包裹在蛋白质中的一条坏消息"。SARS-CoV-2 病毒的"坏消息",由一条 RNA 分子写成,当它遇到在细胞膜表达的血管紧张素转化酶 2（Angiotension-

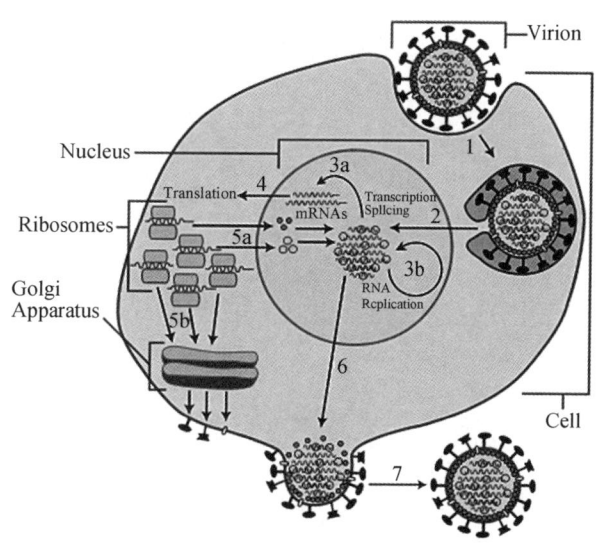

图 3　RNA 病毒的复制过程

Converting Enzyme 2,ACE2)受体的细胞时[13],便会通过胞吞或者膜融合的方式,侵入宿主细胞,复制自己的基因组 RNA,同时产生许多较短的 RNA 分子,利用这些亚基因组 RNA 分子,细胞内生产出了病毒所需的各种蛋白,比如 S 蛋白、包膜蛋白等,从而装配出更多的病毒颗粒[12]。

3. 基因组:SARS-CoV-2 基因组编码 14 个开放阅读框(ORF, Open Reading Frame)(图 4)[14],其中 5′端的 Orf1a / Orf1ab 编码的是一个多聚蛋白,翻译出来后被自动水解成 16 个非结构蛋白(Nsp, Non-structural protein),这些蛋白构成了复制酶和转录酶复合物(RTC, replicase / transcriptase complex)。RTC 包含了多种酶,比如类似木瓜蛋白酶的蛋白酶(Nsp3),主要蛋白酶(Nsp 5),RNA 依赖的 RNA 聚合酶(Nsp12),解旋酶/三磷酸酶(Nsp13),核酸外切酶(Nsp14),核酸内切酶(Nsp15)等。SARS-CoV-2 的 3′端基因组编码 4 种结构蛋白:刺突蛋白(spike, S),包膜蛋白(envelope, E),膜蛋白(membrane, M)和核衣壳蛋白(nucleocapsid, N),和 9 种可能的辅助蛋白。[12, 14]

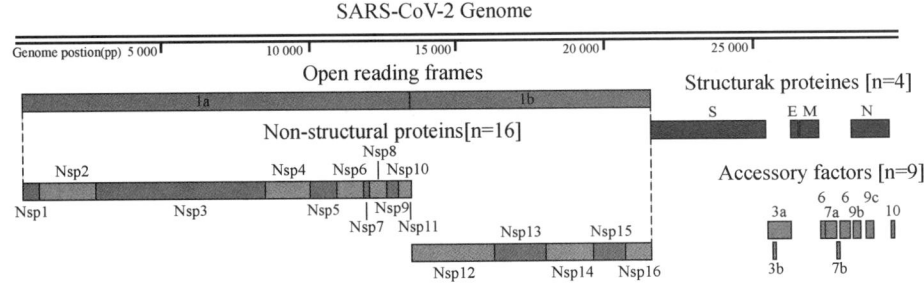

图 4　SARS-CoV 基因组

(二) 新冠病毒病原学检测——实时荧光定量 RT-PCR

实时定量 RT-PCR 是目前检测新冠病毒的最敏感的方法,也是世界卫生组织推荐的方法,是中国抗击新冠肺炎疫情的主要举措之一。这部分详细实时荧光定量 RT-PCR 的原理和方法及相关思政内容。

1. 中国抗击新冠肺炎疫情的主要举措:在中国共产党的强力领导下,坚持人民至上、生命至上,防控和救治两个战场协同作战,采取最全面最严格最彻底的防控措施,实现"应收尽收、应治尽治、应检尽检、应隔尽隔"(《抗击新冠肺炎疫情的中国行动》白皮书,国务院新闻办 20200607 发布),充分体现了我国的制度优势和体制优势。由于新型冠状病毒感染机体后,最先能被检测到的标志物是病毒的 RNA,因此检测新冠病毒是早发现、早诊断新冠肺炎患者的重要一步,它的作用不仅是帮助确诊,更会影响后续的病例隔离、治疗,是防控新冠肺炎疫情的关键环节。

2. 新冠病毒病原学检测方法:在我国新型冠状病毒肺炎诊疗方案(试行第七版)中明确

指出，新冠病毒的病原学检测方法有实时荧光定量 RT-PCR 和二代测序，本次实验课着重介绍实时荧光定量 RT-PCR。以虚拟检测"新冠病毒核酸"为例，介绍实时荧光定量 RT-PCR 方法和原理，实验流程主要包括样本采集、RNA 提取、RNA 逆转录成 cDNA 和实时荧光定量 PCR 四个环节(图 5~图 7)。

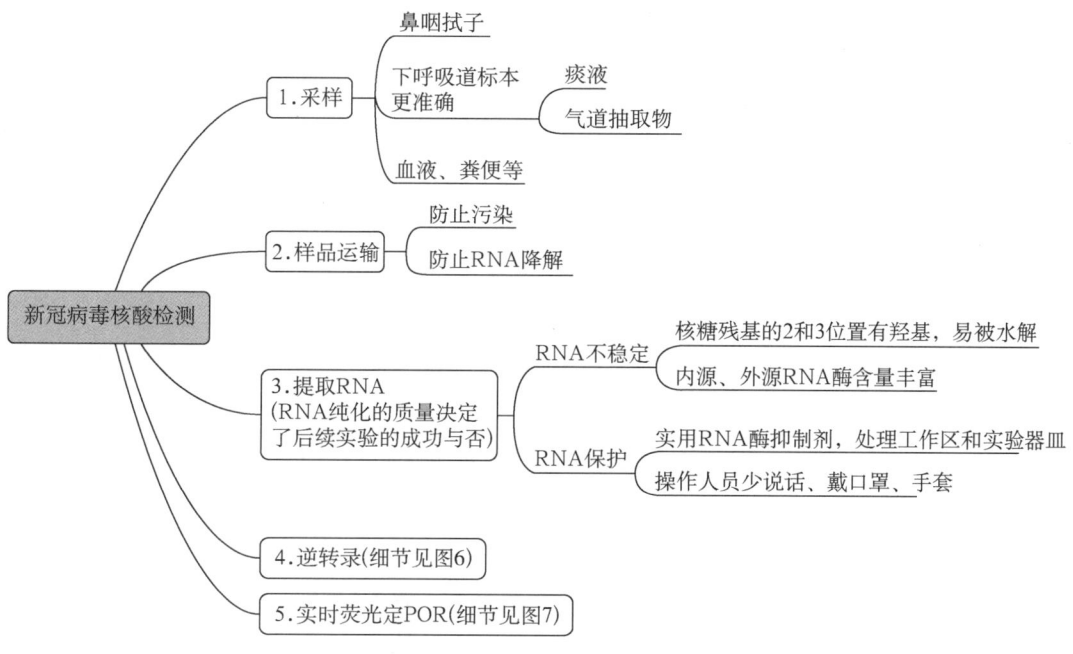

图 5　新冠病毒核酸检测流程

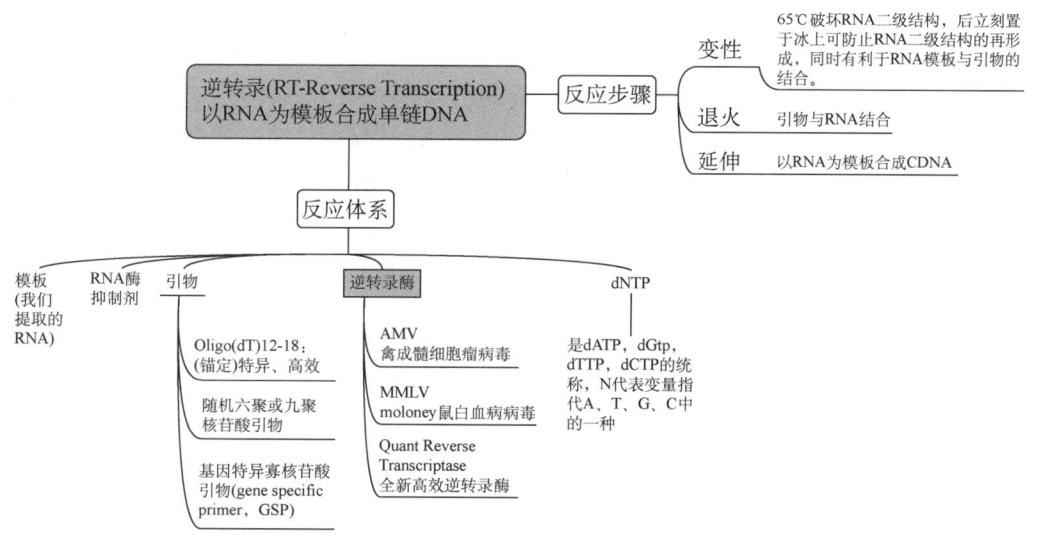

图 6　逆转录实验

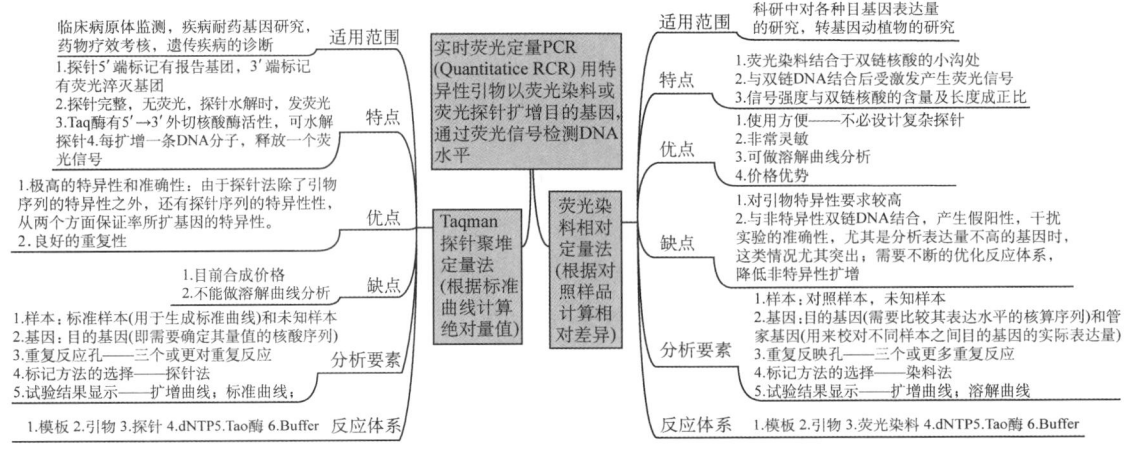

图 7 实时荧光定量——PCR

在讲解新冠病毒核酸检测流程时,注意帮助同学厘清哪些因素会导致"假阴性"结果的出现。

在逆转录实验部分,要结合逆转录酶发现的历史。1911 年美国科学家 Francis PeytonRous 发现了 Rous 肉瘤病毒(RSV),并因此在 55 年后获得了诺贝尔奖。RSV 是 RNA 病毒,感染动物后能够导致肿瘤,那么 RNA 病毒是如何导致肿瘤的?科学家 Howard Temin 猜测 RNA 肿瘤病毒能通过整合到宿主基因组的方式导致细胞的永久改变,但 RNA 本身无法整合到动物基因组,那么一定存在着某种机制将 RNA 转变成 DNA。通过 1960 到 1970 这十年的研究,Howard Temin 和 David Baltimore 发现并证实了反转录酶的存在,他们也因此获得了 1975 年的诺贝尔奖。这里要谈谈另一研究 RSV 的诺贝尔奖获得者,科学家 Bishop,他在 1975 年 41 岁的 Temin 和 37 岁的 Baltimore 因发现逆转录现象获得诺奖时懊恼不已。他早在 1969 年他已经认识到 Temin 的 RNA→DNA 的"前病毒理论"(认为 RNA 病毒进入宿主细胞后,首先将 RNA 复制出 DNA,此时的 DNA 形态的病毒称为前病毒)可能是正确的,并且也进行了一些实验研究,但不久却因为受到资深同事的规劝,而放弃了这方面的努力。Bishop 说,"逆转录酶的发现好像给了我当头一棒。自然界的一个大秘密本来有可能由我来揭示的,我却与之失之交臂"。通过介绍这段科学史引导同学体会"质疑、求真、求实"的科学精神。后来 Bishop 没有沉浸在痛失机遇的惋惜之中,尽管发现了逆转录酶,但是 RSV 致癌的机理却仍然不清楚,Bishop 和他的同事 Varmus 继续在这个领域深耕数年,最终,发现了细胞癌基因(原癌基因)创立了癌症发生的癌基因理论,并因此在 1989 年获得诺贝尔奖。从这段不太久远的历史,我们也能够看出,科学的进步是几代科学家们长期、执着的努力得来的,"执着"也是种科学精神。

实时定量 PCR 根据其原理分为 Sybrgreen 染料法和非染料法,后者包括 Taqman 探针。国家规定临床上病原微生物检测必须采用 Taqman 探针法。Taqman 探针法需要一个双荧光标记探针和一对引物。在新冠病毒核酸检测中使用的引物和探针要能和新冠病毒的序列特异结合,而不能与其他病毒结合或者人类基因组基因结合。找到合适的检测特异区域是非常关键的。根据世界卫生组织合作单位——创新诊断基金会(FIND,Foundation for Innovative New Diagnostics)提供的相关信息[15],目前我国诊断试剂选择的特异区域分别在 ORF1ab 基因、N 基因、E 基因,韩国的诊断试剂的目标基因为 RdRP、E 基因、S 基因、N 基因、ORF1 基因,德国的诊断试剂目的基因在 E 基因、S 基因、N 基因、ORF1ab 基因,美国的诊断试剂目标基因为 ORF1ab 基因、S 基因、E 基因,新冠病毒在全球的流行,各国试剂盒针对的目的基因总体是一致的,都是编码结构蛋白的基因以及复制酶和转录酶复合物的基因,通常每个试剂盒的目的基因有 2~3 个,ORF1ab 是大多数试剂盒的目的基因之一,它的特异性最高,是确认靶标。

(三)新冠病毒感染后的新症状

除外新冠病毒引起的呼吸系统的临床表现,有研究表明,新冠肺炎患者出现无鼻塞情况下丧失嗅觉味觉的新症状[16-17],但机制还不清楚。RafalButowt 等研究人员推测可能与 2019 新冠病毒感染了嗅觉上皮中的支持细胞或/和嗅觉受体神经元有关。如果 2019 新冠病毒真的可以感染嗅觉通路,那么相关细胞上应该有相应的受体 ACE2 和 TMPRSS2[18-19],但是目前关于嗅觉上皮中的支持细胞和神经元是否表达 2019 新冠病毒的受体还有争论[20]。因此,RafalButowt 团队的工作人员,通过 RNA-Seq、RT-PCR、原位杂交、免疫组化、Westernblot 的方法检测 ACE2 和 TMPRSS2 在小鼠嗅觉模型系统的表达。该研究团队发现 ACE2 和 TMPRSS2 在嗅觉上皮的支持细胞中高表达,由于支持细胞在支撑嗅觉神经元的代谢和气味感知中起重要的作用,所以研究人员推测 2019 新冠病毒是通过破坏嗅觉上皮的支持细胞,导致新冠肺炎患者出现嗅觉异常症状的[20]。

我们把实时荧光定量 RT-PCR 检测新冠病毒受体 ACE2 和 TMPRSS2 在不同组织器官的表达模式作为拓展内容,鼓励学生大胆探索,对理解新冠病毒感染后出现的新的症状提供扎实的实验室的基础;对于培养学生的科研创新能力也有很大的促进作用。

四、结语

本实验以新冠病毒的核酸检测为例,讲解了实时荧光定量 RT-PCR 的原理和步骤,深度挖掘实验隐含的思政元素,有机地把崇尚科学精神和批判性思维融入实验教学中。大量的事实证据表明中国是世界上抗疫最为成功的国家,与快速、准确进行新冠病毒核酸的检测密切相关。我们的民族自信心和民族自豪感大大增强,更加爱党爱国。推荐学生看一篇文献[21]——*Comparison of seven commercial RT-PCR diagnostic kits for COVID-19*,回归理性思考,正视差距,为中华民族伟大复兴努力学习。

本案例以社会重大关切为核心展开,从临床实践(新冠病毒的病原学检测)和科学研究(新冠病毒受体基因表达水平分析)两个维度讲解实时荧光定量 RT-PCR 实验的原理、步骤和应用。结合实例(新冠病毒核酸检测的假阴性事例),分析实时荧光定量 RT-PCR 作为病原学检测手段的优势与不足,使学生认识到差距,树立坚定努力的信心和决心。类比科学研究和临床实践中的工作作风,引导学生体会"科学精神"内涵以及"科学精神"的重要性和普遍性。

本案例的创新点在于以社会热点内容作为明线贯穿整个实验,将专业知识和思政内容有机融入,激发学生兴趣,加强爱国主义教育,潜移默化,有利于专业内容和思政内容的吸收。但需要指出的是,不是所有的内容都适合这样反转,要具体案例具体分析。

首先,新冠病毒的核酸检测时本实验的重点内容,而案例涉及新冠病毒结构特点、侵入细胞的过程、新冠病毒检测方法和新冠病毒感染后的临床表现,均为拓展内容,讲解时要注意深入浅出、密切联系生活,以激发学生的兴趣和热情。

其次,整合社会热点是一种教学方式[22],本案例的教学设计不具有普适性,但如何自然融入专业知识讲授,在教学设计中是点缀作用还是引领作用是需要顶层设计,持续实践和改进。

参考文献

[1] 新型冠状病毒肺炎诊疗方案(试行第七版)[OL]. http://www.nhc.gov.cn/yzygj/s7653p/202003/46c9294a7dfe4cef80dc7f5912eb1989/files/ce3e6945832a438eaae415350a8ce964.pdf.

[2] CHAN J F, et al. Improved Molecular Diagnosis of COVID-19 by the Novel, Highly Sensitive and Specific COVID-19-RdRp/Hel Real-Time Reverse Transcription-PCR Assay Validated In Vitro and with Clinical Specimens [J]. Journal of Clinical Microbiology, 2020, 58(5).

[3] 十次鼻咽拭子核酸检测阴性新冠病毒肺炎患者一例[R/OL]. http://rs.yiigle.com/yufabiao/1190995.htm.

[4] 五次鼻咽拭子核酸检测阴性的新型冠状病毒肺炎确诊病例一例[R/OL]. http://rs.yiigle.com/CN119999202001/1183345.htm.

[5] 2019 novel Coronavirus Global research and innovation forum: towards a research roadmap[R/OL]. https://www.who.int/docs/default-source/coronaviruse/global-research-forum-draft-agenda-feb-6.pdf.

[6] Coronaviridae Study Group of the International Committee on Taxonomy of, V., The species Severe acute respiratory syndrome-related coronavirus: classifying 2019-nCoV and naming it SARS-CoV-2 [J]. Nature Microbiology, 2020,5(4): 536-544.

[7] The species Severe acute respiratory syndrome-related coronavirus: classifying 2019-nCoV and naming it SARS-CoV-2[J]. Nature Microbiology, 2020, 5(5).

[8] Viral replication[R/OL]. https://encyclopedia.thefreedictionary.com/Viral+replication.

[9] HIROSE R, et al. Situations Leading to Reduced Effectiveness of Current Hand Hygiene against Infectious Mucus from Influenza Virus-Infected Patients[J]. mSphere, 2019, 4(5).

[10] GRAYSON, M L, et al. Efficacy of soap and water and alcohol-based hand-rub preparations against live H1N1 influenza virus on the hands of human volunteers[J]. Clinical Infectious Diseases, 2009. 48(3): 285-291.

[11] 冯坚,王英萍,韩正之.科学研究的道德与规范[M].上海：上海交通大学出版社,2007.

[12] KIM D, et al. The Architecture of SARS-CoV-2 Transcriptome. Cell, 2020. 181(4): p.914-921 e10.

[13] YAN R, et al. Structural basis for the recognition of SARS-CoV-2 by full-length human ACE2. Science, 2020, 367(6485): 1444-1448.

[14] GORDON D E, et al. A SARS-CoV-2 protein interaction map reveals targets for drug repurposing. Nature, 2020.

[15] Find evaluation update: SARS-Cov-2 molecular diagnostics[R/OL]. https://www.finddx.org/covid-19/sarscov2-eval-molecular/.

[16] App data suggest loss of smell is a key symptom of coronavirus infection[R/OL]. https://www.nature.com/articles/d41586-020-01023-2.

[17] Loss of smell and taste in combination with other symptoms is a strong predictor of COVID-19 infection[R/OL]. https://www.medrxiv.org/content/10.1101/2020.04.05.20048421v1.

[18] HOFFMANN M, et al. SARS-CoV-2 Cell Entry Depends on ACE2 and TMPRSS2 and Is Blocked by a Clinically Proven Protease Inhibitor[J]. Cell, 2020, 181(2): 271-280 e8.

[19] SUNGNAK W, et al. SARS-CoV-2 Entry Genes Are Most Highly Expressed in Nasal Goblet and Ciliated Cells within Human Airways[J]. ArXiv, 2020.

[20] BILINSKA K, et al. Expression of the SARS-CoV-2 Entry Proteins, ACE2 and TMPRSS2, in Cells of the Olfactory Epithelium: Identification of Cell Types and Trends with Age[J]. ACS Chem Journal of Neuroscience, 2020, 11(11): 1555-1562.

[21] VAN KASTEREN P B, et al. Comparison of seven commercial RT-PCR diagnostic kits for COVID-19[J]. Journal of Clinical Virology, 2020. 128: 104412.

[22] 周兆丽,等.以践行"立德树人"为导向的社会热点整合式药理学教学模式研究[J].教育教学论坛, 2019(26):40-41.

"地质实习"课程思政教学案例

◎ 陈建峰

摘 要 地质实习的路线围绕世界自然遗产的杭州西湖,通过思政元素的挖掘,使得学生在汲取专业知识的同时,深刻理解习近平总书记"绿水青山就是金山银山""人与自然和谐共处"的可持续绿色发展理念,激发大学生的爱国情怀、社会责任、文化自信和人文精神。

关键词 地质实习 课程思政 教学案例 立德树人

一、引言

课程思政是指以构建全员、全程、全课程育人格局的形式将各类课程与思想政治理论课同向同行,形成协同效应,把"立德树人"作为教育的根本任务的一种综合教育理念[1-2]。实践证明,课程思政能充分体现每一门课程的育人功能、每一位教师的育人责任,提高全体教师育德能力和育德意识[3]。目前,课程思政与专业的理论课结合得很多,但与专业的实践课的结合还不多[4]。

同济大学土木工程专业"地质实习"实践教学课是在"工程地质"理论课教学完成后,通过杭州西湖边的野外实习,使学生能够理论联系实际,认识一些地质及工程地质现象,初步了解工程地质野外勘察工作的基本方法,为在以后的设计、施工工作中正确使用地质资料储备专业知识。但同时,地质实习的过程是教师和学生亲切互动的过程,教师的现场讲解会给土木工程专业学生一个很好的学习氛围和一问一答的时机,从中学生可以从老师讲解中汲取大量专业和人文知识。

地质实习共有5条路线,分别是浙江大学玉泉校区路线、玉皇山路线、宝石山路线、钱塘江路线和龙井—青龙山路线(图1),均围绕世界自然遗产的杭州西湖。西子湖畔的杭州,绿

作者简介 陈建峰,同济大学土木工程学院地下建筑与工程系,教授。

水青山,景色秀丽,是诠释习近平总书记"绿水青山就是金山银山""人与自然和谐共处"的可持续绿色发展观的最佳场所。每一条路线均有丰富的人文、历史故事,可以激发大学生的爱国情怀、社会责任、文化自信、人文精神。因此,地质实习课程思政建设适得其所,通过建设和实施应该可以取得很好的课程思政效果。

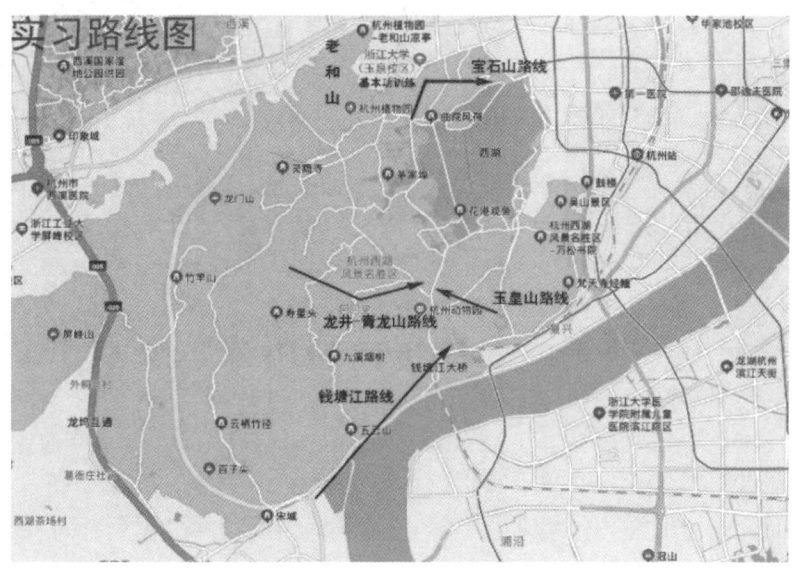

图 1　地质实习路线

二、思路与目标

挖掘每一条实习路线的思政元素,将思政元素与专业知识、实习场景深度融合,寓思政教育于专业实习讲解之中。

通过本课程思政教学,使得学生在汲取专业知识的同时,深刻理解习近平总书记"绿水青山就是金山银山""人与自然和谐共处"的可持续绿色发展理念,激发大学生的爱国情怀、社会责任、文化自信和人文精神。

三、设计与实施

(一)挖掘实习路线思政元素

第一条路线在浙江大学玉泉校区,浙大图书馆前矗立着著名科学家竺可桢像(图2)。竺校长曾在开学典礼上说:"诸位在校,有两个问题应该自己问问,第一,到浙大来做什么?第二,将来毕业后做什么样的人?"(图3)从竺可桢之问引申至"培养什么人、怎样培养人、为谁培养人"这一教育的根本问题,以激发学生的社会责任。

图 2　竺可桢像　　　　　　　　　　　图 3　竺可桢之问

第二条路线位于玉皇山,毛泽东同志曾于上世纪50年代攀登过玉皇山。玉皇山是道教山,有玉皇飞云、八卦田(图5)、紫来洞等景点,蕴含着中国古代"天人合一"的哲学思想,以增强学生的文化自信。

图 4　八卦田

第三条路线位于宝石山,从宝石山上看西湖成因(图5),俯视唐朝白居易、北宋苏东坡主持修建的白堤和苏堤,强调为官一方应守土有责、勤政爱民、造福一方。这里还有纪念精忠报国的岳飞的岳王庙(图6),里面跪着一位遗臭万年的卖国贼秦桧。以此激发学生的人文精神、社会责任和爱国情怀。

246

图 5　宝石山上看西湖　　　　　　　　　图 6　岳王庙

第四条路线位于钱塘江边,从沿线不良地质现象谈地质灾害防治(图7)是人与自然和谐共生之道,人类不应以牺牲自然环境为代价进行开发建设。参观钱塘江大桥茅以升纪念馆(图8),跟随茅老求学海外—报效祖国之路。以此增强学生的绿色发展观,激发学生的社会责任和爱国情怀。

图 7　钱塘江边公路边坡治理　　　　　　图 8　茅以升纪念馆

第五条路线经过龙井村,这里是村落整洁、鸟语花香的社会主义新农村(图9),家家户户一年只忙碌一季春茶,全年收益颇丰,正是守着"绿水青山"而有了"金山银山"。在天然溶洞"烟霞洞"前白墙黑瓦的房子里(图10),周恩来同志不顾个人安危,深入虎穴与蒋介石会谈,促成国共第二次合作。以此增强学生的绿色发展观,激发学生的爱国情怀。

图9　龙井村　　　　　　　　　　　　　图10　烟霞洞边房子

（二）教学过程的组织与实施

2019年7～8月，同济大学土木工程、交通工程和测绘工程专业共633名二年级本科生，前后分四批次前往杭州开展野外地质实习。同济大学地质工程专业教师共计34人次带学生实习。在每一条实习路线上，带队教师均给学生进行了地质实习课程思政教学（图11）。

(a) 2019年第一批地质实习教师队伍　　　　(b) 叶为民教授宝石山路线教学

(c) 叶观宝教授老和山路线教学　　　　　　(d) 陈永贵教授玉皇山路线教学

（e）任非凡副教授青龙山路线教学

（f）李国老师青龙山路线教学

（g）陈建峰教授钱塘江路线茅以升纪念馆前教学

图 11　地质实习课程思政教学

在实习考试中布置了思政试题(图 12)以增强地质实习课程思政导向。从学生在野外听课认真程度、实习日记和考试答题情况看,学生对地质实习课程思政内容很认同,并饶有兴趣。地质实习课程思政教学效果令人满意。

图 12　"地质实习"课程思政试题

四、特色与创新

本课程思政教学具有如下特色与创新点：

(1) 很好地挖掘了杭州地质实习路线思政元素,将思政元素与实习知识、实习场景深度融合,感染力强;

(2) 有效地组织全体实习教师实施地质实习课程思政教学,每位教师在每条实习路线上均结合专业知识给学生自然而然地讲解思政元素,学生亦能自然而然地接受思政元素,互动性好;

(3) 在实习考试中增加了思政考题,增强课程思政导向;

(4) 修订了实习教学大纲,使地质实习课程思政教学形成标准。

五、反思与分析

本课程思政教学实施效果很好,深得学生的认同和浓厚兴趣。后面将进一步收集思政教育相关资料,建立地质实习思政教学素材库,丰富本课程思政教学内容。

参考文献

[1] 高锡文.基于协同育人的高校课程思政工作模式研究——以上海高校改革实践为例[J].学校党建与思想教育,2017(24):16-18.

[2] 高燕.课程思政建设的关键问题与解决路径[J].中国高等教育,2017(Z3):11-14.

[3] 高德毅,宗爱东.从思政课程到课程思政:从战略高度构建高校思想政治教育课程体系[J].中国高等教育,2017(1):43-46.

[4] 张勇,胡诗朦,陆文洋,周天舒,杨凯,陈小勇,刘婕.生态环境类专业的课程思政——以"环境问题观察"MOOC 建设为例[J].中国大学教学,2018(6):34-38.

"同济教育研究"丛书征稿启事

"同济教育研究"丛书是由同济大学高等教育研究所主编、同济大学出版社出版的教育研究类学术性图书。

"同济教育研究"丛书宗旨是:为高等学校教育教学服务,为同济大学改革与发展服务。图书内容以教育理论和实践研究的论文为主,包括但不限于以下板块:高等教育论坛、比较教育研究、教育基本理论、课程与教学论、教育管理与政策、教育改革与发展、教育技术、思想政治教育、高等学校管理等。

"同济教育研究"丛书的特色是立足中国教育现实,着眼国际学术前沿,坚持理论联系实际,促进学科交叉融合。

欢迎同济大学各学科师生及校外专家学者踊跃投稿!

作者的来稿一般应包括以下几部分:

(1) 标题。一般不超过 20 个汉字,必要时可加副标题。若需补充与论文有关的信息,如课题来源的基金名称、课题名称、项目编号等可以在标题右上角加页下注的方式在页面下方给出。

(2) 作者姓名。列在标题下方,作者信息(如单位,职称,职务等)可以在作者姓名右上角加页下注的方式在页面下方给出,例如:①某某人,某大学某学院教授,副院长;②某某人,某单位某部门,科员;等等。

(3) 摘要。以 100~300 字为宜,对文章内容进行简要概括。

(4) 关键词。3~5 个。

(5) 正文。正文中标题层级依次编号为:

一、二、三……

(一) (二)(三)……

1. 2. 3……

1) 2)3)……

(1) (2)(3)……

①②③……

正文中需要特别加注的说明性文字,请用脚注(页下注),序号用圆括号加注于被引用文字的右上角。

(6) 参考文献。采用尾注(文末注),正文中需要注释处,请标出注释序号,序号用方括号加注于被引用观点、数据、资料等文字的右上角。

参考文献按在正文中出现的顺序列于文末,其中包括作者、书名/文章名、出版社(需要加城市名)/刊名、出版年份/刊发卷期、起止页码等。参考文献的标注方法执行中华人民共和国国家标准《文后参考文献著录规则》(GB/T 7714—2015)。

投稿时请将稿件的电子文本(*.doc)通过电子邮件发送至同济大学高等教育研究所"同济教育研究"丛书编辑部的专用邮箱:ter@tongji.edu.cn,请勿投送给个人。切勿一稿多投。作者如在三个月内未收到稿件采用通知,请自行处理;请作者自留底稿,本部恕不退还文稿。

编辑部地址:四平路1239号衷和楼805(同济大学高等教育研究所)。

同济大学高等教育研究所
"同济教育研究"丛书编辑部